# 교육목표 설계와 평가

# Designing & Assessing Educational Objectives

Applying the New Taxonomy

Robert J. Marzano, John S. Kendall 지음
박선희 · 노혜란 · 변지현 · 강상희 옮김

아카데미프레스

Designing and Assessing Educational Objectives
Applying the New Taxonomy

by Robert J. Marzano, John S. Kendall

# 역자 서문

이 책은 Robert J. Marzano와 John S. Kendall이 쓴 『Designing and Assessing Educational Objectives: Applying the New Taxonomy』를 번역한 것으로 주 내용은 『교육목표의 신분류학』(Marzano & Kendall, 2007)을 실제 적용하기 위한 교육목표 설계 및 평가의 안내서이다. 이 책을 처음 접하게 된 경위는 이렇다. 공학교육인증 평가를 준비하는 교육학 박사들이 모여 공학교육인증 프로그램을 운영하고 있는 대학에서 교육목표 평가시스템을 어떻게 수립하고 실제 어떻게 평가할 것인가 하는 문제를 두고 고민하기 시작하면서 소모임이 결성되었다. 그 모임에서 이 책을 번역하는 작업을 시도하다가, 이후 교육기관과 평가기관에서 교육목표 수립에 근거한 교육과정 및 수업설계에 관심을 가지고 있는 교수가 참여하여 공동으로 이 책을 번역하게 되었다.

이 책은 9장으로 구성되어 있다. 1장에서는 신분류학을 6가지 수준(인출, 이해, 분석, 지식 활용, 메타인지, 자율체계)으로 제시하고, 각각의 수준에서 작동하는 상태를 자세하게 구분하여 설명하고 있다. 2장은 신분류학의 개관으로 지식의 세 가지 영역(정보, 지적 처리과정, 심동적 처리과정)에 대해 설명하고 있다. 3장은 목표와 과제의 인출에 관한 내용으로 인식, 기억, 실행의 단계를 자세하게 설명하고 있다. 인식은 제공되는 정보가 정확한 것인지 부정확한 것인지 생소한 것인지를 판단하는 과정이고, 기억은 단순히 정보를 인지하는 것이 아니라 정확한 정보를 이끌어내는 것과 관련이 있다. 실행은 정보를 기억만 하는 것이 아니라 이러한 과정을 실제적으로 실행하는 것이다. 4장은 목표와 과제의 이해에 관한 내용으로 지식의 통합 및 상징화에 관한 것이다. 통합은 지식의 주요 요소나 핵심 요소를 식별하고 표현하는 것을 의미하고, 상징화는 지식의 중요한 측면들을 비언어적 형식이나 추상적 형식의 유형으로 표현하는 것이다. 5장은 목표와 과제의 분석에 관한 내용이다. 분석과정에는 비교, 분류, 오류 분석, 일반화, 구체화가 있다. 비교는 유사점과 차이점을 확인하는 과정이고, 분류는 각각의 항목을 그룹이나 범주로 나누는 것이다. 오류 분석은 지식에 있어서 사실이나 논리상의 오류를 파악하고 지식 활용을 할 때 처리되는 과정상에 나타나는 오류를 파악하는 것이다. 일반화는 분석하는 기술이 알려져 있거나 사실로서 표명된 정보로부터 새로운 원리들을 추론하는 작업과 관련된다. 구체화는 분석하는 기술이 주어진 상황에서 반드시 일어나거나 일어날 수도 있는 것을 예측하는 것과 관련된다. 6장은 목표와 과제의 지식 활용으로 학습자들이 특정한 상황에서 지식을 적용하거나 이용하는 것을 설명한다. 지식 활용 과정은 의사결정, 문제해결, 실험, 조사 등으로 구분된다. 의사결정은 비슷해 보이는 여러 대안들 중에서 선택하는 것이다. 문제해결은 장애물이 있거나 제한적인 상황에서 특정 목적을 달성하는 것과 연관이 있다. 실험은 물리학적 현상에 대한 가설을 도출해서 시험해 보는 것이다. 조사는 과거, 현재, 혹은 미래의 상황을 검토하는 것이다. 7장은 목표와 과제의 메타인지에 관한 것이다. 메타인지 과정에서 학습자는 스스로 자신의 인지상태를 점검하게 된다. 이 과정에는 목적의 구체화, 점검의 과정, 명료화 과정, 정확화 과정이 포함된다. 8장은 목표와 과제의 자율체계에 관한 것이다. 자율체계에는 중요도 검토, 효능감 검토, 정서적 반응 검토, 동기 검토 등이 있다. 중요도 검토는 특정 지식을 배우는 것이 자신에게 얼마나 중요한지 믿고 분석하는 것이다. 효능감 검토는 특정 지식의 종류와 연관된 개인의 이해력과 능숙도를 어느 정도까지 향상시킬 수 있는지에 대한 검토이다. 정서적 반응 검토는 특정한 지식과 연관된 감정이 무엇인지 확인하고 이러한 감정들이 학습에 지장을 주는지 확인해 보는 것이다. 동기 검토는 자신의 이해력과 역량을 향상시키려는 것이다. 9장은 학생을 위한 수행평가 척도로서의 신분류학으로 유연한 척도를 제시하고 있다. 다섯 가지 단계로 척도를 구분하고 각각의 척도에 포함될 내용을 사례를 들어 정교하게 제시하고 있다.

이 책은 교육기관에서 일하고 있는 교육자들이 저마다 최적의 교육과정을 기획하고 이를 실행하고 평가하려는 노력을 기울일 때 좋은 자료로 활용될 것이라 기대한다. 뿐만 아니라 사회교육기관 또는 종교교육 관련기관에서 교육 프로그램을 개발하고 운영하고자 할 때 교육목표를 어떻게 정하고 이를 실행할지 고민하는 경우, 구체적인 사례들을 표로 제시하고 있어 조금이나마 도움이 될 것으로 생각한다.

마지막으로 이 책이 나오기까지 끝까지 관심을 가지고 도와주신 아카데미프레스 사장님과 꼼꼼하게 교정을 봐주신 편집부 관계자들, 번역의 검토를 함께한 역자들에게 진심으로 감사의 마음을 전한다.

2014년 11월에 역자 일동

# 저자 소개

**로버트 J. 마르자노**(Robert J. Marzano) 박사는 콜로라도 주 센터니엘 시 "Marzano & Associates"의 회장이자 창립자이고 콜로라도 주 오로라 시 McREL의 수석 연구자이며 위스콘신 주 밀워키 시 Cardinal Stritch 대학 부교수이다. 그는 30여 권의 책과 150개의 기사를 쓰고 여러 권의 책을 공동 집필했으며, 유치원부터 고등학교의 교사와 학생들을 위한 100여 개의 교육과정 자료를 저술하였다: 『The New Taxonomy of Educational Objectives』, 『What Works in Schools: Translating Research Into Action』, 『School Leadership That Works』, 『Buliding Background Knowledge for Academic Achievement』, 『Classroom Management That Works』, 『Classroom Instruction That Works』, 『Classroom Assessment and Grading That Work』, 『The Art and Science of Teaching』.

마르자노는 40여 년간 공교육에 헌신하면서, 유럽과 아시아뿐 아니라 미국 내 전역에서 다양하게 활동하였다. 그의 주요한 연구 분야는 유치원에서 고등학교의 교사와 행정가를 위한 연구와 이론의 실용적 프로그램과 도구 적용이다.

**존 S. 켄달**(John S. Kendall)은 McREL에서 연구분야 선임 책임자로서 학교, 학교구, 주 또는 그 외 기관에서 기준 관련 서비스를 계발하고 제공하는 기술 지원 부서를 감독한다. Achieve, Inc와 The College Board, NASA' s Jet Propulsion Lab이 그의 주요 고객이다. 그는 McREL에서 연구 조교, 프로그램 준회원, 선임 책임자로 일해 왔다.

켄달은 교육 기준의 계발과 향상 부문에서 국제적으로 알려진 전문자로서 미국의 50개 이상의 학교와 14개 주 교육부 외에 해외에서도 자문을 하였다. 그는 『Content Knowledge: A Compendium of Standards and Benchmarks for K-12

Education』의 수석 저자로서 6권의 책과 30개 이상의 모노그램, 기술적 연구, 기사를 단독 또는 공동으로 저술하였다. 그는 콜로라도 대학 학부와 석사를 졸업하였다. 켄달의 현재 관심 연구 분야와 기술 지원은 수업을 위한 성과기준 확립, 교장을 대상으로 한 기준 확립, 학생들의 학습을 돕기 위한 지식과 기술 발견 등이다.

# 차례

## 제5장 목표와 과제의 분석 75



## 제6장 목표와 과제의 지식 활용 117

## 제8장 목표와 과제의 자율체계 171

제1장

# 교육목표의 새로운 관점

이 책은 교육목표의 설계와 평가에 관한 안내서로 『교육목표의 신분류학』(Marzano & Kendall, 2007)을 실제 적용한 것이다. 신분류학은 잠재적 활용 가치가 많이 있다. 특히 이 책은 교육목표의 설계 및 평가에 초점을 두고 있다. 책의 제목에서도 알 수 있듯이, 신분류학은 1956년에 발간된 Bloom 등(Bloom, Englehart, Furst, Hill, Krathwohl, 1956)이 저술한 분류학을 보완하기 위한 목적으로 저술된 것이다. 기존의 분류학은 여전히 영향력과 영속적 가치를 지니고 있다. 그러나, 첫 발간 후 60년이 지난 현재 시점에서 그 동안 이루어진 연구와 이론에 비추어볼 때 몇 가지 결점들과 모순들이 드러나 수정해야 할 필요성이 대두되었다(자세한 사항은 Marzano과 Kendall[2007]을 참고할 것).

Bloom의 분류학이 교육목표 설계 분야에 기여한 바는 지대했다. 실제로 교육목표분류학이 발표되기 전에 목표의 본질에 관하여 합의된 바는 그다지 많지 않았다. Bloom은 Ralph Tylor의 개념을 수용하여(Airasian, 1994) 교육목표에는 특정한 형태의 지식은 물론 그러한 지식과 관련된 이해나 기술을 표현하는 행위에 대한 분명한 준거가 포함되어 있어야 한다고 보았다.

Bloom의 분류학 및 이에 기초한 다른 분류학들(예를 들어 Anderson 외, 2001)과 마찬가지로, 신분류학도 교육목표에 대한 특정한 형태의 문장구조를 가지고 있다. 모든 목표에는 "*학생(또는 학생들은) … 할 수 있을 것이다*"는 문장 패턴이 사용된다. 이러한 패턴은 하나의 동사어구와 하나의 목적어가 더해져 완결 문장이 된다. 동사어구는 목표를 완수하는 동안 활용될 수 있는 지적인 과정을 진술하는 것이고, 목적어는 목표의 초점이 되는 지식이다.

**도식 1.1** 신분류학

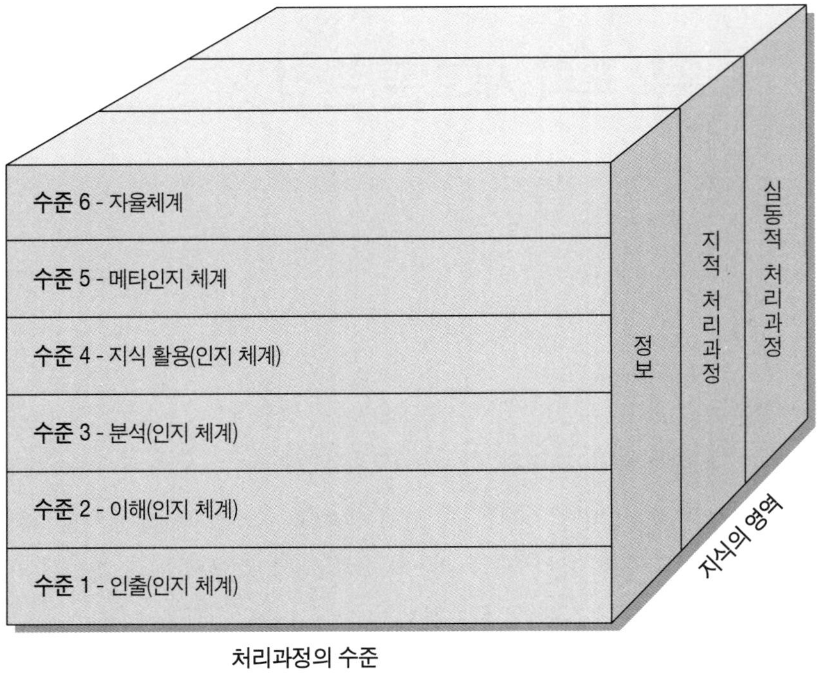


출처: Marzano & Kendall (2007)

신분류학은 [도식 1.1]과 같이 나타낼 수 있다. [도식 1.1]의 왼편에 제시된 열은 세 가지의 사고 체계(인지 체계, 메타인지 체계, 자율체계)를 나타내며, 인지 체계의 경우 네 가지의 하위요소(인출, 이해, 분석, 지식 활용)로 구성되어 있음을 보여준다. [도식 1.1]의 오른쪽에 보이는 세로 단은 세 가지 다른 유형이나 영역의 지식, 즉 정보, 지적 처리과정, 심동적 처리과정을 나타낸다. 사실상, 신분류학은 2차원 구조로 되어 있다. 즉 세 가지 영역의 지식을 언급하는 차원이 하나 있고 지적 처리과정의 수준을 언급하는 다른 차원이 하나 더 있다.

Bloom의 분류학과 신분류학의 결정적인 차이점 중에 하나는 신분류학은 다양한 유형의 지식과 그것을 처리하는 지적인 과정을 구분한다는 것이다. 이것은 [도식 1.2]로 나타낼 수 있다.

[도식 1.2]에서 볼 수 있듯이 Bloom은 자신의 분류학을 구성하는 하나의 요소로서 지식을 포함시켰다. 이것에 관해서 Bloom과 그의 동료들(1956)은 다음과 같이 언급하였다.

### 도식 1.2 두 분류학에서 다루어지는 지식

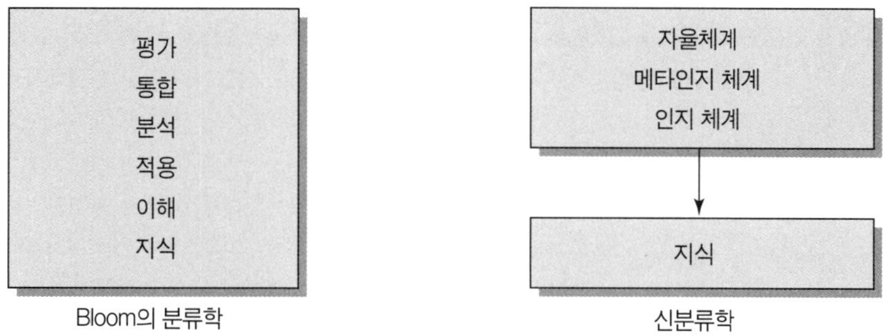


> 여기서 '지식(knowledge)'은 교육과정에서 경험한 적 있는 어떤 아이디어나 현상을 회상 또는 인지함으로써 자신이 기억하고 있다는 증거를 학생이 제시할 수 있다는 의미이다. 분류학의 목적상 여기서 정의되는 지식은 아이디어나 현상을 처음에 접했던 것과 매우 근접한 형태로 기억해 내는 이상의 것은 아니다(pp. 28-29).

다른 한편, Bloom은 지식의 범주로 묶을 수 있는 지식의 특정한 유형들을 밝혔다. 이러한 지식의 유형들에 포함되는 것들로는 용어, 구체적인 사실, 관례, 경향이나 순서, 분류와 범주, 기준, 방법론, 원리와 일반화, 이론과 구조 등이 있다.

이와 같이 Bloom은 다양한 형태의 지식은 물론 그러한 지식을 회상하고 인식할 수 있는 능력도 지식의 범주에 포함시키고 있다. 그러나 지식에 따라 작용하는 지적 작동과 지식의 유형들이 뒤섞여 있다는 점은 활동 자체와 활동의 대상을 혼동하는 결과를 초래한다. 이 점이 Bloom 분류학의 주된 약점들 중 하나라고 할 수 있다. 이러한 혼동을 피해가고자, 신분류학은 세 가지 사고 체계가 작용한 결과인 세 가지 지식 영역과 그 구성요소들을 상정한다. 즉, 위계구조로 되어 있는 사고 체계가 신분류학을 구성하고 있는 것이다.

2장에서는 신분류학의 세부 내용이 다루어진다. 여기서는 설계하고 평가할 수 있는 교육목표의 본질과 구성형식을 보여주는 틀이 간략하게 소개된다. 이에 대한 예시는 [도식 1.3]과 같다.

[도식 1.3]의 각 열은 신분류학의 여러 가지 수준을 보여준다. [도식 1.3]의 세 번째 열은 신분류학의 각 수준에서 산출될 수 있는 목표의 일반적 형태를 표현한

### 도식 1.3 신분류학의 수준별 교육목표의 일반적인 형태표

| 신분류학의 수준 | 작용 | 목표의 일반적 형태 |
|---|---|---|
| 수준 6: 자율체계 사고 | 중요도 검토 | 학생은 정보, 지적 과정 또는 심동적 과정이 자신에게 얼마나 중요한지를 알 수 있고, 이러한 인식작용의 기저가 되는 추론을 규명할 수 있다. |
| | 효능감 검토 | 학생은 정보, 지적 과정 또는 심동적 과정과 관련된 역량이나 이해력을 향상시킬 수 있는 자신의 능력에 대한 신념을 알 수 있고 이러한 인식작용의 기저가 되는 추론을 규명할 수 있다. |
| | 정서적 반응 검토 | 학생은 정보, 지적 과정 또는 심동적 과정에 대한 자신의 정서적 반응 및 이러한 반응에 대한 이유를 알 수 있다. |
| | 동기 검토 | 학생은 정보, 지적 과정 또는 심동적 과정과 관련된 역량이나 이해력을 향상시킬 수 있는 동기의 수준 전반 및 이러한 동기 수준의 이유를 알 수 있다. |
| 수준 5: 메타인지 | 목적의 구체화 | 학생은 정보, 지적 과정 혹은 심동적 과정과 관련된 목적 및 목적 달성을 위한 계획을 수립할 수 있다. |
| | 점검의 과정 | 학생은 정보, 지적 과정 혹은 심동적 과정과 관련된 특정한 목적의 달성 정도를 점검할 수 있다. |
| | 명료화 과정 | 학생은 정보, 지적 과정 혹은 심동적 과정에 대한 명료성을 자신이 어느 정도 가지고 있는지 결정할 수 있다. |
| | 정확화 과정 | 학생은 정보, 지적 과정 혹은 심동적 과정에 대한 정확성을 자신이 어느 정도 가지고 있는지 결정할 수 있다. |
| 수준 4: 지식 활용 | 의사결정 | 학생은 정보, 지적 과정 혹은 심동적 과정을 활용하여 일반적 의사결정을 내릴 수 있거나 정보, 지적 과정 혹은 심동적 과정의 사용에 대한 의사결정을 내릴 수 있다. |
| | 문제해결 | 학생은 정보, 지적 과정 혹은 심동적 과정을 활용하여 일반적 문제를 해결할 수 있거나 정보, 지적 과정 혹은 심동적 과정에 대한 문제를 해결할 수 있다. |
| | 실험 | 학생은 정보, 지적 과정 혹은 심동적 과정을 활용하여 일반적 가설의 도출 및 검증을 할 수 있거나 정보, 지적 과정 혹은 심동적 과정에 대한 가설의 도출 및 검증을 할 수 있다. |
| | 조사 | 학생은 정보, 지적 과정 혹은 심동적 과정을 활용하여 일반적 조사연구를 수행할 수 있거나 정보, 지적 과정 혹은 심동적 과정에 대한 조사연구를 수행할 수 있다. |
| 수준 3: 분석 | 비교 | 학생은 정보, 지적 과정 혹은 심동적 과정과 관련하여 의미 있는 유사성과 차이를 알 수 있다. |
| | 분류 | 학생은 정보, 지적 과정 혹은 심동적 과정과 관련하여 상위 범주 및 하위 범주를 알 수 있다. |

**도식 1.3** 신분류학의 수준별 교육목표의 일반적인 형태표 (계속)

| 신분류학의 수준 | 작용 | 목표의 일반적 형태 |
|---|---|---|
| | 오류 분석 | 학생은 정보, 지적 과정 혹은 심동적 과정의 표현이나 활용에 있어서의 오류를 알 수 있다. |
| | 일반화 | 학생은 정보, 지적 과정 혹은 심동적 과정에 근거하여 새로운 일반화나 원리를 세울 수 있다. |
| | 구체화 | 학생은 정보, 지적 과정 혹은 심동적 과정의 논리적 결론(귀결)을 알 수 있다. |
| 수준 2: 이해 | 통합 | 학생은 정보, 지적 과정 혹은 심동적 과정의 기본 구조를 알 수 있고 중요하지 않은 특성과 대립되는 중요한 특성을 알 수 있다. |
| | 상징화 | 학생은 중요한 요소와 중요하지 않은 요소를 구별하여 정보, 지적 과정 혹은 심동적 과정에 대한 정확한 상징적 표상을 세울 수 있다. |
| 수준 1: 인출 | 인식 | 학생은 정보의 특징을 정확히 진술할 수 있으나 반드시 지식의 구조를 이해하거나 중요한 요소와 중요하지 않은 요소를 구분할 필요는 없다. |
| | 기억 | 학생은 정보의 특징을 산출할 수 있으나 반드시 지식의 구조를 이해하거나 중요한 요소와 중요하지 않은 요소를 구분할 필요는 없다. |
| | 실행 | 학생들은 중요한 오류를 범하지 않고 절차를 이행할 수 있으나 이러한 절차가 이루어지는 방식과 이유를 반드시 이해할 필요는 없다. |

출처: Marzano & Kendall (2007)

것이다. 다음에 이어지는 장들에서는 교육목표를 평가하는 데 사용될 수 있는 과업들과 함께 세 가지 지식 영역에 걸쳐 신분류학의 각 수준별 교육목표의 구체적인 예들이 제시된다. 신분류학을 사용한 목표 도출 및 목표 평가에 대해 이해하려면 신분류학의 최저 수준인 인출 수준부터 시작하는 것이 유용하다.

**인출** 목표는 기본적인 정보와 절차에 대한 인식, 기억 및 실행을 포함한다. 이것들은 교육에서 매우 흔히 이루어지는 것이며 Bloom의 "지식" 수준에서 다루어진 것이다.

**이해** 목표는 지식의 중요한 특징을 알고 상징화하는 것을 포함한다. 이것들 역시 교육목표에 있어서는 아주 흔히 볼 수 있는 것들이다. 신분류학에서의 이해는

Bloom의 분류학에서 말하는 이해와 비슷하다. 그러나 Bloom의 분류학에서는 지식을 상징화하는 것과 유사한 과정은 없다.

**분석** 목표에는 추론과정을 통한 지식의 확장이 포함된다. 그것들은 직접 배운 것 이상의 추론을 학생들에게 요구한다는 점에서 좀 더 높은 수준의 것으로 언급될 때도 있다. 신분류학에는 다섯 가지 유형의 분석 과정이 있다: 비교, 분류, 오류 분석, 일반화 및 구체적 열거. 신분류학에서의 비교는 Bloom의 분류학에서 수준 4.0(분석)에 포함되어 있는 관계분석과 유사하다. 신분류학에서의 분류는 Bloom의 분류학에서 수준 5.0(종합)에 포함되어 있는 일련의 추상적 관계에 대한 인식과 유사하다. 신분류학에서의 오류 분석은 Bloom의 분류학에서 수준 6.0(평가)에 포함되어 있는 내적 근거 판단과 유사하다. 이것은 또한 Bloom의 분류학에서 수준 4.0(분석)에 포함되어 있는 원리 구조화에 대한 분석과 유사하다. 신분류학에서의 일반화와 구체적 열거는 Bloom의 분류학에서의 수준 4, 5, 6에 포함되어 있는 많은 요소들을 내포하고 있다.

**지식 활용** 목표는 지식이 특정한 과업(과제)을 달성하는 데 사용될 때 활용된다. 그러한 목표들은 일부 교육자들이 진짜 과업(과제)이라고 부르는 것의 한 부분인 경우가 많다. 신분류학은 네 가지 활용 과정을 포함한다: 의사결정, 문제해결, 실험 및 조사. 지식 활용의 전반적인 범주는 Bloom의 분류학에서의 종합(수준 5.0)과 매우 밀접하게 관련되어 있다.

**메타인지** 목표는 목적의 설정 및 점검을 다룬다. 교육자들은 이러한 행위들의 중요성에 대해 인식하고는 있지만, 메타인지와 연계시켜 진술된 구체적인 목표들은 찾아보기 힘들다. 신분류학의 메타인지 과정에는 네 가지 유형이 있다: 목적의 구체화, 점검의 과정, 명료화 과정, 정확화 과정이다. 이와 관련하여 Bloom의 분류학에서 찾아볼 수 있는 명백한 귀결은 없다.

**자율체계** 목표들은 동기를 조절하는 태도, 신념 및 행동을 다룬다. 메타인지의 경우와 마찬가지로 자율체계 과정도 교육자들이 중시하는 것처럼 보이지만, 명시적인 목표의 관점에서 다루는 경우는 드물다. 신분류학의 자율체계에는 네 가지 유형이 있다: 중요도 검토, 효능감 검토, 정서적 반응 검토, 동기 검토. 이와 관련하여 Bloom의 분류학에서 찾아볼 수 있는 명백한 귀결은 없다.

## 결론

[도식 1.3]에서 아주 일반적인 용어로 설명하였듯이, 신분류학은 세 가지 영역의 지식(정보, 지적 처리과정, 심동적 처리과정)과 세 가지 범주의 처리과정(인지, 메타인지, 자율체계)을 아우르는 광범위한 목표를 생성하고 평가하는 데 활용될 수 있다. 그렇다고 학교와 지역이 전 학년에 걸쳐 신분류학의 6가지 모든 수준의 목표를 갖추어야 한다는 말은 아니다. 9장에서 설명하는 바와 같이, 메타인지 및 자율체계 사고는 신분류학의 처음 네 가지 수준(인출, 이해, 분석, 지식 활용)을 보완하고 조력하는 교육과정으로 간주할 것을 권하고자 한다. 그런데 전통적으로 신분류학의 네 가지 수준(인출, 이해, 분석, 지식 활용)은 좀 더 학문적인 성향의 것으로 여겨지고 있다.

제2장

# 신분류학의 개관

2장에서는 다음 장에 이어 논의할 내용들에 대한 이해를 돕기 위하여 신분류학의 다양한 구성요소에 관해 간략하게 설명할 것이다. 모형을 뒷받침하고 있는 연구 및 이론을 포괄적으로 이해하려면 『교육목표의 신분류학(Marzano & Kendall, 2007)』의 내용을 숙지할 것을 독자들에게 강력히 권하는 바이다. 『교육목표의 신분류학』의 내용을 잘 알고 있는 독자들은 이 장을 건너뛰어도 무방할 것으로 본다.

## 지식 차원의 영역

지식은 세 가지의 폭넓은 영역으로 구성될 수 있다: 정보(information), 지적 처리과정(mental procedures), 심동적 처리과정(psychomotor procedures).

### 정보 영역

**선언적 지식(declarative knowledge)**으로 일컬어지기도 하는 정보 영역은 그 자체로 위계적 구조를 가진다. 정보 관련 위계구조에서 용어(a vocabulary term)는 가장 하위에 위치한다. 용어란 학생들에게 정확한 이해력을 요구하지만 굳이 깊은 이해가 필요 없는 수준의 단어 혹은 어구이다. 예를 들어, 학생이 '소행성(asteroid)' 이라는 용어에 대해 일반적 의미는 알고 있더라도 소행성의 결정적인 특성과 관련된 의미의 미묘한 차이, 또는 혜성 및 유성과의 유사성과 차이점에 대한 이해는 없을 수 있다. 신분류학 내에서 단어가 용어로 간주될지 아닐지는 전적으로 수업의 역할에 달려 있다. 예를 들어 '서식지(habitat)' 라는 단어를 생각해볼 수 있다. 명백히, 이 단어는 수업 전체 단위의 주제 혹은 그 이상이 될 수도 있다. 이러한 경우에 서식지라는 단어는 용어로 간주되지 않을 것이다. 오히려 이것은 갖가지 관련된 일반화, 원리 및 사실들과 함께 조직적 개념이 될 것이다. 이에 반해 용어로 취급될 경우 서식지는 매우 간략하게 다루어질 것이며, 학생들이 몇몇 기본적 특징에 대해서만 피상적 수준에서 이해할 것이라고 기대할 것이다. 이처럼 신분류학에서 초점과 의도는 지식의 유형을 분류할 때 주요 결정인자가 된다. 이 점은 신분류학과 관계되는 한, 지식−정보, 지적 처리과정, 심동적 처리과정−의 유형을 분류할 때 유의해야 할 주요 사항이다.

용어의 상위 수준은 **사실(facts)**이다. 사실은 특정한 사람, 장소, 사물, 사건에 대한 정보를 나타낸다. 좀 더 설명하자면, "게티즈버그 전투는 사실상 남북전쟁의 승패를 결정한 성과였다(The Battle of Gettysburg was pivotal to the outcome of the Civil War)."는 것은 사실이다. 사실의 한 가지 특징은 주어를 언급할 때 보통 정관사 the를 사용한다는 것이다. 특정한 정보 관련 지식이 사실로 간주될지 아닐지를 결정하는 데 다시 한 번 수업이 중요한 역할을 한다. 예시로 "인간의 골격은 침팬지의 골격과 유사한 특징도 갖고 있고 상이한 특징도 갖고 있다."는 문장을 생각해보자. 학생이 구체적인 유사성과 차이가 무엇인지 상세히 설명할 수 없더라도, 학생에 대한 기대 수준이 이러한 단편적 정보만을 아는 것이라면 이는 사실로 간주될 것이다. 그러나 학생에게 유사성과 차이들에 대해 상세한 예시들을 들어 설명할 수 있는 정도의 수준을 기대한다면 이는 일반화로 간주될 것이다. 거듭 말하지만, 지식을 구성하는 요소를 정확히 분류하는 결정적인 요인은 수업의 초점과 의도인 것이다.

위계구조의 최상위 단계에 위치하는 것은 일반화나 원리 등 좀 더 일반적인 구조이다. "특정한 전투는 가끔 전쟁의 균형을 깨뜨릴 정도의 결과를 가져올 정도로 영향을 미친다."라는 문장은 일종의 일반화라 할 수 있다. 앞서 언급했듯이, 일반화로 간주되려면 학생들이 이 문장에 대한 상세한 예시들을 들 수 있을 정도로 기대되어야 한다.

정보 영역 내 지식의 다양한 유형들은 [도식 2.1]에 좀 더 자세히 설명되어 있다.

신분류학은 명확하고 쉽게 활용하기 위한 목적으로 정보의 유형을 두 가지의

## 도식 2.1 정보 지식의 유형

**용어**

가장 구체적인 수준의 정보 관련 지식에 용어가 있다. 이 체계에서, 어떤 용어를 안다는 것은 그 단어의 일반적인 뜻을 이해하고 있음을 의미한다. 예를 들어, 학생이 용어 수준의 선언적 지식을 이해한다고 할 때, 그 학생은 그 단어가 나타내는 일반적 의미를 알고 있으며 그 의미에 대해 심각할 정도의 잘못된 인식을 가지고 있지 않다는 뜻으로 풀이된다. 용어들로 수업내용을 조직한다는 것은 수업내용을 독립적인 단어들로 조직한다는 뜻이다. 이러한 용어들의 의미에 대해 정확히 이해하지만 다소 피상적인 수준에서 이해하는 정도가 학생에게 거는 기대치이다.

**사실**

사실은 매우 구체적인 유형의 정보 관련 내용이다. 사실은 특정 인물, 장소, 생물과 사물, 사건에 대한 정보를 전달한다. 사실은 공통적으로 다음과 같은 정보를 분명히 나타낸다.

- 실제 인물이건 허구적 인물이건 특정 인물의 특징(예를 들어, 소설 속의 등장인물인 로빈 훗은 1880년대 초에 영문학에 처음 나타났다.)
- 특정 장소의 특징(예를 들어, 덴버는 콜로라도 주에 있다.)
- 특정 생물 및 사물의 특징(예를 들어, 나의 개 투피는 골든 리트리버종이다. 엠파이어스테이트 빌딩의 높이는 100층 이상이다.)
- 특정 사건의 특징(예를 들어, 피사의 사탑은 1174년 착공되었다.)

**시간 순서**

시간의 순서에는 두 개의 시점 사이에서 발생한 중요한 사건이 포함된다. 예를 들면, 1963년 11월 22일에 발생한 케네디 대통령 암살사건과 11월 25일에 거행된 장례식은 대부분 사람들의 기억 속에 시간의 연속성으로 조직된다. 처음 어떤 일이 일어난 후 다음 그 다음 사건이 연속적으로 발생하는 것이다.

**일반화**

일반화는 예시를 들 수 있는 진술이다. 예를 들면, “미국 대통령들은 재력과 영향력이 상당한 집안에서 종종 배출된다.” 라는 진술은 그 사례들을 들 수 있으므로 일종의 일반화이다. 일부 일반화는 일부 사실과 쉽게 혼동되기도 한다. 사실은 특정 인물, 장소, 생물 및 사물, 사건의 특징을 밝히는 반면에 일반화는 인물, 장소, 생물 및 사물, 사건의 부류나 범주에 관한 특징을 밝힌다. 예를 들어, “나의 개 투피는 골든 리트리버종이다.” 라는 진술은 일종의 사실이다. 그러나 “골든 리트리버 종은 훌륭한 사냥개이다.” 라는 진술은 일종의 일반화이다. 덧붙여, 일반화는 추상개념들에 대한 특징을 드러낸다. 특히 추상개념들에 관한 정보는 대체적으로 일반화의 형태로 진술된다. 이러한 구별을 언급하는 것과 동시에, 일반화(혹은 원리)가 사례나 적용으로 뒷받침되지 못한 채 단발성의 정보 조각으로 다루어질 경우, 그것은 사실로 분류되어야 한다. 정보를 일반화로 분류하느냐 아니면 사실로 분류하느냐를 결정짓는 요인은 수업의 초점과 의도이다. 다음은 일반화의 다양한 유형을 보여주는 예들이다.

- 인물 부류의 특징(예를 들면, 소방관이 되려면 최소 2년의 훈련 기간이 소요된다.)
- 장소 부류의 특징(예를 들면, 대도시는 범죄율이 높다.)
- 생물 및 사물 부류의 특징(예를 들면, 골든 리트리버 종은 훌륭한 사냥개이다. 총기는 큰 논쟁거리이다.)
- 사건 부류의 특징(예를 들면, 슈퍼볼은 미국 최고의 스포츠 행사이다.)
- 추상개념들의 특징(예를 들면, 사랑은 가장 강력한 인간 감정 중의 하나이다.)

### 도식 2.1 정보 지식의 유형 (계속)

**원리**

원리는 관계를 다루는 일반화의 특정 유형이다. 일반적으로 학교와 관련된 선언적 지식에는 두 가지 유형의 원리가 있다: 인과 원리와 상관관계 원리.

*인과 원리.* 인과 원리는 인과 관계를 분명히 나타낸다. 예를 들면, "결핵의 발병 원인은 결핵균이다."라는 문장은 인과 원리다. 비록 여기에 진술되어 있지 않지만, 어떤 인과 원리를 이해하려면 인과 체계 내의 특정 요소들 및 이러한 요소들 상호간의 정확한 관계를 알고 있어야 가능하다. 결핵과 박테리아에 관한 인과 원리를 이해하려면, 발생하는 사건 및 관련된 요소들의 연속성, 이들 요소 사이의 관계의 유형 및 강도에 대한 이해가 선행되어야 할 것이다. 예를 들면, 하나의 인과 원리를 이해하려면 많은 정보를 알고 있어야 하는 것이다.

*상관관계 원리.* 상관관계 원리는 본질상 반드시 인과적 관계는 아니지만 한 요인의 변화가 다른 요인의 변화와 관련되어 있는 관계를 기술한다. 상관 원리를 나타내는 일례를 들면 다음과 같다. "여성 폐암 환자의 증가는 여성 흡연자 수의 증가와 직접적으로 비례한다."

거듭 말하지만, 이 원리를 이해하려면 학생은 여성 폐암환자 수의 변화 비율이 여성 흡연자 수의 변화 비율과 같은 일반 형태 등 이런 관계에 대한 상세한 정보들을 구체적으로 알아야 할 것이다.

이 두 가지 유형의 원리는 때때로 인과적 순서와 혼동된다. 인과 순서는 특정 상황에 적용되는 반면에 원리는 많은 상황에 적용된다. 남북전쟁의 원인들은 인과적 순서를 나타내며 이 원인들은 남북전쟁에만 적용된다. 그러나 결핵과 결핵균을 연결 짓는 인과 원리는 많은 다양한 상황들과 사람들에게 적용될 수 있다. 의사들은 이 원리를 활용하여 다양한 상황들과 사람들에 대해 판단을 내린다. 원리와 인과적 순서를 구분할 때 중요한 차이는, 원리는 많은 상황의 예가 될 수 있지만 인과적 순서는 그럴 수 없다는 데 있다. 즉, 인과적 순서는 단일한 상황에만 적용된다.

출처: Marzano & Kendall (2007)

넓은 범주로 구성한다: **세부사항**(details)과 **아이디어의 조직화**(organizing idea). 세부사항에는 용어, 사실 및 시간의 순서가 포함되어 있고 아이디어의 조직화에는 일반화 및 원리가 포함되어 있다.

세부사항

- 용어
- 사실
- 시간의 순서

아이디어의 조직화

- 원리
- 일반화

## 지적 처리과정 영역

때로 **절차적 지식**(procedural knowledge)으로도 불리는 지적 처리과정은 형태와 기능 면에서 정보, 즉 선언적 지식과 다르다. 선언적 지식과 절차적 지식의 차이는 각각 "무엇"과 "어떻게"라는 의문사의 차이로 나타낼 수 있다. 즉 선언적 지식은 인간 지식의 내용("무엇")으로 간주되는 반면, 절차적 지식은 인간 지식의 방법(즉 "어떻게")으로 설명될 수 있다. 절차적 지식의 중요한 특징은 정보를 포함하고 있다는 것이다. 정보는 지적 처리과정 영역 및 심동적 처리과정 영역에 내재되어 있다.

보통 절차적 지식은 선언적 지식에서 시작된다. 일례로 차를 운전하기까지의 과정을 생각해볼 수 있다. 시작 단계부터 실제로 차를 운전할 수 있는 사람은 없다. 시작 단계에 있는 사람은 운전은 못하더라도 브레이크의 위치, 방향을 전환할 때 취해야 할 몸동작의 일반적인 흐름, 감속이나 가속할 때 취해야 할 동작의 일반적인 흐름 등등의 운전 관련 정보는 알고 있다. 초보운전 단계에 있는 사람은 이러한 과정을 하지는 못하더라도 과정을 행하는 데 필요한 조치들이 무엇인지는 알고 있는 것이다. 운전자가 오랜 시간에 걸친 연습을 통해 운전 과정을 익히면 의식적으로 생각하지 않고도 운전을 할 수 있게 된다. 바로 이 시점에서 운전은 절차적 지식이 된다.

차 운전은 몸동작과 연결되어 있어 심동적 처리과정의 한 예로 볼 수 있다. 지적 처리과정의 일례로는 전체 논리에 맞도록 글을 편집하는 과정을 들 수 있다. 거듭 말하자면, 전체 논리에 맞게 편집하는 방법을 익히는 시작 단계의 사람은 효과적인 편집을 위해 생각을 논리적으로 전개할 때의 특징과 몇 번이나 작문을 반복하여 읽어야 하는 필요성 등의 몇 가지 편집에 대한 기본 정보를 알고 있어야 한다. 오랜 시간에 걸친 연습을 통해 이 사람은 전체 논리에 맞도록 편집하는 일과 관련된 조치 방법을 비교적 쉽게 익히게 된다.

지적 처리과정을 구성하는 위계구조의 정점에 매우 견고한 과정이 있는데, 이 과정에 의하여 다양한 산물 및 성과가 가능하게 되고 또한 상호 관련된 많은 하위 과정이 실행된다. 엄밀하게 말해서 그런 활동은 **거시적 과정**(macroprocedure)으로 일컬어진다. 여기서 'macro'는 그 과정이 어떤 형식의 관리를 요구하는 여러 하위 구성요소들을 가지고 있어 고도로 복잡한 과정임을 나타내는 접두사이다. 거시적 절차의 결정적 특징들을 충족시키는 예로 쓰기 과정이 있다.

위계구조의 중간 지점에 있는 지적 처리과정은 거시적 과정으로부터 여러 가능성 있는 결과들을 도출하지 못하며 여러 다양한 하위 구성요소들을 통합하지 못한다. 이러한 절차들은 보통 **전술**(tactics)로 불린다. 막대그래프 독해에 대한 전술을 가지고 있는 사람을 예로 들어 설명해볼 수 있다. 전술은 실행의 전체 흐름을 가진 일반적인 규칙들로 구성된다. 예를 들어, 막대그래프에 대한 독해 전술에는 다음과 같은 규칙들이 포함되어 있을 것이다: (a) 범례에 표현되어 있는 요소들의 확인, (b) 그래프에서 각각의 축이 나타내는 내용 파악, (c) 두 개의 축에 있는 요소들 간의 관계 파악. 이러한 규칙들이 실행되는 데에는 일정한 패턴이 있지만 그 순서가 엄격하거나 정해진 것은 아니다. 다시 말해서, 수업의 초점과 의도는 지적 처리과정을 거시적 과정으로 분류할지 아니면 전술로 분류할지를 결정하는 주요 요인이 된다. 계산기를 사용할 수 있기까지의 과정을 일례로 생각해볼 수 있다. 몇 가지 기본적인 조작법을 익히는 것으로 접근하면, 이는 전술로 여겨질 것이다. 그러나 다양한 상황에서 사용될 수 있는 상호작용적인 복합 기능들을 익히는 것으로 접근한다면 이것은 거시적 과정으로 간주될 것이다.

**알고리즘**(algorithms)은 일단 익히게 되면 보통 그 적용방식의 변경이 없는 지적 처리과정이다. 이 과정은 매우 구체적인 결과와 구체적인 단계를 가진다. 다단계의 덧셈과 뺄셈은 알고리즘의 실례이다. 자동성 수준에 이르기까지 익혀야 알고리즘은 유용하다.

지적 처리과정의 가장 단순한 유형은 **단일 규칙**(a single rule), 즉 부가적 단계들이 수반되지 않는 일련의 작은 규칙들이다. 단일 규칙은 만약-그러면(IF-THEN) 규칙으로 이루어져 있다—만약 상황 X가 발생하면, 행동 Y를 행한다. 예를 들어, 문장의 첫 번째 단어는 대문자로 써야 한다는 규칙은 단일 규칙 절차에 해당된다.

신분류학의 목적상, 지적 처리과정 영역을 두 가지 큰 범주로 조직하는 것이 유용하다. 즉 연습을 통해 자동적으로 혹은 무의식적으로 행할 수 있는 범주와 통제받아야 하는 범주가 그것이다. 전술, 알고리즘 및 단일 규칙은 자동성 수준이나 무의식 수준에 이르기까지 익혀질 수 있다. 거시적 절차는 통제된 실행을 요구한다. 신분류학의 영역에서 전술, 알고리즘 및 단일 규칙은 하나의 세트로 묶여 **기술**(skills)로 불리고, 거시적 절차는 단순히 **과정**(processes)으로 불린다. 지적 처리과정을 과정으로 간주할지 아니면 기술로 간주할지를 결정하는 데 주된 역할을 하는 것은 수업의 초점과 의도임을 독자들이 유의하도록 거듭 강조한다. [도식 2.2]는

**도식 2.2** 지적 처리과정의 범주

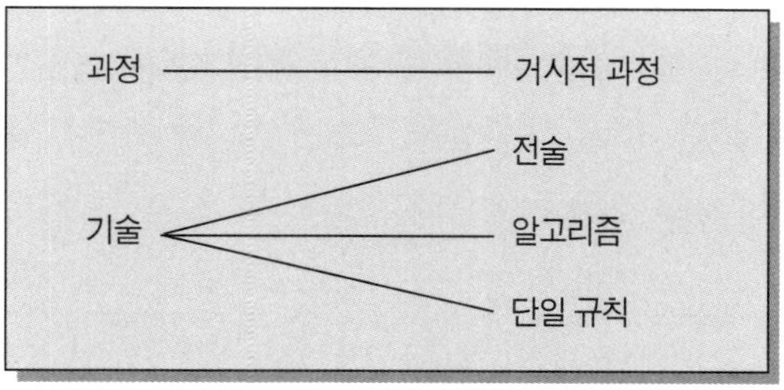


출처: Marzano & Kendall (2007)

신분류학 내에서의 지적 처리과정의 두 가지 범주를 나타내고 있다.

## 심동적 처리과정 영역

명칭에서 암시하는 바와 같이, 심동적 영역은 신체적 처리과정들로 이루어진다. 다른 두 영역과 마찬가지로 심동적 영역도 위계구조로 조직될 수 있다. 좀 더 복잡한 심동적 처리과정들이 발달할 수 있도록 토대가 되는 **기초 신체 능력**(foundational physical ability)이 심동적 위계구조의 최하위에 자리하고 있다. 이런 능력에는 전반적인 신체의 균형감각, 팔다리 움직임의 속도, 손동작의 민첩성 등이 포함된다.

이러한 기초 능력은 보통 정규 교육을 받지 않아도 발달된다. 실제로, 인간은 태어나면서부터 이러한 모든 신체 기능들을 어느 정도 안정감 있게 행한다. 그러나 이 기초 기능들이 어떠한 교육이나 연습 없이 향상될 수 없다는 것은 말할 필요도 없다. 예를 들어 훈련(교육)을 받을 경우 인간의 손동작은 더욱 민첩해질 수 있다. 그러므로 교육을 통해 향상될 수 있다는 점에서 그것은 지식의 한 유형으로서의 자격을 갖기에 충분하다고 볼 수 있다.

기본적인 **기초 처리과정**의 한 수준 높은 단계에는 **단순 결합 처리과정**(simple combination procedures)이 있는데 농구공으로 자유투를 넣는 것이 그 예가 된다. 이름에서 암시하는 바와 같이 단순 결합 처리과정은 일련의 기초 처리과정들을 병렬로 행하는 것이다. 농구에서 자유투를 하는 것은 손목과 손가락의 속도, 조절의 정확성, 그리고 팔과 손의 지구력 등 많은 기초 처리과정들의 상호작용으로 이루어지는 단순 결합 처리과정의 한 예이다.

**도식 2.3** 심동적 처리과정의 범주

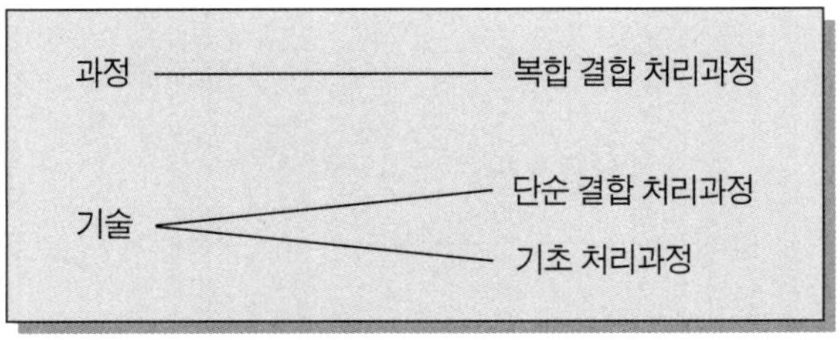


출처: Marzano & Kendall (2007)

마지막으로 **복합 결합 처리과정**(complex combination procedures)은 일련의 단순 결합 처리과정들을 이용한다. 예를 들면 농구에서 방어 행동을 하려면 웅크린 자세로 몸을 좌우로 움직이는 행동, 손 흔들기 동작 등의 복합적인 기술이 필요하다. 거듭 말하지만, 심동적 처리과정이 단순 결합 처리과정으로 분류될지 아니면 복합 결합 처리과정으로 분류될지는 교육(수업)의 초점과 의도에 따라 결정된다. 한 예로 일련의 특정 동작들을 결합하여 하나의 춤사위를 만들어내는 과정을 생각해볼 수 있다. 이것은 매우 단순화된 방식(예, 단순 결합 처리과정)으로 접근할 수도 있고 또는 정교하고도 매우 미묘한 동작변화를 포함하는 복잡한 방식(예, 복합 결합 처리과정)으로 접근할 수도 있다.

신분류학의 목적을 볼 때, 심동적 영역의 처리과정을 두 개의 범주로 조직하는 것이 유용하다. 이것은 [도식 2.3]에 잘 나타나있다.

요약하자면, 신분류학의 목적을 고려할 때, 지식의 세 가지 영역을 구성하는 요소들을 정리하면 [도식 2.4]와 같다.

## 인지적 처리과정의 수준

신분류학의 두 번째 차원은 세 가지 지식 영역에 적용되는 인지적 처리과정 수준을 다룬다. 조율되는 방식으로 작동하는 인지적 처리과정(mental processing)은 자율체계, 메타인지 체계, 인지 체계 등 세 개의 일반 체계로 이루어져 있다. 이 내용은 [도식 2.5]에 잘 나타나있다.

### 도식 2.4 지식 영역의 구성요소

| | | |
|---|---|---|
| **정보** | 1. 아이디어의 조직화 | 원리<br>일반화 |
| | 2. 세부사항 | 시간 순서<br>사실<br>용어 |
| **지적 처리과정** | 1. 과정 | 거시적 과정 |
| | 2. 기술 | 전술<br>알고리즘<br>단일 규칙 |
| **심동적 처리과정** | 1. 과정 | 복합 결합 처리과정 |
| | 2. 기술 | 단순 결합 처리과정<br>기초 처리과정 |

출처: Marzano & Kendall (2007)

[도식 2.5]에서 확인할 수 있듯이 인지 체계는 위계구조로 된 네 가지 하위체계로 이루어져 있다: 인출, 이해, 분석, 지식 활용. 이것은 여섯 개의 수준으로 된 분류학을 대신한다.

### 도식 2.5 신분류학의 6가지 수준

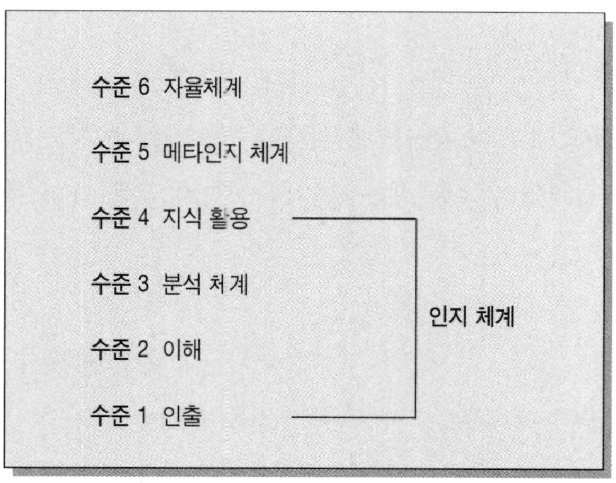


출처: Marzano & Kendall (2007)

## 수준 1: 인출(인지 체계)

인출은 우리가 알고 있는 내용을 전달하지만 *그 내용에 대해 현재 집중해서 생각하고 있는 것은 아니다.* 인출의 과정은 관련된 지식의 유형이나 요구되는 처리과정의 정도에 따라 다소 다르다. 신분류학에서, **정보**의 인출은 **인식**(recognition)의 문제이거나 **기억**(recall)의 문제이다. 인식은 들어오는 정보가 정확한지, 부정확한지, 아니면 알 수 없는 것인지를 결정하는 것이라고 할 수 있다. 반면에 기억은 어느 정도의 인식 수준뿐만 아니라 관련 정보의 산출까지도 요구한다. 예를 들면 일련의 단어들 중에서 동의어를 고르는 학생은 인식에 의지하고 있다. 단어를 정의하거나 동의어를 생각해내야 하는 학생은 기억을 이용한다; 그 학생은 그 용어를 알고 있어야 할 뿐만 아니라 적절한 응답을 내보여야 한다. 이러한 차이로 인해 신분류학의 수준 1 내에 난이도의 위계가 존재한다.

정보 영역의 지식을 인식하고 기억하는 상황이라도, **지적 처리과정** 및 **심동적 처리과정**의 지식 또한 **개입**될 수 있다. 처리과정의 단계를 수행할 때 무엇인가가 발생하고 결과물이 산출된다. 예를 들어 다단계 뺄셈의 절차를 생각해볼 수 있다. 단계를 밟아갈 때 수치의 계산 결과가 도출된다. 그러므로 처리과정 지식이 수행되고 있는 상황이지만 정보의 인식과 기억도 함께 개입되어 있다고 말할 수 있다. 그러나 모든 처리과정에는 내재된 정보가 포함되어 있기 때문에 처리과정의 지식이 인식되고 기억된다는 것 또한 사실이다(지적 처리과정에 대해 앞에서 논의한 내용을 참고하라).

## 수준 2: 이해(인지 체계)

인지 체계 내 이해의 과정은 지식의 중요하고 결정적인 속성들을 아는 것과 관계있다. 신분류학에서 정의된 이해에는 통합과 상징화의 두 가지 관련 과정이 포함되어 있다.

### 통합(Integrating)

**통합**은 지식을 가공(증류)하여 그 핵심 특징들을 최소 단위의 일반화된 형태로 조직하는 과정이다. 효과적인 학습은 들어오는 정보를 분해하여 요점을 파악할 때 이루어진다. 사람들은 읽은 적 있는 흥미로운 이야기의 세부 사실들을 기억하지 못하지만 정보와 사건의 전체 흐름을 상기하는 것은 이 때문이라 할 수 있다.

### 상징화(Symbolizing)

**상징화**는 통합의 과정을 거쳐 산출된 지식을 기호로 유추하는 이해의 과정이다. 상징의 분석은 주로 이미지의 형태로 이루어진다. K-12 교실에서 흔히 사용되는 형태의 상징화는 그래프 조직자(graphic organizer)로서 그래프 조직자에는 언어와 기호가 함께 있다. 상징화에는 그래픽, 그림 및 통계도표의 형태도 있다.

## 수준 3: 분석(인지 체계)

신분류학에서의 분석은 추론을 통해 지식을 확장하는 것과 관계있다. 분석은 또한 이해 과정의 기능 중 하나인 본질적인 특성과 비본질적인 특성을 규명하는 것 그 이상을 의미한다. 이러한 맥락에서 분석은 해당 사람이 이제껏 보유한 적 없는 새로운 정보의 산출과 관련 있다. 분석에는 (1) 비교, (2) 분류, (3) 오류 분석, (4) 일반화, (5) 구체화의 다섯 가지 과정이 있다.

### 비교(Matching)

**비교**는 지식을 구성하는 요소들 간의 유사점과 차이점을 식별하는 것이다. 비교는 과제에서 요구하는 바가 무엇이냐에 따라 단순할 수도 있고 복잡할 수도 있다. 단순한 수준에서의 비교는 개 두 마리 사이의 유사점 등과 같은 기본적인 유사점들을 인지하는 것이다. 보다 복잡한 수준에서의 비교는 품종(breed)별 주요 특징에 근거하여 이 두 마리의 개를 비교하고 이러한 유사점과 차이점이 품종에 어떤 영향을 미치고 있는지 설명하는 것을 포함한다. 여기서 비교로 일컫는 것은 바로 후자 형태의 과제이다. 조화과정을 구성하는 주요 요소들에 포함되는 것들은 다음과 같다.

- 비교되고 있는 항목을 분석하는 근거가 되는 특징들의 속성들을 구체화하기
- 어떤 면에서 유사하고 어떤 면에서 차이가 있는지 결정하기
- 가능한 한 정확하게 유사점과 차이점을 기술하기

### 분류(Classifying)

**분류**는 지식을 의미 있는 범주로 나누어 체계화하는 것을 뜻한다. 비교 과정처럼, 이것은 인간 사고력에 없어서는 안 될 기초이다. 학습자가 분류의 과정을 자연스럽게 활용할지라도, 분석도구로서 사용할 경우에 이 과정은 매우 도전이 될 수도 있다. 분류는 상위 범주와 하위 범주에 초점을 맞추는 반면, 비교는 유사점과 차이점에 초점을 둔다는 점에서 분류는 비교와 구별된다. 분류 과정을 구성하는 중요한 요소들로는 다음과 같은 것들이 있다.

- 분류될 항목들의 결정적인 특성들을 규명하기
- 해당 항목을 포함하는 상위 범주를 규명하고 포함 관계의 근거를 설명하기
- 해당 항목에 대한 하나 이상(해당 사항이 있는 경우)의 하위 범주를 규명하고 그 범주들 간의 관계성을 설명하기

### 오류 분석(Analyzing Errors)

**오류 분석**은 지식의 적합성, 논리성 및 정확성 여부를 따지는 것과 관계있다. 이러한 인지적 기능의 존재로 미루어볼 때 합리적인 것으로 여겨지는 정보만 타당한 것으로 수용할 수 있음을 알 수 있다. 이러한 기능을 잘 수행하려면 범하기 쉬운 논리적 오류의 다양한 유형뿐만 아니라 근거나 잘 짜여진 논증의 본질에 대한 기본적 이해가 반드시 필요하다(반드시 기술적 이해일 필요는 없다). 정보의 오류를 분석하기 위한 중요한 속성으로는 다음과 같은 것들이 있다.

- 제시된 정보를 타당한 것으로 보아도 될지 여부에 대한 결정
- 논리적 오류나 부정확성을 찾아내기 위한 목적의 정보 분석

상기한 내용은 정보 관련 오류 분석에 적용된다. 지적 처리과정이나 심동적 처리과정에 초점을 둘 경우 오류 분석은 다소 다른 양상을 보인다. 이러한 처리과정을 버그(프로그램 오류)에 관한 것으로 가정할 경우 지적 처리과정 및 심동적 처리과정은 버그를 찾아내어 교정하는 과정이 된다. 하지만 오류 분석 과정이 제대로 되려면 절차에 대한 개념적 이해가 선행되어야 한다. 이것이 뜻하는 바를 기능적 관점에서 말하면, '처리과정의 전반적인 효과에 얼마나 기여하는가' 하는 관점에서 지적 및 심동적 처리과정 각각의 측면이 가지는 영향에 대한 조사가 이루어

져야 한다는 것이다. 절차적 지식을 위한 오류 분석의 주요한 특성으로는 다음과 같은 것들이 있다.

- 처리과정의 각 단계나 구성요소가 전반적인 과정에 미치는 영향을 규명하기
- 결함이 있거나 비효과적인 단계나 구성요소를 식별하고 교정하기

### 일반화(Generalizing)

**일반화**는 신분류학에서 정의된 바와 같이 이미 알려진 정보로부터 새로운 일반화를 정립하는 과정이다. 예를 들어, 이미 수업을 통해 세 개의 일반화가 제시된 상황에서 "지역(region)"에 대한 하나의 새로운 일반화를 구상하는 학생이 있다고 가정할 경우, 그 학생은 분석적인 일반화 과정에 관여하고 있는 것이다. 일반화의 주요한 특성으로는 다음과 같은 것들이 있다.

- 어떠한 추정도 하지 않은 상태에서 특정 정보나 관찰결과들에 초점을 맞추기
- 정보 내에서 (반복적으로 나타나는) 형태나 관계성을 찾기
- (반복적으로 나타나는) 형태나 관계성을 설명해주는 일반적 진술을 하기

### 구체화(Specifying)

**구체화**는 알려진 일반화와 원칙의 새로운 적용사례들을 도출하는 과정이다. 예를 들어 베르누이(Bernoulli)의 원리(양력(揚力) 개념을 설명하기 위해 보통 고등학교 과정에서 배우는)의 지배를 받는 새로운 현상이나 상황을 식별하는 학생이 있다고 할 경우, 이 학생은 분석적인 구체화 과정에 관여하고 있는 것이다. 이 학생은 개인적으로 몰랐던 이미 알려진 원리들을 새로운 적용을 통하여 알게 된다. 구체화의 주요한 특성으로는 다음과 같은 것들이 있다.

- 특정 상황에 적용되는 일반화나 원리들을 알기
- 적용할 일반화나 원리들에 해당되는 조건들을 특정 상황이 충족시키고 있는지를 확인하기
- 일반화나 원리들이 적용될 경우, 도출될 수 있는 결론이나 예측 가능한 내용을 알기

## 수준 4: 지식 활용(인지 체계)

명칭 그대로 지식 활용 과정은 특정 과제를 수행하고자 할 때 활용되는 과정이다. 예를 들어 새로운 형태의 항공기를 설계할 때 양력(揚力, lift)과 관련된 특수 문제를 해결하기 위하여 베르누이(Bernoulli) 원리에 대한 지식을 활용하는 엔지니어를 생각해볼 수 있다. 이처럼 이러한 과제는 개인에게 지식을 실용화하는 방법이 된다. 신분류학에서 지식 활용의 네 가지 일반적인 범주로 분류되는 것으로는 다음과 같은 것들이 있다: (1) 의사결정, (2) 문제해결, (3) 실험, (4) 조사.

### 의사결정(Decision Making)

의사결정 과정은 개인이 두 개 이상의 대안들 중에서 하나를 선택해야 하는 경우에 이루어진다. 의사결정은 "최선의 방법은 무엇인가?" 혹은 "가장 적합한 방식은 어느 것인가?" 등의 질문에 대한 답을 찾는 과정이라고 말할 수 있을 것이다. 예를 들어 도심 내의 특정 지역들에 대한 지식을 활용하여 새로운 공원 조성을 위한 최적의 부지를 물색하는 사람이 있다고 가정할 경우 이 사람은 의사결정에 관여하고 있는 것이다. 의사결정의 핵심 요소로는 다음과 같은 것들이 있다.

- 대안들을 찾아내기
- 각각의 대안이 지니는 가치를 평가하는 데 활용될 기준을 밝히기
- 기준을 체계적으로 적용한 결과에 근거하여 대안을 선택하기

### 문제해결(Problem Solving)

문제해결 과정은 목적 달성에 장애가 되는 요소를 극복하려는 시도가 있을 때 이루어지는 과정이다. 문제해결은 "이 장애를 어떻게 극복할 것인가?" 혹은 "이러한 조건들을 충족시키면서 어떻게 목적에 도달할 수 있을까?" 등의 질문에 대한 답을 찾으려 할 때 관여하게 되는 과정이라 할 수 있을 것이다. 문제해결 과정의 주요한 특성으로는 다음과 같은 것들이 있다.

- 목적 달성에 장애가 되는 것을 확인하기
- 목적을 달성할 수 있는 대안적 방법을 찾아내기
- 대안을 평가하기

- 대안을 선택해서 실행하기

### 실험(Experimenting)

실험은 물리현상이나 심리현상을 이해하기 위한 목적으로 가설을 세우고 검증하는 과정이다. 실험은 "이 현상을 어떻게 설명할 수 있을까?" 혹은 "이러한 설명에 근거할 때 예측 가능한 것은 무엇인가?" 등의 질문에 대한 답을 찾고자 할 때 이루어지는 과정이라 할 수 있을 것이다. 예를 들어, 새로운 항공기의 날개 설계가 양력(揚力, lift)과 항력(抗力, drag)에 미치는 영향에 대한 가설을 세우고 검증하는 사람이 있다고 가정할 경우, 이 사람은 실험에 관여하고 있는 셈이다. 실험의 주요한 특성으로는 다음과 같은 것들이 있다.

- 이미 알려진 원리나 가설 수준의 원리를 토대로 예측하기
- 관찰 데이터를 이용하여 예측을 검증하기 위한 방법을 설계하기
- 실험 결과에 기초하여 원리의 타당성을 평가하기

### 조사(Investigating)

조사는 과거, 현재 및 미래 사건에 대한 가설을 세우고 검증하는 과정이다. 조사는 "~의 결정적인 특징은 무엇인가?", "어떻게 이 일은 일어났는가?" 혹은 "왜 이 일은 일어났는가?" 등의 물음에 대한 대답을 찾고자 거치는 과정이라 할 수 있다. 예를 들어, 미스터리 서클(crop circle)로 알려진 현상을 다룬 사람들의 말이나 글을 조사함으로써 이 현상의 존재를 설명할 수 있는 이유를 조사하는 학생이 있다고 가정할 경우, 이 학생은 조사에 관여하고 있는 셈이다. 조사의 주요한 특성으로는 다음과 같은 것들이 있다.

- 조사의 대상이 되는 현상에 관해 알려져 있거나 의견의 일치를 보이는 것이 무엇인지 탐색하기
- 현상에 관해 논란이 되고 있거나 혼동되고 있는 내용이 무엇인지 알아내기
- 다른 사람들이 제시한 의견이나 주장들을 사용하여 혼동이나 논란을 정리할 수 있는 해결책을 제공하기
- 제시한 해결책에 대한 논리적인 논거를 제공하기

### 수준 5: 메타인지

메타인지 체계는 모든 다른 유형의 사고 기능을 점검, 평가 및 조정하는 일을 담당한다. 종합해보면, 이러한 기능들은 소위 "실행 제어(executive control)" 역할을 하는 것으로 불릴 때도 있다. 신분류학 내에서 메타인지 체계는 다음의 네 가지 기능을 수행한다: (1) 목적 구체화, (2) 점검 과정, (3) 명료화 과정, (4) 정확화 과정.

#### 목적 구체화(Specifying Goal)

메타인지 체계의 주된 기능 중의 하나는 분명한 목적 설정 및 목적 달성을 위한 계획의 수립이다. 신분류학의 관점에서 볼 때, 메타인지 체계의 목적 설정 기능은 특정 형태의 지식을 습득하기 위한 분명한 학습목적을 수립하는 역할을 담당하고 있다. 예를 들어, 체육시간에 배운 특정한 심동적 기술을 증진시키고자 하는 차원에서 특정한 목적을 세운 학생이 있다고 한다면, 그것은 메타인지 체계가 담당하는 목적 구체화 기능을 통해서 이루어진 것이다. 이 학생은 이러한 목적과 함께 목적 달성을 위한 계획을 수립할 것이다.

#### 점검 과정(Process Monitoring)

메타인지 체계의 점검 과정을 구성하는 요소는 확인된 특정 목적을 성취해가는 절차의 효율성을 점검하는 것이다. 예를 들어, 메타인지 체계는 막대그래프 해독과 관련되어 설정된 목적이 어떻게 잘 충족되고 있는지 또는 자유투와 관련되어 설정된 목적이 어떻게 잘 충족되고 있는지 점검할 것이다. 또한 점검 과정은 정보를 습득하기 위한 장기 목적이나 단기 목적이 수립될 때에도 개입한다. 이에 대한 예로 다항식을 좀 더 잘 이해하겠다는 목적을 세운 학생의 경우를 들 수 있을 것이다.

#### 명료화 과정(Monitoring Clarity)

명료화 및 정확화 과정은 일부 연구자들이 '경향성(dispositional)' 이라고 명명하는 일련의 기능에 속한다. 경향(disposition)이라는 용어는 명료화 및 정확화의 과정이 지식에 접근하는 방식에 있어서의 개인의 경향성을 지칭할 때 사용된다. 명료화 과정은 개인이 가지고 있는 지식이 불명확함과 애매모호함에서 벗어나 있는 정도를 결정하는 것에 관여한다.

### 정확화 과정(Monitoring Accuracy)

정확화 과정은 개인이 특정 지식을 얼마나 정확하게 이해하고 있는지를 결정하는 것과 관련된다. 이 일을 위하여 요구되는 것은 한층 심화된 정보를 탐색하여 자신의 이해도를 확인하는 일이다.

## 수준 6: 자율체계 사고

자율체계는 한 개인이 자신에게 주어진 과업에 개입할지 말지의 여부를 결정하는 것이다. 이것은 또한 개인이 과업 수행에 얼마만큼의 에너지를 쏟을지를 결정한다. 일단 자율체계가 주의 집중할 무엇인가를 결정하게 되면, 다른 모든 사고 요소들(즉, 메타인지 체계, 인지 체계, 지식 영역)은 맡은 바 기능에 전념하게 된다. 신분류학과 관련된 자율체계 사고의 유형에는 다음의 네 개가 있다: (1) 중요도 검토, (2) 효능감 검토, (3) 정서적 반응 검토, (4) 전체적인 동기 검토.

### 중요도 검토(Examining Importance)

주어진 형태의 지식이 사람의 주의를 끌지 안 끌지를 결정하는 주요 요인들 중의 하나는 그 지식이 그 사람에게 중요하게 여겨지느냐 아니냐의 문제다. 아마도 누군가가 어떤 것을 중요하다고 간주한다면 그것은 다음 두 가지 조건 중 하나를 어느 정도 충족시키고 있기 때문일 것이다. 즉 그것이 기본적인 욕구를 충족시키는 수단인 될 수 있다고 인식되거나 또는 개인적인 목적을 달성할 수 있는 수단이 될 수 있다고 인식되기 때문이다.

### 효능감 검토(Examining Efficacy)

신분류학과 관련된 경우 유효성에 대한 검토는 개인이 특정 지식을 구성하는 요소에 관련된 능력을 습득하는 데 필요한 자질이나 힘 또는 자원을 가지고 있다고 믿는 정도의 크기를 검토하는 것이다. 만약 특정한 기술에 속하는 능력을 습득하는 데 필요한 자질이나 힘 또는 자원을 가지고 있다고 믿거나 또는 반대로 그렇지 않다고 믿는 학생이 있다면, 이러한 학생의 믿음은 중요하게 인지되는 지식이라 하더라도 그 지식에 대한 학습동기를 상당히 감소시킬 것이다.

### 정서적 반응 검토(Examining Emotional Response)

인간의 동기에서 감정이 차지하는 영향력은 점차 명백해지고 있다. 신분류학과 관련된 경우, 감정에 대한 검토는 개인이 주어진 지식 구성요소에 대하여 어느 정도의 감정적 반응을 취하는지 그리고 그런 감정적 반응이 동기에서 어느 정도의 역할을 하는지를 분석하는 일과 관계된다.

### 전체적인 동기 검토(Examining Overall Motivation)

앞서 논의한 내용에서 추론할 수 있듯이 주어진 지식 구성요소 관련 능력을 초기에 학습하거나 증진시키고자 하는 개개인의 동기를 결정짓는 것은 다음의 세 가지 요소이다. 즉 (1) 중요도의 인지, (2) 지식 구성요소 관련 능력의 학습이나 증진에 대한 효능감의 인식, (3) 지식 구성요소에 대한 개인의 정서적 반응이다. 이러한 내용은 [도식 2.6]에 제시되어 있다.

이러한 일련의 관계를 고려해볼 때 작용하는 동기유발의 수준이 다를 것이라고 말할 수 있을 것이다. 특히 주어진 지식 구성요소 관련 능력을 학습하고 증진시키려는 동기는 다음과 같은 조건일 경우 높이 나타날 것이다.

1. 지식 구성요소가 중요하다고 인식되는 경우
2. 지식 구성요소 관련 능력을 학습하거나 증진시키는 데 필요한 자질, 역량 및 재원을 자신이 가지고 있다고 믿는 경우

**도식 2.6** 동기 측면

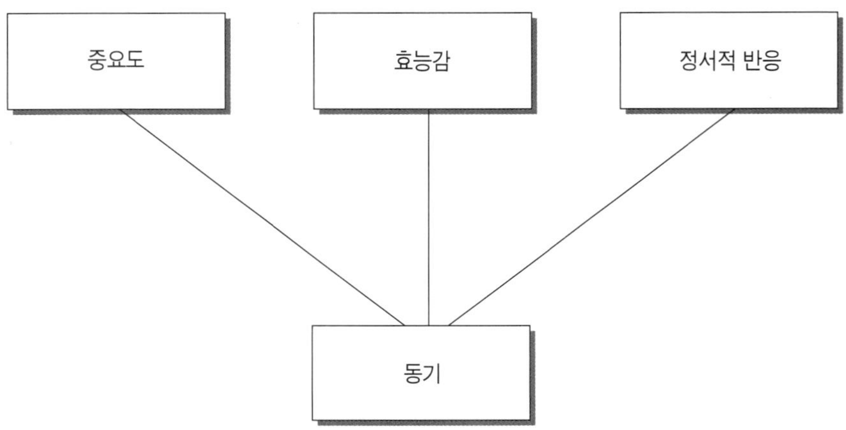


출처: Marzano & Kendall (2007)

3. 지식 구성요소에 대하여 긍정적인 감정의 반응을 지닌 경우

낮은 수준의 동기는 다음과 같은 조건에서 발생하게 된다.

1. 지식 구성요소가 중요하지 않다고 인식될 경우
2. 지식 구성요소 관련 능력을 학습하거나 증진시키는 데 필요한 자질, 역량 및 재원을 자신이 가지지 못하였다고 믿는 경우
3. 지식 구성요소에 대하여 부정적인 감정의 반응을 지닌 경우

신분류학의 관점에서 동기를 검토하는 것은 주어진 지식 구성요소 관련 능력을 학습하거나 증진시키고자 하는 동기 수준을 확인하고, 그런 다음 동기 수준을 결정짓는(좌우하는) 중요성에 대한 신념이나 효능감에 대한 믿음 및 정서적 반응 간의 상호관계를 확인하는 과정이다.

## 요약

요컨대, 신분류학에는 지식 차원 하나와 지적 처리과정 차원 하나가 각각 있다. 이 두 가지 차원을 활용하여, 교육자들은 특정 지적 처리과정을 포함하여 특정 지식 구성요소별로 목표를 설계할 수 있을 것이다. 본 장에서 설명된 정보가 여전히 생소하게 느껴지는 독자들에게는 『교육목표의 신분류학(The New Taxonomy of Educational Objectives)』(Marzano & Kendall, 2007)을 읽어볼 것을 권한다.

3장부터 8장까지에서는 신분류학의 지적 처리과정 각각의 수준을 세 가지 지식 영역과 관련지어 살펴볼 것이다. 9장에서는 신분류학을 평가의 틀로 활용하는 방안을 다룰 것이다.

제3장

# 목표와 과제의 인출

인출은 지식의 인식(recognizing), 기억(recalling)이나 실행(executing)과 관계된다. 신분류학에서는 이 단계의 학습자들이 심도 있게 설명하거나 기본적인 지식의 구조를 이해하거나, 또는 지식의 중요한 요소와 중요하지 않은 요소를 구분할 수 있을 것이라고 기대하지 않는다. 인출의 세 가지 유형에 대해 각각 살펴보면 다음과 같다.

## 인식

**인식**은 제공되는 정보가 정확한 정보인지, 부정확한 정보인지, 생소한 정보인지를 판단하는 과정이다. [도식 3.1]은 지식의 여러 가지 유형에 따른 인식 관련 목표와 과제를 나타낸다.

[도식 3.1]의 맨 오른쪽 칸(여섯 번째 칸)은 미국의 여러 주(州)와 많은 지역의 표준 문서에서 볼 수 있는 것인데, 범례적 표준으로 활용 가능한 표준 진술이다. 여기에서는 주나 지역의 표준 문서를 활용하여 목표와 과제를 설정할 때 고려해야 할 중요한 사항이 무엇인지를 설명하고 있다. 주나 지역의 표준 문서에서는 관련 주제의 내용에 대한 학생들의 능력과 이 능력에 관한 기대치를 매우 포괄적으로 기술하고 있다. 예를 들면, 학년 수준이 기간(예, 6~8학년)으로 제시되어 있다. 주나 지역의 표준 문서 작성 시, 개별 학년별로 표준 진술문을 작성한다면 이런 문제는 다소 완화될 수 있을 것이다. 그러나 학년 수준의 표준 진술이 현실적으로 일반적일 수밖에 없다. 상세하게 설명하자면, 5학년 영문학 수업에서 학생들이 성취할

것으로 기대되는 수준에 관해서 주의 표준 문서에서는 아래와 같은 범례적 표준을 제시하고 있다.

1. 선수 지식과 경험을 적용하여 교과서에 제시된 새로운 정보에 반응하고 추론한다.
2. 추론과 결론을 이끌어내고, 본문 내용과 선수 지식을 근거로 추론과 결론을 뒷받침한다.
3. 등장인물이 변화하게 된 요인을 작문 형태로 서술한다.
4. 등장인물의 성격과 행동에 대한 추론이나 결론을 내린다.
5. 미술작품, 연극, (구두)발표를 통해 학습내용을 창의적으로 재구성(재해석)한다.

**도식 3.1** 목표와 과제의 인출

| | 과제 | 목표 | 지식 초점 | 과목/학년 | 표준 진술 |
|---|---|---|---|---|---|
| 정보:<br>세부사항:<br>용어,<br>사실,<br>시간 순서 | 다음 중 사건발생과 대통령 집권(정권)의 순서가 올바른 것은 어느 것인가?<br>a. 케네디, 베를린 봉쇄, 트루먼, 쿠바 미사일 위기<br>b. 베를린 봉쇄, 트루먼, 케네디, 쿠바 미사일 위기,<br>c. 쿠바 미사일 위기, 케네디, 트루먼, 베를린 봉쇄<br>d. 트루먼, 베를린 봉쇄, 케네디, 쿠바 미사일 위기 | 학생들은 냉전시대 초기에 발생한 중대한 사건들의 정확한 발생 순서를 구분할 수 있다. | 냉전시대 초기의 사건들 | 역사/<br>6~8 | 냉전시대와 한국과 베트남에서의 (정치적) 갈등상황이 (미국의) 현행 국내 · 외 정책들에 어떤 영향을 미치고 있는지 이해한다. |
| | 우리는 소비자 물가지수를 공부하였다. 소비자 물가지수를 통해 다음 중 어떤 것을 예측할 수 있는가?<br>a. 주가 상승<br>b. 인플레이션<br>c. 수요와 공급<br>d. 소매업 | 학생들은 소비자 물가 지수가 인플레이션의 지표가 된다는 것을 알 수 있다. | 소비자 물가지수 용어에 관한 전반적인 특징 이해 | 경제/<br>9~12 | 소비자 물가지수 용어에 관한 전반적인 특징을 이해한다. |

## 도식 3.1 목표와 과제의 인출 (계속)

| | 과제 | 목표 | 지식 초점 | 과목/학년 | 표준 진술 |
|---|---|---|---|---|---|
| 정보: 아이디어의 조직화, 일반화의 체계화 | 다음 중 재생가능한 자원이 아닌 것은 무엇인가?<br>a. 목재<br>b. 바람<br>c. 연료<br>d. 햇빛 | 학생들은 보기에서 재생가능한 자원과 재생불가능한 자원을 구분할 수 있다. | 재생가능한 자원과 재생불가능한 자원의 특성에 관한 일반화 | 지리학/ 3~5 | 화석연료와 같이 재생불가능한 자원 뿐만 아니라 목재, 풍력 등과 같은 재생가능한 자원의 사용, 위치와 요소들을 안다. |
| 정보: 아이디어의 조직화, 원리의 체계화 | 다음 중 개인이 약물중독에 빠지게 되는 원인 중 그 위험성이 비교적 낮은 것은 무엇인가?<br>가족 중의 약물남용 좌절감에 대한 낮은 내성<br>a. 유전가능성<br>b. 가족 중의 약물 남용<br>c. 좌절감에 대한 낮은 나성<br>d. 출생 순서 | 학생들은 약물남용의 위험에 빠지게 되는 특정한 환경을 인식할 수 있다. | 인간의 특성과 약물남용위험 간의 관계에 대한 원리 | 보건/ 6~8 | 유전가능성, 가족 중의 약물남용이나 가족력, 좌절감에 대한 낮은 내성 등의 조건을 가진 사람들이 약물남용에 빠질 위험이 더 클 수 있음을 안다. |
| 지적 처리과정: 기술 | 다섯 가지 종류의 운동화 중에서 한 종류만을 선호하는 학생들의 비율을 알 수 있는 자료를 수집했다. 다음 중 학생들의 선호도를 한눈에 가장 잘 보여줄 방법은 무엇인가?<br>a. 파이 차트<br>b. 선그래프<br>c. 목록<br>d. 표 | 학생들은 파이 차트가 비율을 나타내는 데 가장 적합하다는 것을 알 수 있다. | 자료를 나타내는 데 간단한 막대 그래프와 선그래프를 사용할 줄 아는 능력 | 수학/ 3~5 | 파이 차트뿐만 아니라 간단한 막대그래프와 선그래프 만들고 이해한다. |
| | 연대표상의 사건들에 관한 설명으로 바르지 않은 것은?<br>a. 왼쪽에 있는 사건이 오른쪽에 위치한 사건의 원긴이었을 것이다.<br>b. 왼쪽에 있는 사건이 오른쪽에 있는 사건보다 먼저 일어났다.<br>c. 왼쪽에 있는 사건은 오른쪽에 있는 사건 때문에 길어났다. | 학생들은 연대표 상의 데이터 해석은 과거와 미래 사건 간의 관계설정이 가능하다는 기본 가정에 의존하고 있음을 인식할 수 있다. | 역사의 이해 | 역사 이해/ 3~5 | 연대표상에 나타나 있는 사건들의 발생 시기, 그 사건들의 발생 순서, 동시대에 발생한 다른 사건들을 확인하는 방법을 안다. |

## 도식 3.1 목표와 과제의 인출 (계속)

| | 과제 | 목표 | 지식 초점 | 과목/학년 | 표준 진술 |
|---|---|---|---|---|---|
| 지적 처리과정: 과정 | 지금 우리 반에 10명의 학생이 있고, 한 번에 2명씩 할 수 있는 게임이 3개 있다면, 모든 학생이 게임을 할 수 있도록 하려면 총 몇 번의 게임을 해야 하는지 어떻게 계산할 수 있을까?<br>a. 총 게임수를 게임 참여자의 2 배수로 나눈다.<br>b. 게임별로 목록을 만들어서 학생들이 게임을 할 때마다 목록 정보를 갱신한다.<br>c. 소거법을 활용한다. | 체계적으로 작성한 리스트를 사용하는 것이 모든 가능성을 체계적으로 설명하는 데 효과적인 문제해결 전략임을 학생들은 알 수 있다. | 문제를 해결하는 일반적인 과정 | 수학/ K-2 | 문제해결에 필요한 정보 목록 및 표를 작성한다. |
| | 다음 중 체력 수준을 측정하는 데 사용되지 않는 것은 무엇인가?<br>__심폐기능의 지구력<br>__신장<br>__근력<br>__유연성 | 학생들은 체력 측정을 할 때 목록을 보고 유용한 정보와 그렇지 않은 정보를 구분할 수 있다. | 체력(건강) 측정 과정 | 체육/ 3~6 | 체력 측정 결과 도출된 정보(예, 심폐기능의 지구력, 근력 및 근지구력, 유연성, 그리고 신체 상태)를 해석하여 체력을 기른다. |
| 심동적 처리과정: 기술 | 사물 자체를 그리기보다 사물 주변의 음화공간을 그리는 것은 다음 중 무엇을 하기 위한 것인가?<br>a. 그림의 원근감을 더 잘 나타내기 위해<br>b. 형태의 전체 윤곽을 더 뚜렷하게 하기 위해<br>c. 그림의 여백을 볼 수 있는 감식안을 기르도록 하기 위해<br>d. 사물이 더 크게 보이도록 하기 위해 | 학생들은 음화공간을 그리는 것이 그림의 여백을 볼 줄 아는 감식안을 기르는 데 도움이 된다는 것을 알 수 있다. | 음화공간을 그릴 수 있는 능력 | 시각 예술/ 5~8 | 아트 미디어에 대한 경험과 아트 미디어적 발상이 특정 기법과 과정을 통해 어떻게 향상될 수 있는지 안다. |
| | 다음 중 배구의 방어 기술은 무엇인가?<br>a. 볼을 스파이킹 함/스파이킹<br>b. 블로킹<br>c. 크로스코트 슛<br>d. 데코이 | 학생들은 블로킹이 배구에서 방어 기술이라는 것을 알 수 있다. | 배구의 블로킹 | 체육/ 7~8 | 동작의 정교함이 고도로 숙련된 신체 활동과 관련되어 있음을 안다(예, 프로 테니스 선수와 고등학교 테니스 선수를 구분하는 동작이나 움직임). |

**도식 3.1 목표와 과제의 인출 (계속)**

| | 과제 | 목표 | 지식 초점 | 과목/학년 | 표준 진술 |
|---|---|---|---|---|---|
| 심동적 처리과정: 과정 | 다음 중 무대에서 등장인물을 돋보이게 하는 데 유용한 것은 무엇인가?<br>__자세<br>__몸동작<br>__발성법<br>__성량 | 학생들은 자세, 몸동작, 발성법 및 성량이 무대에서 등장인물을 돋보이게 하는 데 유용하다는 것을 알 수 있다. | 신체적 테크닉을 이용하여 등장인물을 돋보이게 하는 과정 | 연극/ 5~8 | 기본적인 연기 기술들(예, 감각의 기억, 집중, 호흡조절, 발성법, 자세, 분리된 신체부위의 통제)을 사용하여 예술적인 표현을 한다. |
| | 다음 중 평소 속도보다 늦게 출발하는 것이 유리한 경기는?<br>a. 릴레이<br>b. 마라톤<br>c. 허딩<br>d. 스프린트 | 학생들은 마라톤에서는 평소 속도보다 늦게 출발하는 것이 유용한 전략이라는 것을 알 수 있다. | 마라톤의 과정 | 체육/ 6~8 | 팀과 개인 스포츠에서 공격과 방어를 위한 기본 전략 |

분명한 것은 개별 학년별로 구체적인 교육목표 및 관련 과제들을 설계하기 위해서는 교육자들이 초점을 두고 있는 특정한 내용을 추려내기 위해 표준 진술을 "분석" 해야만 한다는 것이다.

이런 분석 과정은 [도식 3.1]의 세 번째, 네 번째 칸에 설명되어 있다. 표의 첫 번째 줄을 보면, 표준 진술은 "냉전시대와 한국과 베트남에서의 (정치적) 갈등상황이 (미국의) 현행 국내 · 외 정책들에 어떤 영향을 미치고 있는지 이해한다" 이다. 지식의 초점(네 번째 칸)은 매우 일반적인 표준 진술에서 도출되는데 이에 해당하는 내용은 "냉전시대 초기의 사건들" 이다. 인식 수준의 목표(세 번째 칸)는 지식의 초점에서 도출되며, 그 내용은 "학생들은 냉전시대 초기에 발생한 중대한 사건들의 정확한 발생 순서를 구분할 수 있다" 이다. 표준 진술은 상당히 광범위하여 냉전시대와 한국, 베트남을 모두 포함하여 아우르는 반면, 목표는 냉전시대에 초점을 맞출 뿐만 아니라 냉전시대 초기 사건들의 일련성에도 관심을 두고 있다.

이 예시를 통해 표준 진술에서 도출된 목표가 표준 진술에 내포되거나 진술된 특정 요소에 초점을 두고 그런 요소들을 특정 맥락 속에 배치하고 있다는 것을 알 수 있다. [도식 3.1]의 네 번째 칸은 지식의 초점을 설명하고 있는데 지역과 학교,

개별 교사들이 표준 진술 중에서 추려내는 것이다. 표준 진술에서 지식의 초점을 확인하는 것이 교육목표(세 번째 칸)와 과제(두 번째 칸)를 설계할 때 상당히 중요한 단계인 것은 분명하다. 표에 제시된 내용을 그대로 따라할 필요는 없다.

[도식 3.1]의 목표(세 번째 칸 참고)를 살펴보면 목표에 관한 진술에서 사용된 서술어 중 일부가 "~을 인식할 수 있다" 임을 알 수 있다. 신분류학의 다양한 수준은 목표와 과제 설정에서 사용할 수 있는 여러 서술어를 보여준다. 다음 장에서 살펴보겠지만, 신분류학의 어떤 수준에서는 일반적으로 사용되는 서술어로 옮기기 어려운 수준의 명칭도 있다. 목표와 과제를 인식하는 경우에 사용할 수 있는 용어와 문구는 다음과 같다.

- 보기에서 고르기
- 보기에서 찾기
- 주어진 문장의 사실 여부를 판단하기

[도식 3.1]의 두 번째 칸에는 각각의 목표에 대한 과제가 제시되어 있다. 과제들은 학생이 진술된 목표를 달성했는지 여부를 판단할 수 있는 지표로서의 행동을 나타낸다. 각 목표에 대한 특정 과제 제시는 교사들이 평가 방법을 고안할 때 명확한 가이드라인을 제공하게 된다. 9장에서 신분류학을 이용하여 포괄적인 평가 시스템을 개발하기 위해 이런 과제들이 어떻게 사용되는지 살펴볼 것이다.

[도식 3.1]에 나타난 과제들은 인식 과제의 전형적인 형식을 띤다. 일반적으로 인식 과제는 강제 선택형 속성을 가지고 있다. [도식 3.2]에는 다양한 유형의 강제 선택형 과제들이 제시되어 있는데 어떤 유형이라도 [도식 3.1]의 목표에 맞게 응용될 수 있다.

지식의 여러 유형에 걸쳐서 인식 과제의 성격을 살펴보는 것은 교육적으로 유의미하다고 볼 수 있을 것이다.

## 도식 3.2 강제 선택형(forced-choice) 항목 유형

**1. 전통적 선다형** – 하나의 어간과 선택지들을 제시하는데, 선택지들 중 하나만 정답이고 나머지는 오답이다.

(어간) "지역"이란 _____이다.
A. 두 수역 사이의 육지 영역 (오답)
B. 공통의 지형학적 또는 정치적 특징을 가지고 있는 육지 영역 (정답)
C. 일정한 크기를 가진 육지 영역 (오답)
D. 특정한 형태를 지닌 육지 영역 (오답)

**2. 일대일 대응형** – 여러 개의 어간과 선택지들을 제공한다.

*전통적 형식*

| 발명품 | 발명가 |
|---|---|
| _____1. 소아마비 백신 | A. Eli Whitney |
| | B. Jonas Salk |
| _____2. 전화 | C. Henry Ford |
| | D. Alexander Graham Bell |
| _____3. 조립 라인 | E. Henry McCormick |

*확장 형식*

| 사람 | 활동 | 시간 |
|---|---|---|
| A. Kennedy | 1. 미군을 유럽에 파견(2차 세계대전) | 6. 약 1790년 |
| B. Jefferson | 2. 최초의 가톨릭교도 대통령으로 선출 | 7. 약 1980년 |
| C. Reagon | 3. 미국 초대 대통령으로 선출 | 8. 약 1800년 |
| | 4. 루이지애나 지역을 매입 | 9. 약 1860년 |
| | 5. 대통령직을 시작하면서 인질을 석방 | 10. 약 1960년 |

**3. 양자택일형** – 하나의 어간과 상당히 우사한 두 개의 선택지를 제시한다.

*전통적 형식*

(어간) 절을 형성하는 데 사용되는 품사는 _____이다.
A. 전치사　　B. 접속사

*양자택일 형식*

(A. 건축가, B. 제도공)은(는) 건물을 설계하는 엔지니어이다.

**4. 진위형** – 진실 혹은 거짓으로만 판정되는 문장을 제시한다.

진술이 틀리면 F, 맞으면 T로 표시하시오.
__1. 자동차가 시동이 걸리지 않는 경우, 제일 먼저 확인해봐야 하는 것은 배터리이다.
__2. 타이어가 빨리 마모되는 것은 타이어 압력이 잘못되었기 때문이다.
__3. 자동차에 내장된 제어 기기의 작동이 원활하지 않으면 교체해야 한다.
__4. 거칠게 운전한다면, 자동차 오일은 처음 교체하고 나서 3개월마다 혹은 3,000마일마다 갈아주어야 한다.

**도식 3.2** 강제 선택형(forced-choice) 항목 유형 (계속)

5. **복수 응답형** – 두 개 이상의 정답을 허용한다.

*전통적 형식*
다음 중 문장이 끝날 때 사용하는 구두점은 어느 것인가?
1. 마침표
2. 대시
3. 느낌표
4. 물음표
5. 1과 2
6. 2와 3, 4
7. 1과 3, 4
8. 2와 3

*대체형*
아래에 열거된 사건들 중 게티즈버그 전투에서 발생한 사건에 해당되는 경우에 앞에 Y를 쓰시오.
_____1. Pickett의 공격
_____2. 남북전쟁의 종전
_____3. 남부군의 Culp' s Hill 점령
_____4. Meade의 작전
_____5. 게티즈버그 시민 15명이 Devil' s Den에서 살해당함

출처: Adapted from *Classroom Assessment and Grading that Work* (Figure 4.7, p 77). Marzano, Robert J. Alexandria, VA: ASCD, 2006.

## 정보 관련 인식

세부사항에 대한 인식 과제는 용어, 사실 및 시간 연속에 관한 정확한 진술을 확인하는 것이다. 예를 들면, 세부사항과 관련된 첫 번째 과제에서 학생들은 사건 발생의 올바른 순서를 인식할 수 있어야 한다. 이 사건들에 대한 상세한 지식은 필요하지 않다. 두 번째 과제에서 학생들은 단순한 수준의 용어로 배운 소비자 물가지수에 관하여 정확한 정보를 찾을 수 있어야 한다. 다시 강조하지만, 이 과제를 수행하는 데 소비자 물가지수에 대한 상세한 이해는 필요하지 않다.

아이디어의 조직화에 관한 인식은 일반화와 원리에 대한 정확한 진술문을 확인하는 것이다. 예를 들어, 일반화를 위한 인식 과제에서 학생들은 재생 불가능한 자원의 간단한 예를 찾을 수 있어야 한다. 재차 강조하지만, 재생 불가능한 자원의 결정적인 특성에 대한 구체적인 이해는 필요하지 않다.

### 지적 처리과정 관련 인식

지적 기술을 위한 인식 과제는 특정한 지적 기술에 대한 정확한 진술을 확증하는 것과 관련된다. [도식 3.1]의 첫 번째 예는 간단한 막대그래프와 선그래프를 사용하는 것과 관련된다. 이 처리과정은 기술(과정과 대조되는)로 분류되기 때문에, 매우 단순한 수준의 수업에서 다루어진다는 전제가 깔려 있다(2장에서 논의된 내용 참고). 인식 과제는 특정 상황에서 사용하기에 가장 적합한 그래프를 찾는 것이다. 지적 과정을 위한 인식 과제는 특정한 지적 과정에 대한 정확한 진술을 확증하는 것이다. [도식 3.1]의 첫 번째 지적 과정은 문제해결이다. 그것은 과정(기술과 대조되는)으로 분류되기 때문에, 무척 복합적 수준의 수업에서 다루어진다는 전제가 깔려 있다(2장에서 논의된 내용 참고). 인식 과제에서는 학생들이 보기에서 문제해결 과정의 요소들을 찾아야만 한다.

### 심동적 처리과정 관련 인식

심동적 기술을 위한 인식 과제는 특정한 지적 기술에 대한 정확한 진술을 확증하는 것과 관련된다. [도식 3.1]의 첫 번째 심동적 기술은 음화공간을 그리는 것이다. 인식 과제는 보기 중에서 음화공간을 그리는 타당한 이유를 찾는 것과 관련된다. 심동적 과정을 위한 인식 과제는 특정한 지적 과정에 대한 정확한 진술을 확증하는 것과 관련된다. [도식 3.1]의 첫 번째 심동적 과정은 무대에서 등장인물을 돋보이게 하는 것이다. 이 과제는 무대 위 등장인물들이 전체 과정 내내 돋보이기 위해서 적절한 신체적 테크닉이 필요하다는 것을 확인하도록 한다.

## 기억

**기억**은 단순히 정보를 인지하는 것이 아니라 정확한 정보를 이끌어내는 것과 관련된다. [도식 3.3]은 지식의 여러 유형에 관한 기억 목표와 과제를 제시하고 있다.

앞에서 살펴봤듯이, [도식 3.3]의 표준 진술문들은 상당히 일반적이다. 결과적으로 지식의 초점은 네 번째 칸에 명시되어 있으며, 목표와 과제들은 지식 초점을 바탕으로 설계된다. 대부분의 목표와 과제들은 "기억하다"라는 서술어를 많이 사용하지만 아래와 같은 다른 용어도 사용할 수 있다.

- 예증하다
- 명명하다
- 열거하다
- 분류하다
- 진술하다
- 기술하다
- 누가
- 무엇을
- 어디에서
- 언제

일반적으로 기억 과제는 [도식 3.3]의 예와 같이 짧은 글이나 구두로 대답하는 간단한 형식으로 되어 있다. 그러나 가끔 아래처럼 빈칸 채우기와 같은 형식을 사용하기도 한다.

> 세포막과 관련될 때, '반투성(selectively permeable)' 이라는 용어가 의미하는 바는 막이 ______________________ 하다는 것이다.

## 정보 관련 기억

세부사항에 관한 기억 과제는 용어, 사실 및 시간 순서에 대한 정보 산출과 관련된다. 이때 정보는 정확해야 하지만 반드시 중요할 필요는 없다. **세부사항**에 관한 기억 과제의 첫 번째 예는 미국 헌법에 관한 사실적 정보이다. 기억 과제를 수행하려면, 학생들은 미국 헌법이 정부의 권력을 제한하는 방식을 자신의 영구 기억으로부터 끄집어내야 한다. 아이디어의 **조직화**를 위한 기억 과제의 첫 번째 예시는 우연한 사건이 역사에 미치는 영향의 일반화를 다룬 것이다. 이 과제에서 학생들은 우연한 사건들이 역사에 큰 영향을 미친 사례를 찾아야 한다. 다시 강조하지만, 이때 상세한 지식은 필요하지 않다.

## 도식 3.3 목표와 과제의 기억

| | 과제 | 목표 | 지식 초점 | 과목/학년 | 표준 진술 |
|---|---|---|---|---|---|
| 정보: 세부사항: 용어, 사실, 시간 순서 | 미국 헌법이 정부의 권력을 제한하는 방식을 한 가지 말하기 | 권력의 분산과 공유, 억제와 균형, 권리 장전 등과 같이 미국 헌법이 정부의 권력을 제한하는 방식을 하나 이상 말할 수 있다. | 미국 헌법에 관한 사실 | 역사/ 6~8 | 미국 헌법에서 권력의 분산과 공유, 억제와 균형, 권리 장전 등의 요소들이 정부의 권력을 제한하는 데 어떻게 기여하고 있는지를 이해한다. |
| | 흡연과 암의 관련성에 대한 초기 연구 결과들이 타당하다는 판정을 받기 위해서 필요한 것은 무엇이었는가? | 흡연과 암의 관련성에 대한 초기 연구들은 타당하다는 판정을 받기 전에 계속해서 반복적으로 이루어졌으며 그 연구결과들이 일관성이 있었다는 것을 기억할 수 있다. | 흡연과 암의 관련성에 대한 초기 연구들에 관한 사실 | 과학/ 6~8 | 실험 결과들이 타당한 것으로 간주되기 위해서는 반복적이고 일관된 결과들이 나타나야 한다는 것을 안다. |
| 정보: 일반화의 체계화 | 역사에서는 예상하지 못했지만 큰 영향을 미친 우연적 사건들이 있다. 후대에 큰 영향을 미친 우연적 사건의 예 들어보기 | 역사 속 우연적 사건이 거기에 연관된 사람이 미리 계획하거나 예상했던 사건이 아니었다는 것을 알 수 있으며, 최근에 읽은 역사 관련 자료에서도 그런 우연적 사건이 있다는 것을 떠올릴 수 있다. | 우연적 사건의 특성에 관한 일반화 | 역사/ 5~6 | 역사적 사건에서 우연성이 어떤 영향을 미쳤는지 이해한다. |
| 정보: 원리의 체계화 | 물체가 속도를 높이거나 줄일 때, 불균형력이 작용한다는 것을 배웠다. 일상생활에서 불균형력을 확인할 수 있는 예는 무엇인가? 이런 힘의 영향력에 관해 설명하기 | 일상생활에서 불균형력의 법칙을 보여주는 사례들을 제시할 수 있다. | 불균형력과 물체의 속도에 관한 원리 | 과학/ 6~8 | 물체가 눈에 띄게 속도를 높이거나 줄일 때마다 또는 물체가 방향을 바꿀 때마다, 불균형력(예, 마찰)이 물체에 작용한다는 것을 안다. |
| 지적 처리과정: 기술 | 효과적인 거절의 기술이 유용한 상황의 예는 무엇인가? | 거절의 기술이 유용한 상황의 유형을 기억할 수 있다. | 거절의 기술 | 보건/ 9~12 | 거절, 협상, 협력 등의 기술을 사용함으로써 나쁜 상황을 피할 수 있음을 안다. |

## 도식 3.3 목표와 과제의 기억 (계속)

| | 과제 | 목표 | 지식 초점 | 과목/학년 | 표준 진술 |
|---|---|---|---|---|---|
| 지적 처리과정: 기술 | 당신은 왜 운동 중에 심장박동수와 호흡수를 측정하기를 원하는 것일까? | 심장박동수와 호흡수가 체력 측정의 요소들임을 기억할 수 있다. | 심장박동수와 호흡수 측정 | 체육/ 3~6 | 측정법(예, 심폐기능의 지구력, 근력 및 근지구력, 유연성, 그리고 신체 상태)을 활용함으로써 체력을 증진시킨다. |
| 지적 처리과정: 과정 | 최근에 일어난 사건에 관한 연구를 하면서 어떤 책이 유용한지 여부를 고민하고 있을 때, 그 책의 발행일, 목차를 검토하고 서문을 읽는 이유는 무엇인가? | 책의 발행일, 목차 및 서문에 유용한 정보가 있을 수 있다는 것을 기억한다. | 책을 활용하여 정보 얻기 | 언어 과목/ 3~5 | 색인, 목차, 용어 해설, 부록 및 서문을 제대로 활용하여 정보를 찾는다. |
| | 추정이 문제해결 과정이나 문제해결 후에도 유용한 이유를 기술하기 | 문제해결 과정에서의 추정과 계산 결과의 타당성을 검증하기 위한 추정의 중요성을 설명할 수 있다. | 추정 계획 | 수학/ 3~5 | 처음과 마지막을 추측(front-end estimation), 반올림(rounding)과 같은 전략을 사용함으로써 추정하고 평가한다. |
| 심동적 처리과정: 기술 | 타이핑을 시작하기 전에 손가락을 키보드의 홈 행(home row)에 두는 것이 왜 중요한가? | 손가락의 올바른 위치를 통해 홈 행의 중요성을 알 수 있다. | 특정 활자 입력 기술 | 기술/ K-2 | 컴퓨터 키보드를 사용할 때 올바른 손의 위치와 자세를 유지한다. |
| | 윗몸 일으키기를 하는 올바른 방법은 무엇인가? | 윗몸 일으키기를 하는 동안 무릎을 구부려야 한다는 것을 기억할 수 있다. | 윗몸 일으키기 | 체육/ 3~6 | 근력을 키우고 유지하기 위해서 팔굽혀펴기, 턱걸이, 윗몸일으키기, 정적수축근력운동과 같은 활동을 한다. |
| 심동적 처리과정: 과정 | 농구나 하키 같은 공격 게임에서는 상대편의 공이나 퍽을 가로채는 공통된 개인과 팀 전술이 있다. 이러한 전술들 중 두 개 이상 열거하기 | 상대편의 공이나 퍽을 가로채기 위한 공통된 개인과 팀 전술을 열거할 수 있다. | 네트 게임과 공격 게임 하기 | 체육/ 3~6 | 네트 게임과 공격 게임을 하는 데 초보적인 전술을 사용한다. (예, 라켓 경기에서 상대편을 막거나 공을 가로채려고 쳐내는 것, 농구 경기에서 볼을 뺏기지 않으려고 드리블하는 것) |

**도식 3.3** 목표와 과제의 기억 (계속)

| | 과제 | 목표 | 지식 초점 | 과목/학년 | 표준 진술 |
|---|---|---|---|---|---|
| 심동적 처리과정: 과정 | 기타를 연주할 때 왼손을 기타 목 아래편에 두는 것이 왜 그렇게 중요한가? | 기타 연주의 가장 중요한 요소 중 하나가 손의 위치라는 것을 기억한다. | 악기 연주 | 음악/ 3~5 | 악기를 연주할 때, 음 높이, 리듬, 몸의 강약 및 음색에 주의한다. |

## 지적 처리과정 관련 기억

지적 **기술**에 관한 기억 과제는 지적 기술에 관한 기본 정보를 생성하는 것과 관련된다. 지적 기술에 관한 첫 번째 기억 과제는 거절하는 요령과 관련된 것이다. 학생들은 거절하는 요령을 유용하게 활용할 수 있는 사례를 구체적으로 들 수 있어야 한다. 지적 **과정**에 관한 기억 과제는 특정 지적 과정에 대한 정확한 정보를 이끌어내는 것과 관련된다. 지적 과정에 관한 첫 번째 기억 과제는 정보를 얻는 데 책을 활용하는 과정과 관련된 것이다. 학생들은 책에서 정보를 얻을 때 발행일, 목차 및 서문을 활용하는 방법에 관한 정보를 끄집어내야 한다.

## 심동적 처리과정 관련 기억

심동적 기술에 관한 기억 과제는 특정 심동적 기술에 관한 정보를 생성하는 것과 관련된다. 심동적 **기술**에 관한 첫 번째 기억 과제는 특정 활자 입력(keyboarding) 기법과 관련된 것이다. 학생들은 홈 행(home row)의 중요성에 대한 정보를 산출해내야 한다. 심동적 **과정**에 관한 기억 과제는 특정 심동적 과정에 대한 정보를 산출하는 것과 관련된다. 심동적 과정에 관한 첫 번째 기억 과제는 네트 및 공격 게임과 관련된다. 학생들은 이러한 형태의 다양한 게임들에서 사용되는 전술에 대한 정보를 진술해야 한다.

## 실행

**실행**은 지적 처리과정이나 물리적 처리과정에 대한 정보를 단순히 끄집어내거나 기억하는 것과는 달리 그런 과정을 실제적으로 실행하는 것이다. 특히 복합적인 지적 처리과정 및 심동적 처리과정과 관련될 때, 실행 과정에 관한 오해가 상당히 많다. 실행이 신분류학의 최하위 수준(인출)에 위치하는 것은 사실이지만, 복합적인 지적 및 심동적 처리과정이 관련될 때에는 학생들에게 요구하는 기대 수준 중에서 최상위 수준에 속한다고 볼 수 있다. 예를 들어, 설득력 있는 에세이를 작성하는 지적 처리과정을 생각해보자. 이 과정을 실제로 수행하는 것은 상호작용하는 많은 요소들을 잘 다루어야 한다는 것을 의미하며, 이는 곧 매우 복합적인 성취라고 할 수 있다. 이것은 농구를 하는 과정, 즉 심동적 처리과정에도 해당된다. 그렇다면, 이런 처리과정을 구성하는 중요한 요소들과 중요하지 않은 요소들을 명확히 아는 것(예, 통합 과제), 이러한 처리과정에 대한 새로운 일반화를 도출하는 것(예, 일반화 과제), 또는 이러한 처리과정의 기원을 조사・연구하는 것(예, 조사연구 과제)과 같이 신분류학의 보다 높은 수준을 학생들이 사용할 것이라고 지역이나 학교, 교사 단위에서는 어떻게 기대할 수 있을 것인가? 그 대답은, 실행이란 학생들이 이런 복잡한 과정을 처리할 때 기대할 수 있는 가장 높은 수준이라는 것이다. 즉, 지역이나 학교, 교사 단위에서는 설득력 있는 에세이를 작성하거나, 농구를 하는 것과 같은 복합적인 처리과정에 관해 신분류학의 실행 수준 이상의 목표는 세우지 못할 수 있다는 것이다.

또 다른 선택은 이러한 복합적인 처리과정들을 보다 작은 단위의 소부분 요소들로 나누어 쪼개는 것이다. 이와 같은 절차(처리과정)들이 기술적으로 복잡하게 상호작용하는 많은 하위요소들을 가진 **거시적 과정**으로 불린다고 한 2장의 논의내용을 떠올려보라. 특정 학년 수준에서 학교나 지역은 복합적인 절차의 한두 가지 요소들에만 초점을 맞출 수도 있다. 예를 들어 저학년 수준에서는 분명하게 자기주장을 펼치는 기술이 설득력 있는 에세이를 쓰는 능력보다 강조될 수도 있다. 마찬가지로 저학년 수준에서는 농구에 대한 복잡한 과정보다는 단순한 드리블 방법만이 강조될 수도 있다. 이렇게 한정된 주제들을 더 많이 확보하고 있으면, 지역과 학교들은 학생들을 압도할지도 모른다는 우려 없이 신분류학의 각기 다른 수준과 관련된 목표들을 합당하게 포함시킬 수 있다. Marzano와 Haystead(2008)는 언어, 수학, 과학 및 사회 과목 분야의 교육과정에서 이런 나선형 효과를 어떻게 달성할 수 있는지를 대략적으로 설명한 바 있다.

[도식 3.4]는 지식의 유형별 실행 목표와 과제에 관한 것이다.

이론적으로 본다면, [도식 3.4]에 제시된 모든 목표 진술들이 '실행하다' 라는 서술어를 사용해야 할 것 같지만, 실제로는 그렇지 않다. 그 서술어가 정확하긴 하지만 절차적 지식의 논의 내에서는 일반적으로 사용되지 않기 때문이다. 예를 들어, "학생들은 연속되는 수들에서 그 다음 수를 정하는 기능을 '실행할(to execute)' 수 있을 것이다." 라고 말하는 것은 어색하게 느껴진다. 그 대신에, 목표와 과제의 실행 서술어는 보통 목표나 과제의 목적이 되는 기능이나 과정의 유형에 따라 특정한 것들이 사용되는데, 다음과 같은 용어들이 있다.

- 더하다
- 빼다
- 곱하다
- 나누다
- 적용하다
- 입증하다(보여주다)
- 입안하다
- 완성하다(완수하다)
- 찾아내다
- 만들다
- 해결하다
- 읽다
- 사용하다
- 쓰다

## 도식 3.4 목표와 과제의 실행

| | 과제 | 목표 | 지식 초점 | 과목/학년 | 표준 진술 |
|---|---|---|---|---|---|
| 정보:<br>세부사항:<br>용어,<br>사실,<br>시간 순서 | 해당 사항 없음(n/a) | | | | |
| | 해당 사항 없음(n/a) | | | | |
| 정보:<br>일반화의<br>체계화 | 해당 사항 없음(n/a) | | | | |
| 정보:<br>원리의 체계화 | 해당 사항 없음(n/a) | | | | |
| 지적<br>처리과정:<br>기술 | 현재 심장박동수와 호흡수 측정하기 | 심장박동수와 호흡수를 확인할 수 있다. | 심장 박동수와 호흡수의 확인 | 체육/<br>3~6 | 운동의 강도를 측정하기 위하여 심장박동수, 호흡수, 인지된 활동량 및 회복률 등의 요소들을 확인하는 방법을 안다. |
| | 아래와 같이 연속하는 수에서 그 다음 수를 제시하기: 7, 11, 14, 21, ______. | 특정한 패턴을 보이는 수의 규칙을 발견하고, 관련된 과제를 수행할 수 있다. | 수의 패턴에 대한 규칙 이해하기 | 수학/<br>3-5 | 기본적인 선형 패턴, 단순한 반복 및 증대 패턴 등의 다양한 패턴과 그 패턴을 지배하는 규칙을 인식한다. |
| 지적<br>처리과정:<br>과정 | 당신이 선택한 독자의 관심과 관점/시각들을 특별히 유의하면서 설득력 있는 에세이를 작성하기 | 특정한 독자의 관심과 시각들을 반영한 설득력 있는 에세이를 작성할 수 있다. | 설득력 있는 에세이 쓰기 | 언어 과목/<br>3~5 | 자기 자신, 또래 친구, 교사, 성인과 같은 서로 다른 독자를 대상으로 초점의 변화, 조직화, 시점, 독자 의식 등의 전략을 사용하면서 글을 쓴다. |

**도식 3.4 목표와 과제의 실행 (계속)**

| | 과제 | 목표 | 지식 초점 | 과목/학년 | 표준 진술 |
|---|---|---|---|---|---|
| 지적 처리과정: 과정 | 지 구 의 지 름 이 12,740km라면, 지구의 둘레는 얼마인가? 이 문제를 해결한 방식 설명하기 | 학생들은 원주와 관련된 다양한 문제들을 풀 수 있다. | 원주와 관련된 다양한 문제 풀기 | 수학/ 6~8 | 다양한/여러 도형들(예, 평행사변형, 삼각형, 원)의 둘레 및 넓이 문제들을 푼다. |
| 심동적 처리과정: 기술 | 3/4박자나 왈츠 박자를 손으로 톡톡 두드려 박자 맞추기 | 학생들은 특정한 리듬을 맞추고 유지할 수 있다. | 리듬 유지하기 | 음악/ 3~5 | 음높이, 리듬, 강약과 음색 및 템포(속도)를 알고 연주한다. |
| | 손가락을 키보드의 홈 행에 두고, 적절한 운지법으로 제시된 문단을 타이핑하기 | 학생들은 적절한 운지법을 사용하여 타이핑할 수 있다. | 적절한 운지법을 사용하여 타이핑하기 | 기술/ 3~5 | 적절한 운지법과 자세를 의식하면서, 홈 행에서 시작한다. |
| 심동적 처리과정: 과정 | 배영에서 횡영이든, 평영이든, 그 어떤 자세이든 자연스럽게 수영법을 바꾸면서 두 번 왕복하기 | 학생들은 상급수준의 수영을 할 수 있다. | 다양한 수영법 사용하기 | 체육/ 9~12 | 다양한 활동(예, 수영, 댄스, 카약경기, 개인종목 및 팀 종목 운동)에서 특정 스포츠에 필요한 상급수준의 테크닉을 사용한다. |
| | 선택한 곡 연주하기 실제로 연주할 때의 템포와 예전에 배웠던 다른 강약법에 유의하기 | 학생들은 적절한 강약과 음색 및 일정한 템포로 음높이와 리듬에 맞추어 연주할 수 있다. | 곡 연주하기 | 음악/ 3~5 | 음높이, 리듬, 강약과 음색 및 템포를 알고 연주한다. |

[도식 3.4]에 제시된 과제들의 양식은 과정(처리과정)을 실제로 수행함으로써 수반되는 양식들로서, 짧은 글로 쓰거나 구두로 간단하게 말하도록 구성된 양식들이다. 지적 기술의 경우라면, 양자택일 양식이 사용될 수 있다. 예를 들어, 연속으로 주어진 수에 대한 지적 처리과정에 관한 양식은 다음과 같은 선택형 과제가 될 수도 있다.

연속되는 수 7, 11, 14, 18, 21에서, 21 다음에 오는 수는 다음 중 어느 것인가?

a. 20　　b. 21　　c. 22　　d. 24

### 정보 관련 실행

정의에 따라, **실행**은 정보의 영역에 적용되지 않는다. 정보는 인식되고 기억될 수 있지만 실행될 수는 없다.

### 지적 처리과정 관련 실행

지적 기술을 위한 실행 과제는 지적 기술이나 과정을 큰 오류 없이 정확하게 수행하는 것이지만 그것이 어떤 기술을 하는지 설명할 수 있을 필요는 없다. 지적 기술에 관한 실행 과제의 첫 번째 예는 심장박동수와 호흡수를 확인하는 것과 관련된다. 이 과제를 위하여 학생들은 그 절차에 관해서 제공된 정보와는 반대로 그 절차를 수행해야 한다. 지적 과정에 관한 실행 과제의 첫 번째 예는 설득력 있는 에세이를 작성하는 것과 관련된다. 이 과제를 완수하기 위해 학생들은 설득력 있는 에세이를 실제로 작성해야 한다. 다시 강조하지만, 실행은 지적 과정에서 가장 높은 기대 수준이다.

### 심동적 처리과정 관련 실행

심동적 기술에 관한 실행 과제는 심동적 기술이나 과정을 중대한 오류 없이 정확하게 수행하는 것을 말한다. 그러나 이 과제는 그것이 어떤 기술을 하는지 설명할 필요는 없다. 심동적 기술을 위한 실행 과제의 첫 번째 예는 리듬에 맞춰 손가락을 두드리는 행동과 관련된다. 학생들은 이 과제를 수행함으로써 이런 기술에 대한 능력이 있다는 것을 입증할 수 있다. 심동적 과정을 위한 실행 과제의 첫 번째 예는 특정한 수영법으로 수영하는 것과 관련된다. 학생들은 두 가지 이상의 근육을 사용하여 이런 수영법으로 수영할 수 있어야 한다. 거듭 강조하지만, 실행은 심동적 과정에서 가장 높은 기대 수준이다.

# 목표와 과제의 인출 요점 정리

## 목표와 과제의 인식

- 학생들에게 제시된 정보의 정확성을 검증하도록 한다.
- '인식하다, ~중에서 고르다, ~중에서 확인하다, 참인지 아닌지 결정하다'와 같은 문구나 서술어를 사용한다.
- 강제 선택형 문항을 사용한다.

## 목표와 과제의 기억

- 학생들이 정확한 정보를 얻도록 요구한다.
- '기억하다, 예증하다, 이름을 들다, 열거하다, 분류하다, 진술하다, 서술하다, 누가, 무엇, 어디, 언제' 와 같은 서술어나 단어를 사용한다.
- 빈칸 채우기, 간단하게 쓰고 말하는 응답 양식을 사용한다.

## 목표와 과제의 실행

- 정보의 영역에는 적용되지 않는다.
- 학생들이 절차를 수행하도록 요구한다.
- 복잡한 과정을 위한 가장 높은 기대 수준일 수 있다.
- '더하다, 빼다, 곱하다, 나누다, 적용하다, 입증하다, 기안하다, 완수하다, 만들다, 해결하다, 읽다, 사용하다, 쓰다' 와 같은 서술어를 사용한다.
- 절차의 실행과 함께 간단하게 쓰고 말하는 응답 양식을 사용하고, 지적인 기능에는 강제 선택형 양식을 사용한다.

제4장

# 목표와 과제의 이해

이해는 지식의 통합(integrating) 및 상징화(symbolizing)와 관련된 과정에 관한 것이다. 이러한 두 과정에서 중요한 것은 학생들이 중요하지 않거나 핵심적이지 않은 정보와 중요하고 핵심적인 정보를 식별해낼 수 있어야 한다는 것이다.

## 통합

통합은 지식의 주요 요소나 핵심 요소를 식별하고 표현하는 것을 의미한다. [도식 4.1]은 여러 유형의 지식에 대한 통합 목표 및 과제를 제시하고 있다.

표준 진술은 적어도 정보의 영역에서는 때때로 통합에 대하여 직접적으로 언급한다. 예를 들어 첫 줄의 표준 진술을 보면, 1970년대부터 1990년대 초까지의 냉전 상황의 쇠퇴를 학생들이 이해할 것으로 기대하고 있다. 이 진술에 내포되어 있는 것은 학생들이 중요한 사건과 중요하지 않은 사건을 식별할 수 있을 것이라는 기대이다.

'통합하다(integrate)' 라는 동사는 목표와 과제의 통합에는 거의 사용되지 않는다. 그보다는 다음과 같은 용어와 어구가 자주 사용된다.

- 방법이나 이유(또는 모두)를 서술하라
- 핵심부분을 서술하라
- 효과를 서술하라
- 둘 사이의 연관성을 서술하라

- 방식을 설명하라
- 둘 사이의 관련성을 보이라
- 다른 말로 표현하라
- 요약하라

### 도식 4.1 목표와 과제의 통합

| | 과제 | 목표 | 지식 초점 | 과목/학년 | 표준 진술 |
|---|---|---|---|---|---|
| 정보:<br>세부사항:<br>용어,<br>사실,<br>시간 연속 | 소련의 붕괴에 결정적인 역할은 한 외부사건은 무엇인가?<br>붕괴에 이르게 한 내부 압박 요인들 중 외부사건의 영향을 받은 것이 아닌 것은? | 학생들은 소련의 붕괴를 일으킨 중요한 외부사건을 내부적인 요인들과 대비하여 식별할 수 있다. | 소련의 붕괴를 일으킨 핵심적인 외부사건 | 세계사/<br>7~8 | 1970년대에서 1990년대 초까지의 냉전의 쇠퇴를 이해한다. |
| | 시장경제에 기여한 연방정부의 최근 정책은 무엇인가? | 학생들은 현재 미국 정부의 어떤 정책이 시장경제에 기여하였는지 설명할 수 있다. | 시장경제에 기여한 미국 정부의 최근 정책 | 경제/<br>6~8 | 재산권(즉 타인이 재화나 서비스를 사용하지 못하게 배제할 권리와 소유권의 이전 권리)의 보호, 표준 통화나 안정 통화의 제공뿐만 아니라 도량형 체계의 제공 등을 통한 정부의 시장경제 지원에 의해 시장경제가 움직이고 있음을 이해한다. |
| 정보:<br>일반화의<br>체계화 | 모든 정치는 지역 차원에서 이루어진다는 말이 있다. 즉 개인들은 궁극적으로 국가적 관점에서 반응하기보다는 자신들과 직접 관련이 있는 정치 환경에 반응한다는 뜻이다. 공부한 내용 중에서 이러한 일반화를 사실로 입증하는 선거나 논쟁을 식별하라. 그 사례가 이러한 일반화의 중요한 측면을 보여주는 예시가 될 수 있는 근거를 설명하라. | 개인은 국가적 관점이 아니라 지역적 관점에서 정치활동에 반응하고 참여한다는 일반화의 증거를 예시와 설명의 방식으로 학생들은 제공할 수 있을 것이다. | 정치 활동 참여에 관한 일반화 | 윤리/<br>9~12 | 지역, 주, 국가 수준에서 참여하는 것(투표), 정치 집회 및 시위에 참여하여 공공정책에 영향을 미치는 것, 그리고 편지 쓰기, 탄원서 제출, 보이콧 등을 통해 공직자나 관계 당국과 접촉하는 것 등 정치 참여의 범위를 이해한다. |

## 도식 4.1 목표와 과제의 통합 (계속)

| | 과제 | 목표 | 지식 초점 | 과목/학년 | 표준 진술 |
|---|---|---|---|---|---|
| 정보: 원리의 체계화 | 태양열이 지구의 날씨와 관계되는 방식에 대한 기본 원리. 지구의 기울기 및 공전이 계절의 변화에 어떤 영향을 미치는지를 설명하라. | 학생들은 지구의 기울기 및 공전이 계절의 변화에 어떤 영향을 미치는지를 설명할 수 있을 것이다. | 계절과 지구의 기울기에 대한 원리 | 과학/ 6~8 | 지축의 기울기와 지구의 공전이 지구의 계절 및 기후 형태를 어떤 방식으로 결정하고 변화시키는지를 이해한다. (즉, 공전에 따라 지구의 어떤 지역은 태양열을 더 많이 받는다.) |
| 지적 처리과정: 기술 | 분모가 다른 분수의 뺄셈에서 사용된 단계들에 대한 추론과정을 설명하라. | 학생들은 분모가 다른 분수의 덧셈이나 뺄셈 과정에서 각각의 단계가 왜 중요한지를 식별할 수 있을 것이다. | 분모가 다른 분수를 뺄셈하는 기술 | 수학/ 6~8 | 분모가 다른 분수의 덧셈과 뺄셈을 하고 모든 분수의 곱셈과 나눗셈을 한다. |
| | "현수 분사*"의 사용으로 문장의 의미에서 발생되는 문제는 무엇인가? 그것을 정정하기 위한 논리적 절차는 무엇인가? | 학생들은 현수 분사의 사용으로 인한 논리적인 문제가 무엇인지와 그것을 어떻게 정정할 수 있는지를 식별할 수 있다. | 현수 수식어를 인식하고 정정하는 기술 | 언어/ 6~8 | 글쓰기에서 각각 다른 형태의 동사를 사용한다. (예를 들어, 연결동사와 조동사, 동사구, 그리고 규칙동사와 불규칙동사 등) |
| 지적 처리과정: 과정 | 학급에서 시사문제를 알고 있는 학생들의 비율을 측정하기 위한 학생표본 조사를 하기 원할 경우, 조사 응답자를 추출하는 방법을 서술하라. 이 과정에서 각각의 단계가 모두 중요한 이유를 설명하라. | 학생들은 표본 추출의 핵심단계들을 설명할 수 있다. | 표본조사 연구에서 표본추출(표집) 과정 | 과학/ 6~8 | 컴퓨터 하드웨어 및 소프트웨어 등의 도구를 사용하여 과학 데이터를 수집, 분석 및 해석한다. |
| | 비교적 긴 에세이나 작문에서 효과를 살리기 위해 잘 구성된 문단을 작성할 때 명심해야 할 가장 중요한 것들은 무엇인가? 자신이 알게 된 그 단계들이 중요한 이유를 설명하라. | 학생들은 잘 구성된 문단을 어떻게 작성하며 그 문단이 작문의 목적 전반에 어떤 기여를 하는지 설명할 수 있을 것이다. | 잘 구성된 문단을 작성하는 과정 | 언어/ 3~5 | 글을 편집하고, 글의 초고를 잡고, 교정하기 위한 전략을 사용하라. (예를 들어 독자뿐만 아니라 어휘 선택 및 다양한 문장 형태에 주의하며 글을 쓴다거나 문단을 적절하게 사용한다거나 중심 생각을 잘 다듬는다거나 초고를 여러 개 작성한다.) |

* 현수 분사(관련된 명사, 의미상의 주어가 제시되어 있지 않은 분사)

**도식 4.1** 목표와 과제의 통합 (계속)

| | 과제 | 목표 | 지식 초점 | 과목/학년 | 표준 진술 |
|---|---|---|---|---|---|
| 심동적 처리과정: 기술 | 특정 악기로 음계를 연주할 때 사용되는 전형적인 운지법을 서술하라. 또한 이 운지법이 중요한 이유를 설명하라. | 학생들은 특정 악기의 운지법이 음계를 연주할 때 중요한 이유를 식별할 수 있다. | 특정 악기로 음계를 연주할 때의 운지법 기술 | 음악/ 3~5 | 피아노, 바이올린, 전기기타, 드럼 등 리듬 악기, 멜로디 악기 및 화성 악기를 사용하여 간단한 화음 형태를 틀리지 않고 스스로 연주한다. |
| | 더 쉽게 글씨를 또박또박 쓰려면 어떻게 연필을 잡아야 하는지 서술하라. 이런 식으로 연필을 잡는 것이 글씨를 더 잘 쓰는 데 도움이 되는 이유는 무엇인가? | 학생들은 글을 쓸 때의 연필 잡는 방법을 설명할 수 있을 것이다. | 글쓰기 할 때 연필을 바로 잡는 기술 | 언어/ 취학전 | 크레용, 매직펜, 접착보드, 칠판 등의 도구 및 재료를 사용하여 글쓰기를 향상시킨다. |
| 심동적 처리과정: 과정 | 수업에서 우리는 소프트볼을 하는 법을 배웠다. 당신이 만약 투수라면 게임 중에 어떻게 해야 하는지 서술하라. | 학생들은 소프트볼 하는 방법을 설명할 수 있을 것이다. | 소프트볼 경기의 전체 과정 | 체육/ 3~5 | 주요 스포츠 경기의 전체 과정을 이해한다. |
| | 풍경화를 그릴 때 각각의 단계에서 자신이 사용하는 붓질에 각별한 주의를 기울이면서 어떻게 색과 형태를 입히는지 서술하라. 자신이 확인한 각각의 단계가 왜 중요한지 변론하라. | 학생들은 풍경화를 그릴 때 특정한 붓질을 사용하는 동안 색과 형태를 입히는 과정에 미묘한 차이가 있음을 설명할 수 있을 것이다. | 특정한 붓질을 하는 동안 색을 입히는 과정 | 미술/ 9~12 | 주제의 전달에 사용된 기법과 과정이 어떤 영향을 주는지 그리고 이것이 매체와 어떤 관련이 있는지 이해한다. |

통합 과제를 위한 가장 일반적 형식은 글이나 말로 완성하도록 구성된 답지이다. 예를 들어, 세부사항과 관련된 것들을 제외하면, [도식 4.1]에 제시된 모든 과제는 상당한 양의 설명을 요구하고 있다.

## 정보 관련 통합

어떤 상황에서는 통합이 세부사항에도 적용될 수 있다. 그러나 통합은 필수적인 요소와 그렇지 않은 요소를 식별하는 것과 관계있기 때문에 세부사항들은 통합에 적용하기에 꽤 복합적인 구조를 가지고 있다. 예를 들어 첫 통합 과제는 소련의 붕괴를 초래한 핵심적인 외부사건에 대한 세부사항이다. 그러한 사건들은 많이 있으며 그 사건들 간의 관계는 상당히 복합적이다. 이 과제를 완수하기 위해 학생들은 중요한 사건들을 열거해야 한다. 이 사건들에 내재된 복합성을 고려할 때 생각을 조직하는 것은 통합에 매우 적합하다. 일반화가 통합의 중심이 될 때, 이 과제는 일급 요소들의 결정적인 특징들을 식별하는 것과 관련된다. 예를 들어, 일반화와 관련된 통합 과제는 정치과정에 참여하는 것에 대한 일반화를 다루고 있다. 학생들은 이 일반화의 사례를 제시해야 하고 이 사례가 일반화의 결정적인 특징에 어떻게 부합하는지 설명해야 한다. 원리는 일반화와는 다르다. 원리는 두 변인 간의 관계를 진술하는 것과 관계있다. 결과적으로 원리를 위한 통합 과제를 수행하려면 학생들은 변인들 간의 기능적인 관계를 설명해야 한다. 예를 들어, 지구의 기울기와 계절 사이의 관계에 대한 원리와 관련된 통합 과제를 수행하려면 학생들은 이 두 가지 현상들 사이의 인과 관계를 명료화해야 한다.

## 지적 처리과정 관련 통합

지적 기술 및 과정을 위한 통합 과제는 특정 기술이나 과정의 중요한 단계들을 식별하고 명료화하는 것과 관계된다. 지적 기술과 관계된 첫 통합 과제는 분모가 다른 분수의 뺄셈이다. 학생들은 이러한 절차의 각 단계에 깔려 있는 논법을 서술해야 한다. 지적 처리과정을 위한 첫 통합 과제는 표본조사 연구에서의 표집 절차와 관계된다. 이 과제에서도 학생들은 과정을 서술해야 한다. 지적인 것이든 심동적인 것이든 간에 복합적 절차와 관련된 교육목표는 실행 수준을 넘어서 기술되는 경우가 거의 없다는 점을 거듭 지적한다. 우리가 학생들에게 일반적으로 기대하는 바는 그 절차를 정확하고 막힘 없이 수행하는 것이지 그 절차의 논리를 설명하는 것이 아니다. 그러나 통합은 학생이 어떤 절차를 실행할 수 있을 것이라는 일반적인 기대를 넘어선 것으로 그 절차에 깔려 있는 논리에 대한 이해를 요구한다.

## 심동적 처리과정 관련 통합

통합은 지적 기술 및 과정과 동일한 방식으로 심동적 기술과 과정에도 적용된다.

학생들은 기술이나 과정에 개입되어 있는 단계들은 물론 그러한 단계들에 전제되어 있는 논리를 식별해야 한다. 심동적 기술을 위한 첫 통합 과제는 음계를 연주할 때 특정 악기의 운지법에 대한 것이다. 학생들은 이러한 절차에 개입되어 있는 단계들은 물론이고 이러한 단계들 배후의 논리를 서술해야 한다. 심동적 과정을 위한 첫 통합 과제는 소프트볼 경기 과정에 대한 것이다. 학생들은 이 심동적 과정의 전반적인 내용들을 설명해야 한다.

처리과정과 관련되는 한 '기억(recalling)' 과 '통합(integrating)' 을 구분하는 것이 중요하다. 기억에 관한 한, 학생들은 어떤 절차 내의 단계들을 단순히 회상하기만 하면 된다. 통합에 관한 한, 학생들은 그러한 단계들 배후의 논리—단계들이 작동하는 근거—를 설명해야 한다.

## 상징화

상징화는 지식의 중요한 측면들을 비언어적 형식이나 추상적 형식의 유형으로 표현하는 것과 관련된다. [도식 4.2]는 지식의 여러 유형에 대한 상징화 과제를 보여주고 있다.

표준 진술에서 상징화 과정이 명확하게 진술되는 경우는 드물다. 즉, 표준 진술에 학생들이 지식을 제시하거나 묘사해야 한다고 진술되는 경우는 드물다. 목표와 과제의 상징화에서는 '상징화하다(symbolize)' 라는 단어가 자주 사용된다. 또한 다음의 용어와 어구도 함께 사용된다.

- 묘사하다
- 나타내다
- 예시하다
- 그리다
- 보여주다
- 모형을 사용하다
- 도형
- 도표

상징화 과제를 위한 분명한 형식은 언어에 의존하지 않는 표현이다. 그렇다고 해서 언어가 상징화 과제와 양립할 수 없다는 뜻은 아니다. 사실, 상징화 과제에는 구조화된 응답 양식의 확장된 설명이나 제시가 수반된다. 예를 들어, [도식 4.2]에 제시된 거의 모든 상징화 과제는 학생들이 언어를 어느 정도 이상 사용할 것을 요구하고 있다. 어떤 형태의 그래프 조직자(graphic organizer)가 사용되는 상황도 많이 있다. 이런 것들은 지식의 여러 영역마다 조금씩 다르다.

**도식 4.2** 목표와 과제의 상징화

| | 과제 | 목표 | 지식 초점 | 과목/학년 | 표준 진술 |
|---|---|---|---|---|---|
| 정보:<br>세부사항:<br>용어,<br>사실,<br>시간 순서 | 이 단원에서, 우리는 남북전쟁 이후 미국으로 유입해온 이민자들을 다루었다. 이민자들의 본국부터 미국 내 정착 지역까지 세계지도상에 선을 그어보라. 폭이 넓은 선이나 띠를 사용하여, 비교적 많은 이민자들의 출신 나라들을 표시하라. | 학생들은 남북전쟁 후 이민자들의 출신국과 상대적인 이민자 수를 그래프로 나타낼 수 있다. | 남북전쟁 후 미국 유입 이민에 대한 세부사항 | 역사/<br>5~6 | 남북 전쟁 전 중국, 아일랜드, 독일 출신의 이민자가 증가한 요인과 이민자들이 미국 생활에 적응했던 방법을 안다. 이민 배척 운동 및 아메리카 당(不知黨)의 이민자들에 대한 반응을 안다. |
| | 그래픽을 사용해서 우리가 학습한 3막 연극을 표현해보라. 그리고 극의 전개를 위한 주요 사건들과 등장인물들의 행동은 물론 극의 절정과 결말을 표현해보라. | 학생들은 3막 연극을 설명할 수 있고 주요 사건과 등장인물들의 행동, 연극의 절정과 결말을 분별할 수 있다. | 특정 연극의 세부내용 | 언어/<br>6~8 | 연극의 줄거리 전개 방식을 안다. (예를 들어, 병렬구조의 줄거리와 부차적 줄거리, 인과관계, 절정, 결말 등) |
| 정보:<br>일반화의<br>체계화 | '많이 바뀐 것 같지만 실상은 그대로이다' 라는 말이 있다. 이 말은 매우 다르게 보이는 면이 있지만, 바뀐 것은 전혀 없다는 뜻이다. 예를 들어, 과거에 아이들이 다닌 학교는 교실이 하나뿐인 교사(校舍)로 되어 있어 모든 학년이 같은 교실에서 공부했다. 그러나 교실에서 배우는 내용은 과거나 현재나 똑같이 철자법과 수학이다. 만약 당신이 이 점을 그려낼 수 있다면, 교사(校舍)는 다르지만 배우는 내용은 같다는 | 학생들은 현재와 과거 사이의 차이점뿐만 아니라 공통점도 있다는 생각을 예시할 수 있을 것이다. | 과거와 현재 사이의 공통점에 대한 일반화 | 역사/<br>유치원-4 | 과거에 가족들이 어떻게 상호작용했는지(역할, 직업, 학교교육 경험 등)를 이해하고 시간이 지나면서 이러한 상호작용이 어떻게 바뀌었는지 안다. |

### 도식 4.2 목표와 과제의 상징화 (계속)

| | 과제 | 목표 | 지식 초점 | 과목/학년 | 표준 진술 |
|---|---|---|---|---|---|
| 정보: 일반화의 체계화 | 점을 보여줄 수 있을 것이다. 어떤 점에서 오늘날의 삶이 과거의 삶과 같고 다른지에 대해 생각해 보라. 어떤 점이 바뀌었고 또 어떤 점이 그대로인지 그림으로 설명하라. | | | | |
| 정보: 원리의 체계화 | 수요와 공급의 관계와 가격에 미치는 영향에 대해 설명하라. | 학생들은 수요와 공급의 관계에 대해 그림으로 설명할 수 있을 것이다. | 수요와 공급의 관계에 대한 원리 | 경제/ 3~5 | 판매자는 가격이 높을 때 제품을 더 많이 팔기 원하고 구매자는 가격이 낮을 때 제품을 더 많이 사기 원한다는 것을 이해한다. |
| 지적 처리과정: 기술 | 다음 신문기사를 어떻게 읽을 것인지 나타내라. | 학생들은 신문기사 읽기에 대한 논리적인 접근방식을 시각적으로 표현할 수 있을 것이다. | 간단한 신문기사를 읽는 기술 | 언어/ 3~5 | 기사제목, 주제, 요약 문장, 그래픽 기사, 활자체, 챕터 타이틀 등을 활용하여 기사의 정보와 중심 견해를 발견한다. |
| | 2/5 + 3/5가 1이 되는 이유를 하급 학생에게 설명해야 하는 상황을 생각해보자. 이 개념을 그림을 이용해서 설명하라. | 학생들은 간단한 분수의 덧셈과정을 그림으로 설명할 수 있을 것이다. | 간단한 분수의 덧셈 기술 | 수학/ 3~5 | 간단한 분수의 덧셈과 뺄셈을 활용한다. |
| 지적 처리과정: 과정 | 제시된 문장형 수학문제를 적절한 연산을 할 수 있도록 변수와 기호로 된 문제로 변형하라. | 학생들은 문장형 수학문제를 표현하기 위해 변수를 사용할 수 있을 것이다. | 문장형 수학 문제를 푸는 과정 | 수학/ 6~8 | 방정식과 부등식이 관계 및 실제 세계를 수와 기호로 표현하는 수학적 진술이라는 것을 이해한다. |
| | 자신만의 표기법을 사용하여 새로운 웹사이트를 탐색할 때 사용하는 과정을 설명하라. 특정 정보를 찾을 때, 사이트의 신뢰성을 확인할 때 그리고 사이트에서 입수 가능한, 다른 종류의 자료를 이해하길 원할 때, 당신이 하는 것은 무엇인지 각각 다른 클러스터를 사용하여 설명하라. | 학생들은 웹기반 정보 텍스트 내의 글의 특성과 및 위계 구조를 활용하는 정보 검색의 흐름을 설명할 수 있을 것이다. | 웹기반 정보검색을 활용하는 과정 | 언어/ 9~12 | 인터넷 데이터베이스를 포함하여 정보 텍스트의 복합적이고 함축적인 위계구조를 이해한다. |

**도식 4.2 목표와 과제의 상징화 (계속)**

| | 과제 | 목표 | 지식 초점 | 과목/학년 | 표준 진술 |
|---|---|---|---|---|---|
| 심동적 처리과정: 기술 | 큐볼(cue ball; 칠 공)이 오브젝트 볼(object ball, 표적이 되는 공)과 충돌한 직후에 큐볼을 되돌아오도록 하려면 당구 큐의 끝 분분과 큐볼의 위치를 어떻게 잡아야 하는지를 그림으로 설명하라. | 학생들은 주어진 당구 문제를 해결하는 데 큐의 끝이 큐볼에 미치는 영향 및 그 결과 이어지는 공의 궤적을 알 수 있을 것이다. | 당구 기술 | 체육/ 7~8 | 스포츠에서 고급동작의 핵심요소를 이해한다. |
| | 접영에 적합한 팔과 손동작을 그림으로 설명하라. | 학생들은 접영에 적합한 팔과 손의 움직임을 그림으로 설명할 수 있을 것이다. | 접영에서 팔과 손의 움직임 | 체육/ 7~8 | 스포츠에서 고급동작의 핵심요소를 이해한다. |
| 심동적 처리과정: 과정 | S 그래프를 이용하여 스키 회전의 역학적 원리를 나타내라. 오르막과 내리막을 주행할 때의 압력의 변화, 스키의 방향, 그리고 최대 경사선을 향하는 스키어의 몸통을 나타내라. | 학생들은 그림으로 설명하며 최대 경사선을 향한 스키어의 몸통 및 스키의 위치를 나타낼 수 있고 턴하는 동안 오르막과 내리막에 가해지는 압력의 변화를 설명할 수 있을 것이다. | 스키에서 S 턴하는 과정 | 체육/ 7~8 | 고도로 숙련된 스포츠맨에게 가능한 동작을 이해한다. (예를 들어 내리막길 스키를 탈 때 방향을 잘 조정하는 동작) |
| | 번화가에서 일렬 주차한 다음 다시 차량이 주행하는 도로로 나가는 방법을 그림으로 표현하라. | 학생들은 일렬 주차의 전체 과정을 그림으로 나타낼 수 있을 것이다. | 일렬 주차 과정 | 운전 교육/ 9~12 | 도시환경에서 운전 시 중요한 점들을 설명한다. |

## 정보 관련 상징화

세부사항에 관한 것일 때 상징화는 그림, 그림을 사용한 통계도표, 그래프 조직자 등 다양한 방식으로 이루어진다. 그래프 조직자를 활용할 경우, 흔히 이용되는 형식은 [도식 4.3]에 보이는 것과 같다.

**도식 4.3** 세부사항을 위한 그래프 조직자

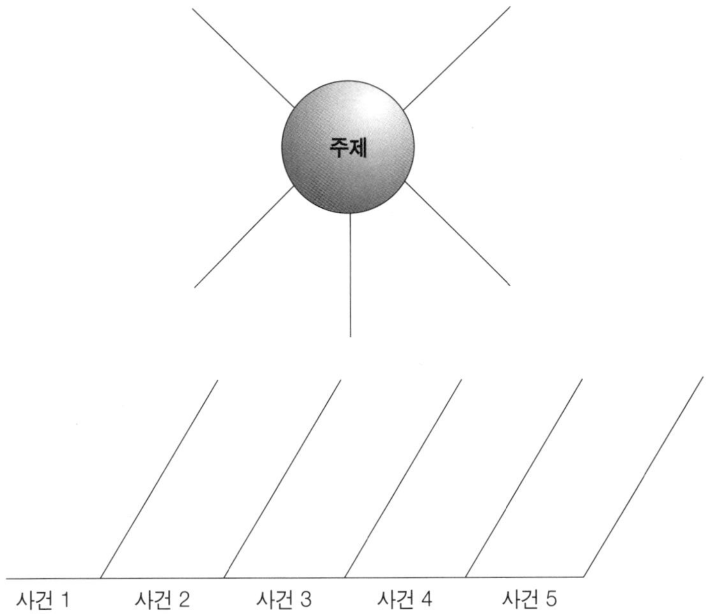


[도식 4.3]의 상단에 위치한 그래프 조직자는 용어 및 사실을 나타내기 위해 사용된다. 용어나 주제는 원 안에 위치하고 그 용어나 주제에 대한 정보는 바퀴살 안에 쓰여 있다. 예로 세부사항에 대한 첫 상징화 과제를 생각해보자. 이 과제는 남북전쟁 후 이민 사실에 관한 것으로 학생들에게 지도를 이용하여 이러한 사실들을 나타낼 것을 요구한다. 물론 이것은 학생들이 그러한 정보를 상징화하는 데 딱 맞아떨어지는 방법이다. 그러나 [도식 4.3]의 그래프 조직자의 하나나 둘 모두가 사용되었을 수도 있다. 예를 들어, '남북전쟁 이후의 이민' 이 원 안에, 그리고 이민에 대한 세부사항이 바퀴살 안에 각각 적힐 수도 있는 것이다.

[도식 4.3]의 하단에 위치한 그래프 조직자는 시간 순서를 나타낼 때 사용된다. 남북전쟁 이후의 이민에 관한 정보가 연대기 순서로 개념화되었다면 시간 순서 조직도가 사용될 수도 있었을 것이다. (이런 유형의 그래프 조직자에 관한 좀 더 상세한 설명은 2007년 Marzano의 연구와 2005년 Marzano와 Pickering의 연구를 참고할 것)

[도식 4.4]는 일반화에 흔히 사용되는 그래프 조직자 유형을 묘사하고 있다. 일반적인 개념은 상단 상자 안에, 일반화 사례들은 하단 상자 안에 각각 배치된다.

**도식 4.4** 일반화를 위한 그래프 조직자

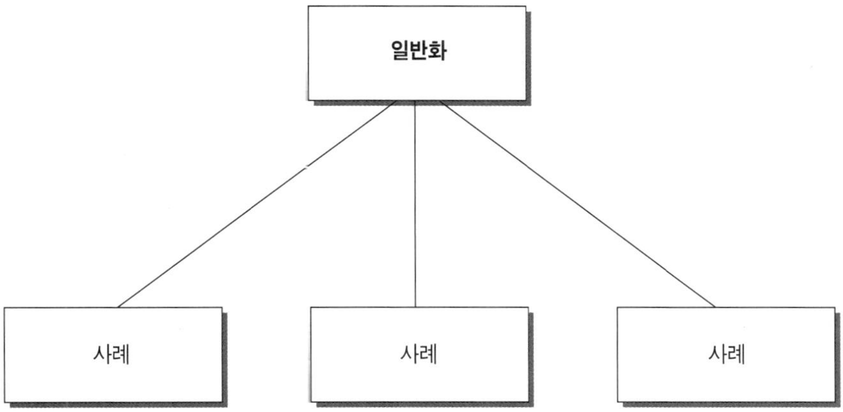


예를 들어, [도식 4.2]에 제시된 과거와 현재의 공통성에 대한 일반화는 상자 안에 적히게 될 것이다. 그 사례들은 그 아래 상자 안에 기술될 것이다. 원리라는 것은 변수들 사이의 관계에 관한 것이기 때문에 이런 유형의 지식 구조에서는 그래프와 표가 일반적으로 사용된다. 예를 들어, 이러한 원리와 관련하여 [도식 4.1]에 제시된 과제를 수행하기 위해 학생들은 수요와 공급의 관계를 나타내는 그래프를 만들어낼 수도 있다. 그래프상의 한 축은 수요를, 다른 한 축은 공급을 나타낼 것이다. (이런 유형의 그래프 조직자에 관한 좀 더 상세한 논의는 2007년 Marzano의 연구와 2005년 Marzano와 Pickering의 연구를 참고할 것)

## 지적 처리과정 관련 상징화

상징화는 지적 기술과 과정에 관한 것일 때 일반적으로 순서도와 다이어그램을 그리는 것과 관련된다. [도식 4.5]는 지적(또는 심동적) 기술과 과정을 묘사할 때 흔히 사용되는 그래프 조직자이다.

예를 들어, 학생들이 신문기사를 읽는 기술이나 문장형 수학문제를 해결하는 과정을 묘사하려면 [도식 4.5]의 그래프 조직자를 선택할 수 있을 것이다. 이러한 절차들을 구성하는 요소들 간의 인과관계는 원들 사이의 관계로 묘사된다. 가장 마지막 단계는 기사의 이해, 또는 문장형 수학문제의 해결 등과 같은 성과나 결과이다.

**도식 4.5** 기술과 과정을 위한 그래프 조직자

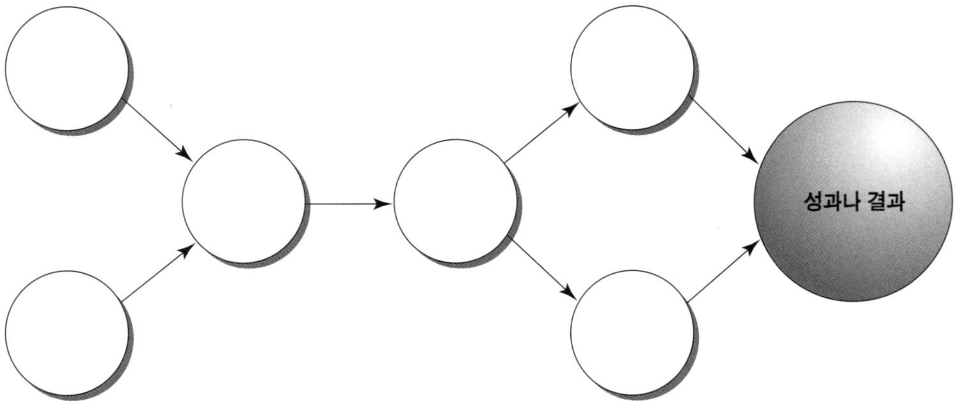


### 심동적 처리과정 관련 상징화

심동적 처리과정의 상징화는 지적 처리과정의 상징화와 유사하다. 이것은 보통 순서도와 다이어그램을 포함하고 있다. 덧붙여, 이것은 그림을 포함할 수도 있다. 예를 들어 학생들은 당구공을 치는 기술을 묘사하기 위해 도형을 그릴 수 있다. 마찬가지로, 학생들은 스키 탈 때 S 턴을 묘사하기 위해 그림을 그릴 수도 있다.

## 목표와 과제의 이해 요점 정리

### 목표와 과제의 통합

- 학생들에게 정보의 핵심 요소와 그렇지 않은 요소에 대하여 기술할 것을 요구한다.
- 지적 처리과정이나 심동적 처리과정보다는 정보 영역에서 더 일반적이다. 지적 처리과정이나 심동적 처리과정에 사용될 경우 이 목표나 과제들은 학생들에게 절차의 단계들에 전제되어 있는 논리에 대하여 설명할 것을 요구한다.
- 다음과 같은 용어들이 사용된다: 방법이나 이유를 기술하라, 핵심 요소를 기술하라, 효과를 기술하라, 관계를 기술하라, 이루어진 방식을 설명하라,

연결하라, 다른 말로 바꾸어 설명하라, 요약하라.

- 글과 구두로 완성하도록 하는 구조화된 응답 양식을 사용한다.

## 목표와 과제의 상징화

- 학생들에게 중요한 요소들을 다소 비언어적이거나 추상적인 형태로 묘사할 것을 요구한다.
- 다음과 같은 용어들이 사용된다: 상징화하라, 묘사하라, 나타내라, 예를 들어 설명하라, 그려라, 보여주라, 모형을 사용하라, 도형을 그려라, 표를 그려라.
- 그래프 조직자, 그림, 도표, 그래프, 표, 지도 등과 함께 글이나 구두로 완성하도록 하는 구조화된 응답 양식을 사용한다.

제5장

# 목표와 과제의 분석

2장에서 서술한 바와 같이, 분석 과정은 새로운 결론들을 도출하려는 의도로 지식을 탐색하는 과정이다. 분석 과정에는 (1) 비교(matching), (2)분류(classifying), (3) 오류 분석(andying errors), (4) 일반화(generalizing), (5) 구체화(specifying) 등의 다섯 가지가 있다.

## 비교

비교에는 유사점과 차이점을 확인하는 과정이 수반된다. [도식 5.1]은 지식의 다양한 영역별로 비교 관련 목표와 과제를 보여주고 있다.

'비교하기(match)' 라는 동사가 비교 과제에서 사용되는 경우는 드물다. 가장 일반적으로 사용되는 동사들은 '비교하다' 혹은 '비교하고 대조하다' 라는 동사들이다. 다음의 용어와 어구가 사용되기도 한다.

- 범주로 나누다(categorize)
- 구별하다(differentiate)
- 선별하다(discriminate)
- 구분하다(distinguish)
- 추려내다(sort)
- 유추하다(create an analogy)
- 비유적 표현을 생각해내다(create metaphor)

## 도식 5.1 목표와 과제의 비교

| | 과제 | 목표 | 지식 초점 | 과목/학년 | 표준 진술 |
|---|---|---|---|---|---|
| 정보: 세부사항: 용어, 사실, 시간 순서 | 1905년 콜럼버스 날의 기념행사와 2005년 콜럼버스 날의 기념행사를 비교하라. 어떤 점이 비슷하고 어떤 점이 다른가? | 학생들은 콜럼버스 날의 기념 방식에 있어서 변화된 것과 시간이 흘러도 변화되지 않은 것을 알 수 있을 것이다. | 1905년과 2005년의 콜럼버스 날에 대한 세부사항 | 역사적 이해/ 7~8 | 역사가 새로운 기록의 발견이나 정치 및 관점의 변화로 인해 시대에 따라 다르게 해석될 수 있다는 사실을 안다. |
| | 우리는 그 동안 '권력'과 '권위'라는 용어를 공부했다. 이 두 용어의 유사점과 차이점은 어떠한가? | 학생들은 '권력'과 '권위' 사이의 유사점과 차이점을 파악하여 열거할 수 있다. | 용어 '권력'과 '권위' | 윤리/ 3~5 | 권력이 단순히 사태나 사람을 지휘하거나 관리하거나 통제할 수 있는 능력이라면, '권위'는 관습, 법 혹은 피지배층의 합의에 의해 특정 사람에게 부여되는 권력이라는 점을 이해한다. |
| 정보: 일반화의 체계화 | 우리는 그동안 계절에 따른 이주를 포함한 이주의 패턴에 대해 공부하였다. 특별히 근본적인 원인의 관점에서 인간의 이주와 동물의 이주 간의 유사점과 차이점을 밝혀라. | 학생들은 인간의 이주와 동물의 이주 원인들에 대한 유사점과 차이점을 서술할 수 있을 것이다. | 인간과 동물의 이주 원인에 관한 일반화 | 지리학/ 6~8 | 이주와 확산에 대해 알고 있다. (예를 들어 이주 개체의 귀화 과정; 식민(이주)을 통한 질병의 확산; 식물 및 동물의 전 세계적 이동 습성) |
| 정보: 원리의 체계화 | 열에너지의 흐름의 관점에서 전도, 대류, 방사의 공통점은 무엇인가? 또한 무엇이 다른가? | 학생들은 전도, 대류, 방사 개념의 공통점과 차이점을 식별할 수 있을 것이다. | 전도, 대류, 방사의 원리 | 과학/ 6~8 | 열에너지는 전도, 대류, 방사의 과정을 통해 따뜻한 곳(물질이나 지역)에서 차가운 곳으로 흐른다는 것을 안다. |
| 지적 처리과정: 기술 | 덧셈과 곱셈의 유사점과 차이점을 서술하라. | 학생들은 덧셈과 곱셈의 유사점과 차이점을 서술할 수 있을 것이다. | 정수의 덧셈과 곱셈을 할 수 있는 기술 | 수학/ 3~5 | 덧셈, 뺄셈, 곱셈, 나눗셈의 요소들과 관계들을 이해한다. (예를 들어, 더해지는 숫자의 순서는 상관없다. 곱셈을 거꾸로 하면 나눗셈이 된다.) |

## 도식 5.1 목표와 과제의 비교 (계속)

| | 과제 | 목표 | 지식 초점 | 과목/학년 | 표준 진술 |
|---|---|---|---|---|---|
| 지적 처리과정: 기술 | 직접 인용을 사용하는 상황과 다른 표현의 간접 인용을 하는 상황을 비교하라. | 학생들은 직접 인용을 해야 할지 아니면 다른 표현의 간접 인용을 해야 할지 결정할 수 있는 방법을 서술할 수 있을 것이다. | 직접 인용을 사용하고 다른 표현의 간접 인용을 할 수 있는 기술 | 언어 과목/ 6~8 | 적절한 연구 논문을 작성할 수 있다. (예를 들어, 논제(주제문)를 사용하고, 논리적인 순차를 사용하고, 견해를 출처와 주제와 연관지어 다른 말로 표현하거나 다듬고, 정보의 타당성 유무를 판별하고, 다른 관점을 다루고, 한 정보를 도표 혹은 차트 등의 형태로 전환하고, 인용문과 인용구를 매끄럽게 연결하여 논문의 질을 높이고, 연구된 자료를 발표용 자료로 바꾼다.) |
| 지적 처리과정: 과정 | 1차 자료의 타당성 및 2차 자료의 타당성을 가늠할 대 어떤 유사점과 차이점이 있는지 서술하라. | 학생들은 1차 자료의 타당성 및 2차 자료의 타당성을 가늠할 때 어떤 유사점과 차이점이 있는지 판별할 수 있을 것이다. | 1차 자료의 타당성 및 2차 자료의 타당성을 가늠하는 과정 | 언어 과목/ 9~12 | 저자의 신뢰성 및 관점과 발행 일자를 인식하여 1차 자료 및 2차 자료의 타당성과 신뢰도를 평가하고, 사용된 논리, 선전 및 편견을 평가하고, 근거의 포괄성을 평가한다. |
| | 특정한 예시들을 들어, 직접 측정법과 간접 측정법을 사용할 때의 차이점이 무엇인지 서술하라. | 학생들은 직접 측정법과 간접 측정법의 과정을 비교할 수 있을 것이다. | 직접 측정법과 간접 측정법의 절차들 | 수학/ 6-8 | 기본적인 간접 측정법을 안다. (예를 들어 그리드나 그래프를 사용하여 비정형 도형의 면적을 구한다.) |
| 심동적 처리과정: 기술 | 초상화를 연필로 스케치할 때와 목탄으로 스케치할 때의 유사점과 차이점을 밝혀라. | 학생들은 초상화를 연필로 스케치할 때와 목탄으로 스케치할 때의 유사점과 차이점을 확인할 수 있을 것이다. | 연필과 목탄을 상황에 맞게 사용하는 기술 | 시각 예술/ K-4 | 미술 도구들(물감, 찰흙, 필름), 기법(레이어하기, 명암 주기, 크기 다르게 하기) 그리고 과정들(사진 착색, 도자기 굽기) 간의 차이점을 이해한다. |
| | 티 위에 올려져 있는 야구공을 칠 때와 투수가 던지는 야구공을 칠 때의 유사점과 차이점을 서술하라. | 학생들은 티 위에 올려져 있는 야구공을 칠 때와 투수가 던지는 야구공을 칠 때의 유사점과 차이점을 식별할 수 있을 것이다. | 티 위의 야구공을 치는 기술과 던져져 날아오는 야구공을 치는기술 | 체육/ 7~8 | 선별된 신체 활동을 위한 훈련 방법을 안다. |

**도식 5.1 목표와 과제의 비교 (계속)**

| | 과제 | 목표 | 지식 초점 | 과목/학년 | 표준 진술 |
|---|---|---|---|---|---|
| 심동적 처리과정: 과정 | 롤러블레이드 타는 것에 비유되는바, 스케이트보드나 스키를 탈 때 사용하는 속도 및 방향 조절 방법과 스노우보드를 탈 때 사용되는 속도 및 방향 조절 방법을 대조하여 비교하라. | 학생들은 스노우보드와 스케이트보드처럼 매우 유사한 종류의 스포츠 사이의 유사점과 차이점을 파악할 수 있을 것이다. | 스노우 보드, 스케이트보드, 스키, 롤러블레이드를 타는 과정 | 체육/ 7~8 | 고도의 기술을 갖추고 있는 운동선수들과 결부하여 생각할 수 있는 동작의 정교함을 이해한다. (예를 들어, 성공적인 축구 경기 운영과 그렇지 않은 축구 경기 운영을 결정짓는 요인) |
| | 그동안 학습한 2가지 특정 유형의 댄스( 탭댄스와 발레 등)를 고르고, 이것들이 서로 어떤 유사점과 차이점을 가지는지 설명해보라. | 학생들은 두 종류의 댄스가 가진 유사점과 차이점을 파악할 수 있을 것이다. | 특정한 유형의 댄스를 공연하는 과정들 | 댄스/ 9~12 | 다양한 종류의 춤들이 요구하는 고급 동작들을 이해한다. |

(비교와 관련하여 특히 유의할 점은 특정 유형의 지식에 관한 두 개 이상의 사례가 필요하다는 것이다. 예를 들어 , 학생들은 역사적 인물들을 비교할 때 인물 간 유사점에 기초하여 두 개 이상의 그룹으로 조직하고 비교할 수 있는 능력을 입증하도록 해야 한다. 이러한 유형의 비교 작업을 이끌어내는 과제의 사례는 다음과 같다.

> 그 동안 우리는 어떤 이유에 의해 역사적으로 중요해진 인물들을 공부했다. 이 인물들을 두 개 이상의 그룹들로 분류하여 정리하고 각 그룹에 속한 인물들이 어떤 점에서 유사한지 설명해보라. 또한 그룹 간 인물들의 차이점을 설명해보라.
>
> 알렉산더 그라함 벨
> 갈릴레오
> 조지 워싱턴 카버
> 루이스 파스퇴르
> 아멜리아 에어하트
> 샐리 라이드

글렌

헨리 포드

에릭 더 레드

퍼디난드 마젤란

자크 카르티에

마틴 루터 킹 주니어

이 예시는 전형적으로 범주화(categorizing) 과제로 생각되는 것이 신분류학에서는 비교로 간주되고 있음을 보여주고 있다. 이는, 앞에서 설명한 과제에서 예시된 바와 같이, 범주화는 특성에 따라 요소들을 범주로 분류해야 하는 것에서 비롯된다. 2장에서 서술한 바와 같이, 신분류학에서 분류는 상위 수준과 하위 수준의 범주에 초점를 두고 있는 반면, 비교는 유사점과 차이점에 초점을 두고 있다.

비교는 다음과 같이 유추 형식을 사용할 수도 있다.

> 뼈와 골격 사이의 관계가 단어와 문장 사이의 관계와 어떤 면에서 유사하고 어떤 면에서 다른지 설명하라.

학생들은 유추 형식을 통해 한 쌍으로 묶인 요소들의 관계가 다른 쌍으로 묶인 요소들의 관계와 어떤 유사성을 가지는지 파악해야 한다. 이 사례에서 요구되는 것은 뼈와 골격 사이의 관계가 단어와 문장 사이의 관계와 어떤 유사성을 가지는지 파악하는 것이다.

마지막으로, 비교 과제는 다음과 같이 비유 형식을 사용할 수도 있다.

> 다음의 비유적 표현을 설명하라: 헬렌 켈러는 그녀의 가정에서 프레드릭 더글라스였다.

학생들이 이 과제를 완수하려던, 헬렌 켈러와 프레드릭 더글라스 사이에 추상적 수준에서 보이는 유사점을 끌어내야 하는데, 이 둘 사이에 구체적인 수준에서 비슷한 면은 거의 없다. 이처럼 한눈에 드러나는 구체적인 유사점이 거의 없거나 전혀 없는 상황에서 추상적인 유사점을 파악하는 것이 바로 비유의 본질이다.

[도식 5.1]에 예시된 과제들은 모두 글이나 구두로 짧거나 길게 답하도록 구조화된 응답 양식이다. 비교 과제의 완수를 위한 가이드로 흔히 사용되는 것은 [도식 5.2]의 그래프 조직자이다.

## 도식 5.2 비교에 사용되는 그래프 조직자

### 1. 문장 줄기

- ____________ 과 ____________ 은 다음과 같은 점에서 유사하다.
- ________________________________
- ________________________________
- ________________________________

- ____________ 과 ____________ 은 다음과 같은 점에서 다르다.
- ________은 ________ 하지만, ________은 ________ 하다.
- ________은 ________ 하지만, ________은 ________ 하다.
- ________은 ________ 하지만, ________은 ________ 하다.

Marzano와 Pickering(2005, p.40)에서 재인쇄

### 2. 벤 다이어그램

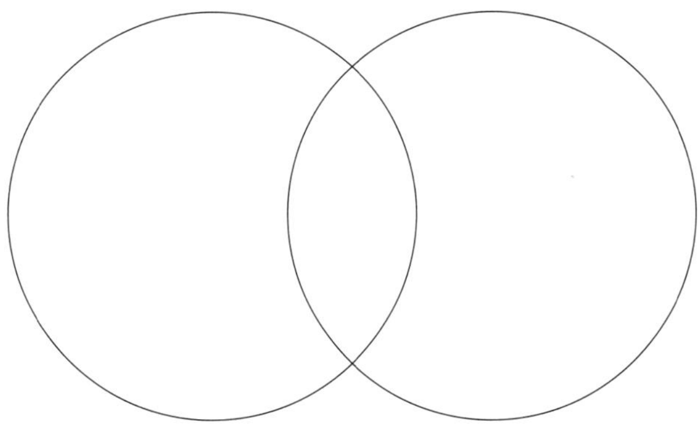

### 3. 더블 버블

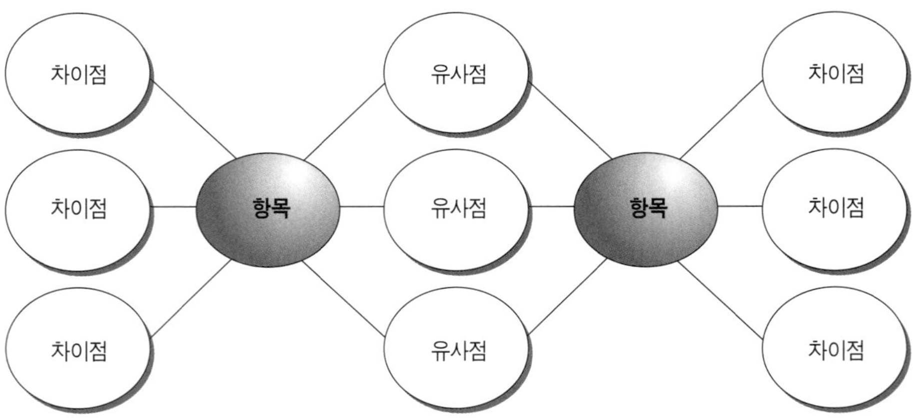

## 도식 5.2 비교에 사용되는 그래프 조직자 (계속)

### 4. 비교 행렬

| | 항목 1 | 항목 2 | 항목 3 | |
|---|---|---|---|---|
| 특성 1 | | | | 유사점과 차이점 |
| 특성 2 | | | | 유사점과 차이점 |
| 특성 3 | | | | 유사점과 차이점 |

### 5. 유추

### 6. 비유

| 항목 1의 특성 | 일반적인 공통 특성 | 항목 2의 특성 |
|---|---|---|
| | | |
| | | |
| | | |
| | | |

출처: Adapted from *Building Academic Vocabulary: Teachers' s Manual* (pp. 40, 43, 44, 50, 52). Marzano, Robert J., Pickering, Debra J. Alexandria, VA: ASCD, 2005.

[도식 5.2]에 제시된 그래프 조직자에 대한 자세한 설명은 Marzano와 Pickering (2005)을 참고하라. 첫 번째 그래프 조직자는 문장의 줄기이다. 문장의 줄기들은 항목들 사이의 유사점과 차이점을 어떻게 기술할지에 관한 명확한 지침을 학생들에게 제공해준다. 예를 들어, 태양과 달을 비교하고 있는 학생의 예를 가정해볼 수 있다. 문장 줄기의 상단에는 태양과 달이라는 용어가 기입되어 있으며 이와 함께 태양과 달이 어떤 면에서 유사한지 기술되어 있다. 아마도 학생은 다음과 같이 쓸 것이다.

- 그 둘은 모두 우주의 천체이다.
- 그 둘은 모두 지구에 영향을 미친다.
- 그 둘은 모두 빛을 제공한다.

문장의 줄기 아래 부분에는 차이점을 적는다. 거기에 학생이 다음과 같은 내용을 쓸 것이다.

태양과 달은 다른데,

- 태양은 지구로부터 약 9,300만 마일 떨어져 있지만, 달은 약 250,000마일 떨어져 있다.
- 태양은 기체들로 구성되어 있지만, 달은 암석들로 구성되어 있다.
- 태양은 기온과 계절에 영향을 주지만, 달은 조류에 영향을 준다.

두 번째 조직도는 벤 다이어그램이다. 각각의 원은 비교 대상이 되는 항목들 하나하나와 대응된다. 항목들 간의 유사점은 두 원이 교집하는 곳에, 항목들 간의 차이점은 교집하지 않는 바깥쪽 부분에 각각 적는다.

[도식 5.2]에 제시한 세 번째 그래프 조직자는 더블 버블이다. 이것은 Hyerle (1996)에 의해 확산되었다. 유사점들은 두 개의 항목 사이에 있는 버블에 기록한다. 예를 들어 태양과 달 사이의 유사한 점 세 가지는 중간에 있는 세 개의 버블에 기록하고, 차이점은 해당 항목의 왼쪽과 오른쪽에 각각 기록하면 된다.

네 번째 그래프 조직자는 비교 매트릭스(행렬)이다. 각 열은 비교 대상인 항목들을 보여준다; 각 행은 비교하는 대상들의 특성들을 보여준다. [도식 5.1]에 나온 원리에 관련된 비교(matching) 과제를 예로 들어보자. 그것은 학생들에게 전도,

**도식 5.3 유추 그래프 조직자**

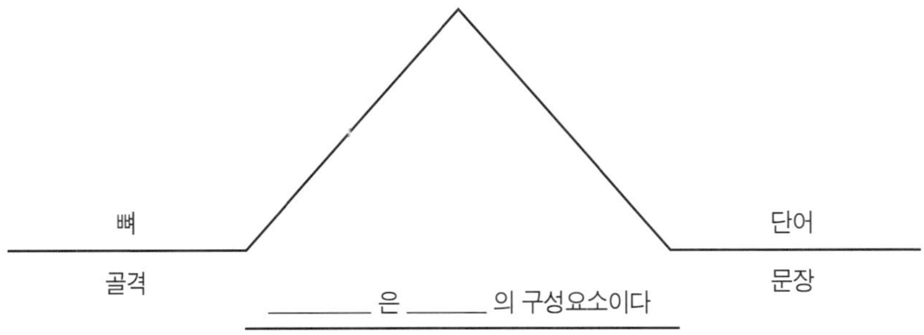


대류, 방사의 원리를 비교하도록 하는 과제이다. 이 세 가지 항목들을 비교 매트릭스에서 열의 제목란에 배치한다. 그런 다음 학생들(혹은 교사)이 비교해야 할 특성들 세 가지를 확인한다. 그 특성들은 (1) 발생하는 열의 양, (2) 열의 전달 방식, (3) 요리에 사용되는 열일 수 있다. 이것들은 비교 매트릭스의 각 행에 배치될 것이다. 그런 다음 학생들은 각각의 해당되는 칸 안에 전도, 대류, 방사 사이의 유사점과 차이점을 세 가지의 특성에 따라 기록할 것이다.

다섯 번째 그래프 조직자는 유추에 사용되는 것이다. [도식 5.3]에서 보여주고 있듯이, 유추에 사용되는 요소들로 이루어진 첫 번째 쌍은 왼편의 아래와 위에, 두 번째 쌍은 오른편의 아래와 위에 각각 적혀 있다. 이 두 쌍들 사이의 공통 관계는 삼각형 아래에 있는 선 위에 적혀 있다.

여섯 번째 그래프 조직자는 비유와 함께 사용된다. 비유하는 두 가지 대상을 첫 번째와 세 번째 열에 적은 후, 두 대상의 명확한 특성들을 그들의 각각의 행에 적는다. 가운데 열에는 비유된 두 대상의 일반적인 공통점을 적는다. 이것은 [도식 5.4]에 명시되어 있다.

여기에 예시된 비유는 프레드릭 더글라스와 헬렌 켈러이다. 얼핏 보기에 그 둘은 약간의 유사성을 가지고 있다. 프레드릭 더글라스는 노예였고, 헬렌 켈러는 그녀가 갓난 아기였을 때 병을 앓고 난 후 청각과 시각을 모두 잃게 되었다. 하지만 추상적인 수준에서도, 이 두 인물은 큰 연관성을 보인다. 즉 그들은 모두 힘든 어린 시절을 보냈다. 중간 열에 나열된 추상적 관계들은 두 대상들 간의 비유적 연관성이라 할 수 있다.

**도식 5.4** 비유 그래프 조직자

| 첫 번째 대상(항목 1)의 특성 | 일반적인 공통 특성 | 두 번째 대상(항목 2)의 특성 |
|---|---|---|
| **프레드릭 더글라스** | | **헬렌 켈러** |
| 그는 아이였을 때 노예였다. | 힘든 어린 시절을 보냈다. | 아기였을 때 병을 앓아 청각과 시각을 잃었다. |
| 그러나 글을 읽는 법, 쓰는 법을 배웠다. | 어려움을 극복하고 목적한 바를 이루었다. | 브라유 점자법을 읽고 쓰는 법을 배웠다; 또한 대학에 진학하였다. |
| 노예법을 반대하는 연설을 하고 책들을 집필했다. | 자신과 같은 고통을 받고 있는 다른 이들을 돕기 위한 일을 일을 하였다. | 연설 투어와 많은 글들을 통해 다른 사람들에게 그들이 가진 장애를 극복할 수 있도록 영감을 주었다. |

출처: From *Building Academic Vocabulary: Teacher' s Manual* (p 52). Marzane, Robert J., & Pickering, Debra J. Alexandria, VA: ASCD, 2005.

## 정보 관련 비교

세부사항 관련 비교 과제는 용어, 사실 또는 시간 순서가 관련된 구조와 유사하거나 다른 방식을 확인하는 것을 포함한다. 예를 들어, 세부사항 관련 첫 번째 비교 과제에서는 1905년 기념했던 콜럼버스 날과 100년 후인 2005년의 콜럼버스 날과 관련된 사실들 사이의 유사점과 차이점이 무엇인지 파악하도록 학생들에게 요구한다. 아이디어의 조직화 관련 비교 과제는 특정 원리나 일반화가 다른 원리나 일반화와 어떤 점에서 유사하고 어떤 점에서 다른지에 대해 확인하는 것을 포함한다. 예를 들어 일반화 관련 비교 과제에서는 인간 이주의 특성과 동물 이주의 특성 간의 유사점과 차이점을 기술하도록 학생들에게 요구한다.

## 지적 처리과정 관련 비교

지적 기술을 위한 비교 과제는 두 개 이상의 기술들이 그것들을 구성하고 있는 요소의 측면에서 어떤 점에서 유사하고 어떤 점에서 다른지에 대해 파악하는 것이다. 예를 들어, 지적 기술을 위한 비교 과제는 학생들에게 덧셈과 곱셈 기술들 사이의 유사점과 차이점이 무엇인지 기술하도록 요구한다. 지적 처리과정을 위한 비교 과제는 두 개 이상의 처리과정들이 그것들을 구성하고 있는 요소의 측면에서 서로 어떤 점에서 유사하고 다른지에 대해 파악하는 것이다. 예를 들어, 지적 처리과정을 위한 첫 번째 비교 과제는 학생들에게 1차 자료와 2차 자료의 유효성을 파악하는 과정들 사이의 유사점과 차이점을 기술하도록 요구한다.

### 심동적 처리과정 관련 비교

심동적 기술을 위한 비교 과제는 두 개 이상의 신체적 기술들이 그것들을 수행하는 단계의 측면에서 어떤 점이 비슷하고 다른지에 대해 파악하는 것이다. 예를 들어 심동적 기술을 위한 첫 번째 비교 과제는 스케치를 할 때 연필을 사용하는 것과 목탄을 사용하는 기술 사이의 유사점과 차이점이 무엇인지 기술하도록 학생들에게 요구한다. 심동적 처리과정을 위한 비교 과제는 두 개 이상의 신체적 과정들이 그것들을 수행하는 단계의 측면에서 어떤 점이 유사하고 다른지를 파악하는 것이다. 예를 들어 심동적 처리과정을 위한 첫 번째 비교 과제는 스노우보드와 스케이트보드를 타는 과정이나 스키와 인라인스케이트를 타는 과정의 유사점과 차이점이 무엇인지 기술하도록 학생들에게 요구한다.

## 분류

신분류학에서 정의되는 분류는 항목들을 그룹이나 범주로 나누어 체계화하는 것 이상을 의미한다. 오히려 분류는 지식이 속하게 되는 상위 수준의 범주뿐만 아니라 지식의 하위 수준의 범주를 파악하는 것까지 포함한다. [도식 5.5]는 지식의 다양한 영역들에 대한 분류의 목표와 과제를 제시하고 있다.

[도식 5.5]의 제일 오른쪽 끝에 위치한 열에 예시된 바와 같이, 분류는 때로 표준 진술에서 명확해진다. [도식 5.5]에서 세부적인 정보들을 다루고 있는 행을 예로 들 수 있다. 세부사항들을 분류하는 두 번째 예시의 표준 진술은 행정구역의 유형에 대한 지식을 다루고 있다. 그러한 지식 안에는 공식적으로 분류된 행정구역, 기능에 따라 분류된 행정구역, 인식에 의해 분류된 행정구역 등과 같이 상위 수준의 범주 내에서의 특정 위치를 분류하는 과정이 내포되어 있다.

### 도식 5.5 목표와 과제의 분류

| | 과제 | 목표 | 지식 초점 | 과목/학년 | 표준 진술 |
|---|---|---|---|---|---|
| 정보:<br>세부사항:<br>용어,<br>사실,<br>시간 순서 | 우리는 그동안 식품이 어떻게 단백질, 지방, 탄수화물, 식이섬유, 비타민, 철분을 제공하는지에 대해 공부해 왔다. 단백질, 지방, 비타민이 어느 정도 함유되어 있는지, 당신이 생각하는 함량의 순위에 따라 다음의 식품들을 정리하여 각각 세 개의 목록으로 분류하라.<br>• 과일<br>• 야채<br>• 버터<br>• 스테이크<br>• 파스타 | 학생들은 단백질, 지방, 비타민 함량에 따라 식품들을 분류할 수 있을 것이다. | 식품에 함유된 지방, 단백질, 비타민의 함량에 관한 세부내용 | 보건/<br>9~12 | 여러 다른 식품들에 함유된 각각의 영양가를 안다. |
| | 우리가 공부해온 도시들 중 두 도시를 골라, 공식, 기능, 인식에 따라 행정구역을 분류할 때 그 도시들이 어떤 행정구역을 공유하고 있는지 기술하라. | 학생들은 두 도시들이 공유하는 행정구역들의 특성들에 따라 특정 도시들을 분류할 수 있을 것이다(공식, 기능, 인식 차원에서). | 특정 도시들에 관한 세부내용 | 지리학/<br>6~8 | 행정구역이 공식적으로 분류되기도 하고(예를 들어, 학교 지역구, 미국의 주들, 다른 나라들), 기능에 따라 분류되기도 하며(예를 들어, 지역 신문의 마케팅 지역, 프로 스포츠팀의 "fanshed"), 인식에 따라 분류되기도(예를 들어, 미국의 바이블 벨트, 프랑스 남부의 리비에라) 함을 이해한다. |
| 정보:<br>일반화의<br>체계화 | 우리는 그동안 기후 현상과 관련된 동향에 대해 공부해 왔는데, 동향은 인구통계학 자료나, 심지어 유행과도 관련되어 있다는 것을 배웠다. 이러한 동향 분석에서 공통점은 무엇인가? 동향 분석을 보다 일반적인 용어로 기술하려면 어떻게 하면 되겠는가? 서술이나 성취의 관점에서 볼 때 이러한 시도들이 서로 어떻게 다른가? | 학생들은 자신들이 신뢰하는 데이터가 의존하는(물리적, 인구통계학적, 사회적) 유형들의 측면 및 자신들이 예측하고자 하는 현상들의 측면에서 동향들을 분류할 수 있을 것이다. | 다른 유형의 데이터들에 관한 동향의 특성 | 과학/<br>9~12 | 타당한 것으로 간주되기 위해 과학적인 설명들이 반드시 충족시켜야 하는 기준을 이해한다. (예를 들어 자연에 관한 증거와의 일치, 시스템에 대한 정확한 예측, 논리성, 증거의 규칙 존중, 비판에 대한 열린 마음, 방법과 절차의 보고, 지식을 공개하려는 노력) |

**도식 5.5 목표와 과제의 분류 (계속)**

| | 과제 | 목표 | 지식 초점 | 과목/학년 | 표준 진술 |
|---|---|---|---|---|---|
| 정보: 원리의 체계화 | 근육의 과부하 원리는 신체 운동과 관련된 보다 큰 원리들 중 어떤 것을 형성하는가? 근육 과부하 원리에 작동하는 범주에는 어떤 것이 있는가? | 학생들은 근육 과부하 원리를 근력 운동에 중요한 것으로 파악할 수 있을 것이다. | 근육 과부하에 관한 원리 | 체육/ 7~8 | 체력을 증진시키는 운동의 원리들을 안다. (예를 들어, 한계치, 과부하, 특수성, 빈도, 강도, 지구력, 운동 방법) |
| 지적 처리과정: 기술 | 철자법 교정은 중요한 기능들 중 어떤 부분에 속하는 과제인가? 동시에 공통으로 사용되는 기능에는 어떤 것이 있는가? | 학생들은 쓴 글의 출판을 준비하는 데 필요한 교정 및 편집 기능들 중의 하나로 철자 검색을 분류할 수 있을 것이다. | 철자법 오류를 교정하는 기능 | 언어 과목/ 3~5 | 쓴 글을 편집하고 출판하기 위한 전략을 사용한다. (예를 들어, 문법, 구두법, 대문자 사용, 철자법의 오류를 적절한 수준에서 교정한다; 참고자료들을 사용한다; 페이지 형식[문단, 여백, 들여쓰기, 제목]을 고려한다; 목적에 따라 발표 형식을 고른다; 시각적 요소들을 통합한다; 활용가능한 기술을 사용한다.) |
| | 우리는 말할 때 사용하는 제스처들이 문화마다 다름을 학습하였다. 제스처를 포함하는 의사소통의 유형을 표현할 수 있는 좀 더 포괄적인 용어는 무엇인가? 이러한 범주에 속하는 다른 예시에는 어떤 것이 있는가? | 학생들은 제스처를 비언어적 의사소통의 한 예로 파악할 수 있을 것이다. | 의사소통 방식으로서 제스처를 사용하는 기능 | 외국어/ K-4 | 적절한 비언어적 신호와 몸짓 언어를 사용하고 이해한다. (예를 들어, 언어적 메시지를 명확히 하는 법, 듣는 이의 관심을 끄는 법, 유머를 표현하는 것) |
| 지적 처리과정: 과정 | 우리는 길을 건널 때 해야 하는 행동과 화재나 지진이 발생했을 때 해야 하는 행동을 학습하였다. 이러한 예들이 속해 있는 규칙의 종류에는 어떤 것이 있는가? 이와 같은 규칙들의 다른 예는 무엇인가? | 학생들은 특정 규칙들이 개인의 안전을 위해 정해져서 준수해야 하는 규칙들이라는 점을 이해할 수 있을 것이다. | 개인의 안전을 위한 과정 | 보건/ 유치원 | 응급 상황에서 따라야 할 순서와 방법을 안다. (예를 들어, 화재대피 훈련, 119에 전화하기, 자신을 해치려는 사람을 보고 도망하거나 소리 지르기) |

### 도식 5.5 목표와 과제의 분류 (계속)

| | 과제 | 목표 | 지식 초점 | 과목/학년 | 표준 진술 |
|---|---|---|---|---|---|
| 지적 처리과정: 과정 | 교환법칙, 결합법칙, 배분법칙이 적용되는 수학 연산의 종류에는 무엇이 있는가? 각각의 속성을 적용한 수학 계산의 예시에는 무엇이 있는가? | 학생들은 특정 연산법이 유리수와 함께 사용됨을 파악할 수 있을 것이다. | 유리수에 의거해 행해지는 지적 처리과정 | 수학/ 6~8 | 유리수가 사용되는 연산법을 안다. (예를 들어, 배분법칙, 덧셈과 곱셈의 교환법칙 및 결합법칙, 역산법칙, 항등성 법칙) |
| 심동적 처리과정: 기술 | 온도계, 자 혹은 눈금 실린더를 사용할 때, 우리에게 요구되는 기능은 무엇인가? 이런 종류의 기능이 요구되는 다른 예시에는 무엇이 있는가? | 학생들은 데이터를 수집할 때 사용되는 도구들과 간단한 장비들을 분류할 수 있을 것이다. | 데이터를 수집하기 위하여 특정 유형의 도구들을 사용하는 기능 | 과학/ 3~5 | 간단한 도구나 장비들을 사용하여 과학적인 자료를 모은다. (예를 들어, 온도계, 현미경, 계산기, 저울, 눈금 실린더) |
| | 뒤따르기 동작과 따라하기 동작은 어떤 유형의 댄스 기술에 속하는가? 이러한 유형의 기술이 요구되는 다른 예시들에는 무엇이 있는가? | 학생들은 파트너 댄스에서 일반적으로 사용되는 기술들을 분류할 수 있을 것이다. | 파트너 댄스의 기술들 | 무용 K-4 | 모방하기와 따라하기는 물론 리드하기와 뒤따르기 등의 파트너 기술을 사용한다. |
| 심동적 처리과정: 과정 | 테니스, 탁구, 배드민턴에서 사용하는 전략들의 범주는 무엇인가?; 이런 스포츠 게임들이 전쟁게임과는 어떻게 다른가? | 학생들은 전쟁게임과 대조되는 네트게임에서 흔히 사용되는 전략들을 분류할 수 있을 것이다. | 네트게임을 하는 과정들 | 체육/ 3~5 | 네트게임과 전쟁게임을 위한 기초 전략들을 사용한다. (예를 들어, 라켓 스포츠에서 상대방에게 공을 보내거나 상대방이 없는 곳으로 공을 보내는 법, 농구에서 공을 드리블하는 법) |
| | 우리는 지난 몇 주 동안 크레센도를 사용하는 수많은 음악 작품들을 연습해왔다. 이러한 작품들이 사용하는 크레센도의 범주들을 기술하라. | 학생들은 크레센도의 다양한 범주들을 파악할 수 있을 것이다. | 음악을 연주하는 과정들 | 음악/ 9~12 | 중간 수준에서 다양한 악곡을 표현력 있게(예를 들어 적절한 강약법, 악구 나누기, 루바토의 템포 연주법) 연주한다. (예를 들어 악구 나누기와 해석에 주의하고, 다양한 키로 다양한 박자와 리듬에 따라 연주한다). |

앞서 비교를 논하면서 기술한 바와 같이, 신분류학에서의 분류는 유사점과 차이점만을 파악하는 것과는 다르게 상위 수준의 범주 및 하위 수준의 범주를 파악하는 것을 의미한다.

분류 과제에서 빈번히 사용되는 용어와 어구들은 '분류하다' 라는 용어와 함께 다음과 같다.

- 체계화하다
- 가려내다
- 보다 넓은 범주를 파악하다
- 범주들을 파악하다
- 다른 유형들을 파악하다

분류 과제에서 가장 흔히 사용되는 양식은 글이나 말로 짧거나 길게 완성하도록 구성된 응답 양식이다. 일반적으로 [도식 5.6]에서 보여지는 그래프 조직자들이 분류 과제에서 지침이나 가이드로 사용된다.

[도식 5.6]에 제시된 첫 번째 조직자는 분류 과제가 요소들을 추려내어 상위 수준의 범주로 분류하는 것과 관련 있을 때 사용된다. 표의 맨 윗줄에는 상위 수준의 범주 단어가 쓰여지고, 각 요소는 상위 수준의 범주에 해당되는 칸 아래에 목록으로 열거된다. 이는 [도식 5.7]에 서술되어 있다.

이 표의 세 개 열에는 '미술 재료', '미술 기법', '미술 작업 과정' 이라는 표제가 각각 달려 있다. 이 조직자 외에 미술과 관련된 모든 요소들의 목록이 다음과 같이 제시된다: 페인트, 점토, 오버랩핑, 명암 주기, 크기와 색상에 변화 주기, 조소에서 더하거나 빼기, 보석 주조하기, 목탄, 연필, 목재, 콜라주, 프레스코 벽화, 점묘화, 안료 칠, 색깔 섞기, 보석 만들기 등의 목록이 제시된다. 학생들은 이러한 미술 요소들을 각각의 상위 수준의 범주로 분류하도록 요구받게 될 것이다.

[도식 5.6]에 제시된 두 번째 조직자는 분류 과제가 하위 수준의 범주들을 파악하는 것과 관련 있을 때 사용된다. 하위 수준의 범주들은 분류 과제의 초점이 되는 요소의 아래에 놓여 있는 원들 안에 배치된다.

[도식 5.8]을 통해 학생들은 다양한 유형의 픽션 작품과 논픽션 작품을 파악하는 과제를 수행해야 하는데, 이 둘을 모두 포섭하는 더 큰 범주는 문학 작품의 유형이다.

## 도식 5.6 일반화에 사용되는 그래프 조직자

1. 상위 수준 범주

| 상위 수준 범주 1 | 상위 수준 범주 2 | 상위 수준 범주 3 |
|---|---|---|
| | | |

2. 하위 수준 범주

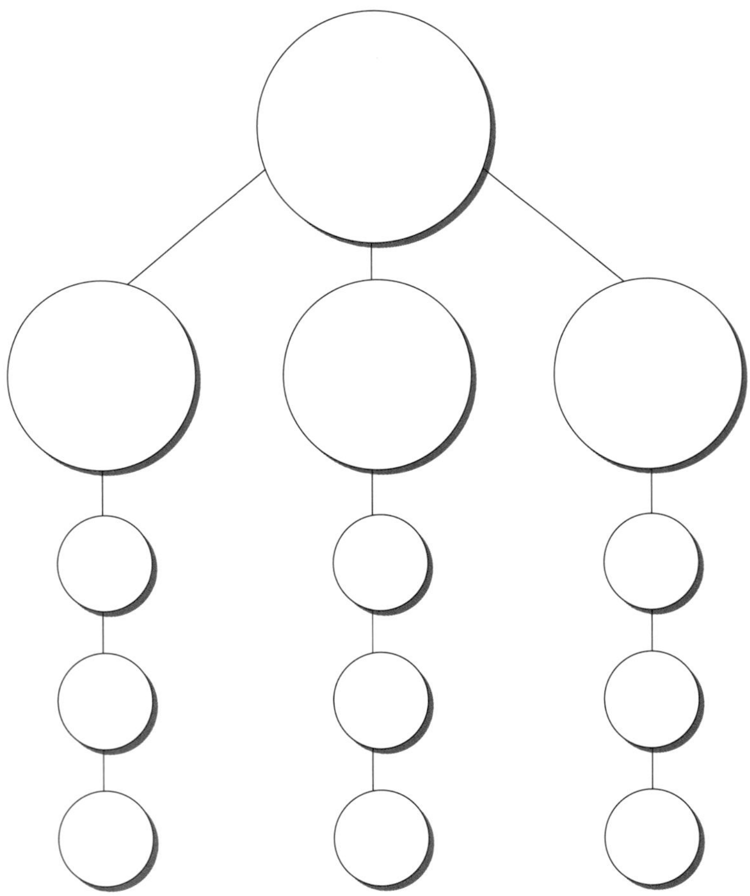

## 도식 5.7 상위 수준 범주에 사용되는 그래프 조직자

| 미술 재료 | 미술 기법 | 미술 작업 과정 |
|---|---|---|
| | | |

## 도식 5.8 하위 수준 범주에 사용되는 그래프 조직자

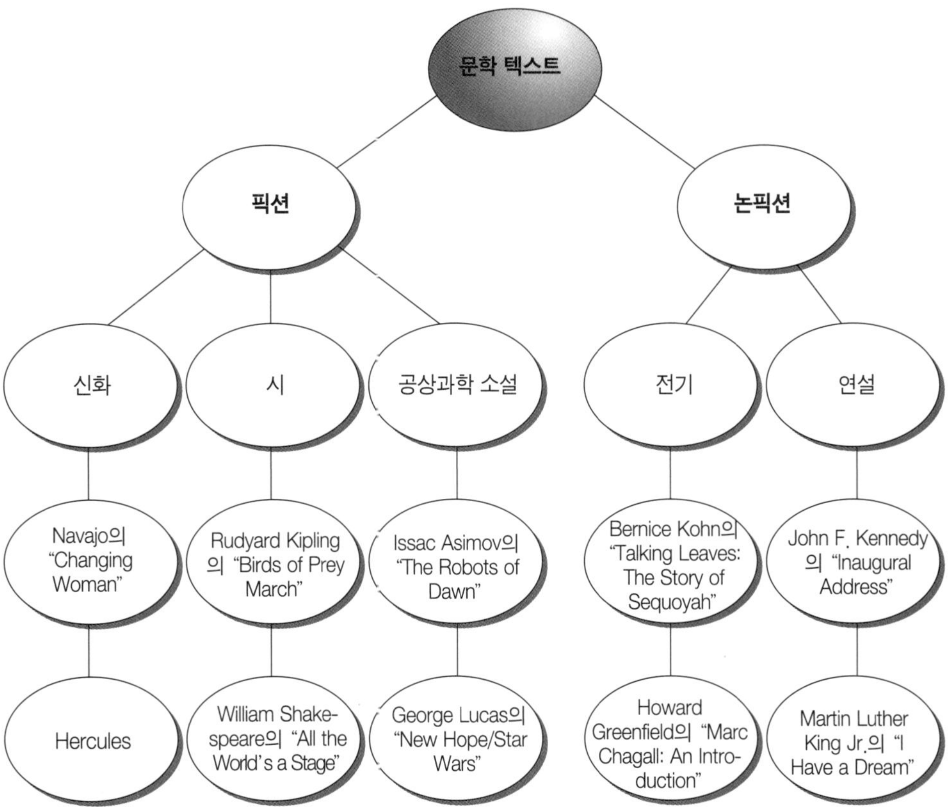

## 정보 관련 분류

세부사항을 위한 분류 과제에는 상위 수준의 범주와 하위 수준의 범주들을 식별하는 것이 수반된다. 예를 들어 학생들은 세부사항 관련 첫 번째 분류 과제에서는 과일, 야채, 버터, 스테이크, 파스타를 세 가지 범주, 즉 단백질, 지방, 비타민으로 분류하여야 한다. 이 과제는 각각의 식품에 함유된 단백질, 지방 및 비타민의 함량에 기초하여 각각의 식품들을 적절한 순서로 분류하여 미리 결정되어 있는 상위 수준의 범주에 배치하도록 학생들에게 요구한다. 이러한 과제는 단순히 자신이 미리 선택한 범주에 따라 식품들을 분류하는 과제를 수행할 때 요구되는 사고와는 다른 종류의 사고를 하도록 요구한다는 점에 유의하는 것이 중요하다. 자신이 미리 선택한 범주에 따라 식품을 분류하는 것은 단지 식품들 사이의 유사점과 차이점을 비교하는 것밖에 되지 않는다. [도식 5.6]에 제시된 과제는 요소들을 분류하여 미리 결정되어 있는 상위 수준의 범주로 체계화하는 것이다. 세부사항 관련 분류 과제는 세부사항의 특수성으로 인해 하위 수준의 범주보다는 상위 수준의 범주와 관련되는 경우가 더 흔하다.

아이디어의 조직화를 위한 분류 과제에서는 상위 수준의 범주와 하위 수준의 범주가 관련된다. 예를 들어 원리 관련 분류 과제에서는 학생들에게 근육의 과부하를 포함하는 원리에 대한 상위 수준의 범주를 파악하도록 요구한다. 이 과제에 비추어볼 때, 분류 과제는 학생 측면에서 비교적 짧은 대답으로 완수될 수 있다. 이 과제에서 학생들은 근력 운동에 관한 원리의 보다 큰(예를 들어 상위 수준의) 범주에 근육 과부하 원리가 속해 있음을 기술하고 그 이유를 설명해야 할 것이다. 그러나 요구되는 대답이 간결하다고 하여 그것의 인지적 복합성이 훼손되는 것은 아니다.

## 지적 처리과정 관련 분류

지적 기술을 위한 분류 과제는 상위 수준의 범주 및 하위 수준의 범주를 식별하는 것과 관련된다. 예를 들어 지적 기술을 위한 첫 번째 분류 과제는 학생들에게 철자법 오류를 교정하는 기술을 교정과 편집을 할 때 요구되는 상위 수준의 범주에 속한 기능으로 분류하도록 요구한다. 반대로, 학생들은 철자법 오류의 하위 수준의 범주를 파악하도록 요구받을 수도 있을 것이다. 지적 과정을 위한 분류 과제는 상위 수준의 범주와 하위 수준의 범주를 모두 파악하는 것과 관련한다. 지적 과정을 위한 첫 번째 분류 과제는 학생들에게 특정한 규칙들을 개인의 안전에 관련된 상위 수준의 범주에 속한 것으로 분류하도록 요구한다. 반대로 학생들은 개인의 안전과 관련된 하위 수준의 범주를 파악하도록 요구받을 수도 있을 것이다.

### 심동적 처리과정 관련 분류

심동적 기술을 위한 분류 과제는 특정한 신체 기술들에 관한 상위 수준의 범주와 하위 수준의 범주를 파악하는 것과 관련된다. 예를 들어 심동적 기술을 위한 첫 번째 분류 과제는 학생들에게 온도계와 자, 눈금 실린더를 사용하는 심동적 기술의 상위 수준의 범주를 파악하도록 요구한다. 심동적 과정을 위한 첫 번째 분류 과제는 학생들에게 네트게임의 상위 수준의 범주를 파악하도록 요구한다. 먼저 상위 수준의 범주들이 제시되면, 분류 과제는 테니스, 탁구 및 배트민턴과 같은 네트게임의 예시들을 파악하는 것과 관련된다.

## 오류 분석

오류 분석은 지식에 있어서의 사실이나 논리상의 오류를 파악하거나 지식의 활용에 있어서의 처리상의 오류를 파악하는 것과 관련된 것이다. [도식 5.9]는 지식 영역에서 오류 분석을 위한 목표와 과제를 나타내고 있다.

목표와 과제의 오류 분석에서 자주 사용되는 동사는 '오류를 분석하다' 이다. 그 외에 다음과 같은 용어와 어구도 가능하다.

- 문제를 파악하다
- 이슈를 파악하다
- 오해를 파악하다
- 사정하다(assess)
- 비평하다
- 진단하다

- 평가하다
- 편집하다
- 개정하다

오류 분석에서 흔히 사용되는 양식은 글이나 말로 짧거나 길게 완성하도록 구성된 답안 양식이다. 이외에 더 구조화된 양식들이 사용될 수도 있다. 예를 들어 다음의 과제를 고려할 수 있다.

### 도식 5.9 목표와 과제의 오류 분석

| | 과제 | 목표 | 지식 초점 | 과목/학년 | 표준 진술 |
|---|---|---|---|---|---|
| 정보:<br>세부사항:<br>용어,<br>사실,<br>시간 순서 | 서로 경합을 벌이고 있는 입후보자들의 선거운동용 전단을 검토하여, 입후보자가 세부내용을 잘 모르는 사람을 오도할 수도 있는 방식으로 이슈를 단순화하고 있지는 않은지 판단하라. | 학생들은 정치적인 연설과 같이 설득력 있는 주장으로 제시된 내용의 정확성 여부를 판단할 수 있을 것이다. | 공직에 진출하려는 특정 입후보자들에 관한 세부사항 | 공민과/<br>9-12 | 논리적 타당성, 사실적 정확성, 감정적 호소, 왜곡된 증거, 편견에의 호소를 사용하는 법을 이해하고, 그런 방법들이 과거와 현재에 정치적 의사소통의 타당성에 어떤 영향을 미치는지 이해한다. (예를 들어, Lincoln의 "House Divided", Sojourner Truth의 "Ain' t I a Woman?", Chief Joshep의 "I Shall Fight No More Forever", Martin Luther King, Jr의 "I Have a Dream" 선거운동용 홍보물, 정치적 카툰들) |
| | 당신의 친구는 당신이 사는 도시 외곽에 있는 큰 산맥이 수세기 전에 아주 막강한 폭풍우로 인해 생긴 것이라고 주장한다. 지구의 형성과정에 대해 당신이 알고 있는 내용에 근거할 때, 친구의 이 말은 사실일 수 있는가? 그 이유는 무엇인가? | 학생들은 지구의 물리적 형성과정에 대한 지식에 기초하여 특정한 정보의 정확성을 판단할 수 있을 것이다. | 지구의 물리적인 형성과정과 관련된 세부사항 | 지리/<br>3~5 | 물리적인 형성과정들에 의해 생겨난 지형의 패턴을 파악한다. (예를 들어, 산악지역의 수목한계선, 산맥의 노출구역과 보호구역에서 자라는 초목) |

## 도식 5.5 목표와 과제의 오류 분석 (계속)

| | 과제 | 목표 | 지식 초점 | 과목/학년 | 표준 진술 |
|---|---|---|---|---|---|
| 정보: 일반화의 체계화 | 우리는 그동안 초기 미국 소설에 대해 배워왔다. 초기 작품에 등장하는 인물들은 다소 밋밋하고 일차원적으로 묘사되었는데, 이러한 입장에 내재된 오류나 모순을 말하라. | 학생들은 주어진 장르속의 인물들에 대해 타당한 서술이 무엇이고 타당하지 않는 서술이 무엇인지 파악할 수 있을 것이다. | 주어진 장르의 등장인물들에 대한 일반화 | 언어 과목/ 9-12 | 문학에서 다루는 등장인물의 발전에 대한 특징들을 이해한다. (예를 들어, 주인공과 적대자 사이의 차이점, 밋밋한 인물들 대 강력한 인물들, 인물의 변화, 인물의 행동과 모티브의 중요성) |
| 정보: 원리의 체계화 | 우리가 방금 읽은 이야기는 공룡의 멸종에 인간의 책임이 있다고 주장하고 있다. 지구의 초기 역사에 대한 당신의 이해를 바탕으로, 이 논쟁의 문제점을 파악하라. | 학생들은 화석의 증거에 대한 이해를 바탕으로 논쟁의 오류를 파악할 수 있을 것이다. | 화석의 증거에 관한 원리 | 과학/ 6~8 | 화석 및 화석 주변의 지역을 근거로 지구의 나이, 역사, 생물체의 형태 변화를 어떻게 확인할 수 있는지를 알고, 이러한 증거가 지층의 습곡과 단절, 융기에 따라 어떻게 수정될 수 있는지도 안다. |
| 지적 처리과정: 기술 | 당신 앞에 있는 그래프는 지난 두 달 동안 극도로 상승하거나 하락한 주가를 보여주고 있다. 그런데 이 그래프를 만들기 위해 사용된 첨부 자료들은 그 기간 동안 일부 달러에 변화가 있음을 보여주는데, 이러한 사실을 그래프가 정확하게 보여주고 있다. 이러한 오해를 초래한 것은 무엇인가? | 학생들은 x와 y값을 해석할 수 있는 기술을 사용하여 제시된 그래프의 결함을 파악할 수 있을 것이다. | 특정 종류의 그래프를 독해할 수 있는 기술 | 수학/ 6~8 | 동일한 데이터라 할지라도 표, 그래프, 상징들 등의 각기 다른 표현방식을 사용하면 전달되는 의미가 다를 수도 있음을 이해한다. (예를 들어, 척도에 변화를 주면 시각적 메시지가 달라질 수 있다.) |
| | 당신은 스프레드시트 프로그램 문서의 표를 당신이 작성하고 있는 문서에 불러왔는데, 옮겨온 표의 포맷이 몇 개 소멸되고, 페이지 여백이 초과되어 버렸다. 이러한 문제의 원인으로 가장 가능성이 높은 것은 무엇인가? | 학생들은 데이터를 불러오는 데 사용되는 단계들에 대한 이해를 바탕으로 자료의 포맷팅에 관련된 오류를 진단할 수 있을 것이다. | 표를 스프레드시트 프로그램에서 워드 파일로 불러오는 기술 | 기술/ 6~8 | 스프레드시트 프로그램의 사용법과 요소들을 안다. (예를 들어 셀, 열, 행; 데이터를 즉각적으로 업데이트하기 위한 식; 사업상의 이윤과 손실을 확인하기 위한 목적의 전자기기 형태 및 프린트에서 사용되는 스프레드시트 프로그램) 정교한 특성의 컴퓨터 프로그램들을 활용한다. (예를 들어 클립 아트, 맞춤법 검사, 정보 색인, 단어 계수) |

## 도식 5.9 목표와 과제의 오류 분석 (계속)

| | 과제 | 목표 | 지식 초점 | 과목/학년 | 표준 진술 |
|---|---|---|---|---|---|
| 지적 처리과정: 과정 | 당신은 남북전쟁을 다룬 책을 읽고, 학급 친구들 앞에서 그 책에 대한 발표를 막 마쳤다. 이때 친구들이 제기하는 질문들 중에 "이 책을 발표 주제로 삼은 이유는 무엇인가?"라는 질문이 있다. 이 질문은 당신이 발표자료를 작성할 때 오류를 범하였음을 시사하는가? 당신은 그 질문을 어떻게 예상할 수 있었겠는가? | 학생들은 청중이 기대하는 바를 고려함으로써 구두 발표에서 생기는 오류를 인지할 수 있을 것이다. | 발표자료를 설계하고 구두발표를 하는 과정 | 언어과목/ 6~8 | 구두발표에서 자신의 관점을 분명하게 표현한다. (예를 들어, 개요, 미리 보기, 도입, 본론, 전환, 결론과 같은 조직적인 패턴들을 사용한다; 자신의 입장을 뒷받침할 수 있는 근거와 논거들을 사용한다; 시각적인 보조자료를 사용한다.) |
| | 학급에서 시험 답안지를 서로 교환하여 채점하였다. 열거된 정수들의 중간값을 물어보는 문제에서 친구는 10.25를 답으로 적었다. 먼저 계산하지 않고도 이것이 오답인지 당신은 어떻게 아는가? 무엇이 이 오답을 설명할 수 있을 것 같은가? | 학생들은 중간값, 평균값, 최빈수를 계산하는 데 사용되는 과정들에 대한 이해를 바탕으로 그 값들과 관련된 오류들을 파악할 수 있을 것이다. | 중앙빈도수에 관한 문제들을 해결하는 과정 | 수학/ 6~8 | 중앙빈도수의 측정 값을 안다(평균, 최빈수, 중앙값). |
| 심동적 처리과정: 기술 | 당신이 향상시키고 싶은 기능을 행하는 모습을 비디오로 찍어보라. 슬로우 모션으로 당신의 행동을 면밀히 분석해보고, 몸 동작이나 위치에서 무엇이 틀렸는지 확인해보라. | 학생들은 스포츠 특유의 기술들에 대한 이해를 바탕으로 스포츠 동작상의 오류를 파악할 수 있을 것이다. | 학생이 선택한 특정 신체적인 기술 | 체육/ 9-12 | 신체 활동에서 요구하는 정교한 기술들을 사용한다. (예를 들어, 수영, 발레, 산악 자전거 타기, 개인 운동 혹은 팀 운동) |
| | 당신이 선택한 악기를 연주하는 모습을 비디오로 찍어보라. 당신이 사용한 테크닉의 특정 측면에서 범한 오류를 파악하고 당신이 이러한 오류를 어떻게 교정할 수 있을 것인지 설명해보라. | 학생들은 자신이 선택한 악기의 연주 테크닉상의 기술적 오류들을 파악할 수 있을 것이다. | 학생이 선택한 악기를 연주하기 위한 특정 테크닉 | 음악/ 6-8 | 적절한 음역을 포함하고 템포, 키 및 박자의 변화가 있는 다양한 곡을 악기로 정확하고 감정이 풍부하게 연주한다. |

**도식 5.9 목표와 과제의 오류 분석 (계속)**

| | 과제 | 목표 | 지식 초점 | 과목/학년 | 표준 진술 |
|---|---|---|---|---|---|
| 심동적 처리과정: 과정 | 당신의 흥미를 끄는 스포츠 심사대회의 영상을 보라. 각각의 선수들에 대한 당신 자신의 점수를 매기고, 그 점수를 준 근거를 제시하고, 심판들이 부여한 점수나 최종 순위와 당신 자신의 점수를 비교해보라. 당신은 심판들이 점수로 순위를 매길 때 오류를 범했다고 생각하는가? | 학생들은 특정 스포츠에서 요구되는 동작 요소들에 대한 지식을 바탕으로 시합 경기에서 범해지는 실수들을 파악할 수 있을 것이다. | 학생들이 선택한 특정 스포츠 | 체육/ 3~6 | 선택한 게임, 스포츠 및 댄스에 적합한 동작의 순서를 사용한다. (예를 들어, 특정 춤을 추기 위해 스텝들을 섞는 것, 야구에서 달리고, 멈추고, 던지고, 받고, 치는 동작을 결합하기) |
| | 스포츠, 예술, 혹은 공예 중에 적어도 당신이 중간 수준 이상으로 잘할 수 있는 것을 선택하라. 정보와 기법을 제공하는 인터넷 사이트를 검색하고 당신의 경험에 입각하여 그 정보들의 타당성 여부를 판단하라. | 학생들은 기법이나 과정에 대한 이해에 근거하여 기법이나 과정에 대한 기술에서 어떤 오류가 있는지 여부를 판단할 수 있을 것이다. | 학생들이 선택한 특정한 스포츠, 예술, 혹은 공예 | 시각 예술/ 9~12 체육/ 7~8 | 의도한 바를 달성하겠다는 목적을 갖고 충분한 역량과 자신감(예를 들어 기법과 과정)으로 예술 작품을 완성한다. 고도의 기술을 갖춘 운동 선수들이 할 수 있는 정교한 동작을 이해한다. (예를 들어 배구에서 성공적이지 못한 서브 및 패스와 대조적인 성공적인 서브 및 패스로 이끄는 동작) |

오전 11시에서 오후 1시 사이에 바깥에서 태양에 노출되면, 강한 햇볕으로 인한 화상을 입게 될 가능성이 가장 높다는 것을 존은 알고 있다. 그는 여섯 명의 친구들에게 그 이유가 무엇인지 묻는다. 그들은 제각기 다른 대답을 내놓는다. 대답들 중 틀린 대답을 알아맞추고 각각의 답에 있는 오류들을 설명하라.

대답 1: 우리는 아침이나 오후보다는 정오에 태양과 좀 더 가깝게 있기 때문이다.

대답 2: 태양은 아침과 오후브다는 정오에 더 많은 햇볕을 방출하기 때문이다.

대답 3: 태양 광선이 땅의 표면에 직선으로(직접적으로) 떨어질 때가 기울어져 (간접적으로) 떨어질 때보다 더 많은 에너지가 전달되기 때문이다.

대답 4: 하늘에 태양이 낮게 떠 있을 때에 비해 태양이 바로 머리 위에 있을 때 더 적은 태양 광선이 대기권을 통과하기 때문이다.

대답 5: 보통 공기는 하루 중 정오에 가장 따뜻하다.

대답 6: 태양빛의 자외선이 햇볕에 의한 화상의 주 원인이다.

앞에서 제시한 예시들은 정보와 관련된 것이다. 다음의 예시들은 워드-프로세싱 소프트웨어 'WordPerfect' 를 사용하는 지적 처리과정과 관련된 것이다.

로버트는 다음과 같은 단계를 거쳐 WordPerfect를 사용해서 작문을 작성할 계획이다. 그가 다음의 단계들을 기술된 대로 정확하게 따르지 않을 때 어떤 오류가 생길지 알아보라.

1. 그가 WordPerfect를 켤 때, 그는 페이지의 맨 위쪽에 있는 바의 CENTER 명령키를 먼저 클릭할 것이다.
2. 그는 세 개의 문단으로 이루어진 작문을 작성할 것이다.
3. 그가 작성을 다하고 나면, 그는 스크린에서 가장 오른쪽 코너 끝에 있는 X 표시를 클릭할 것이다.
4. 다음 날 그는 WordPerfect를 다시 열어서 자신이 작성한 작문을 출력할 것이다.

## 정보 관련 오류 분석

세부사항의 관점에서, 오류 분석 과제는 학생이 이미 알고 있는 주제를 제시하고 주어진 정보에 관한 적합성의 정도를 판단하는 것과 관련된다. 예를 들어, 세부사항에 대한 첫 번째 오류 분석 과제는 공직을 희망하는 특정 입후보자에 대한 정보와 연관된 것이다. 학생들은 특정한 이슈에 대한 입후보자의 입장에 있을 수 있는 오류를 판정해야 한다. 아이디어의 조직화와 관련된 오류 분석 과제는 일반화나 원리에 관한 진술들이 논리적인지 아닌지를 판정하는 것과 연관된 것이다. 예를 들어, 어떤 특정 장르의 등장인물들에 대한 일반화에 관한 오류 분석 과제는 학생들에게 이러한 입장에서의 모순성이나 오류들을 파악하도록 요구한다.

정보에 대한 오류 분석을 활용하는 과제는 전형적으로 만들어질 수 있는 다양한 형태의 오류들에 대한 지식을 요구한다. [도식 5.10]은 그러한 오류들의 네 가지 범주들을 보여주고 있다.

[도식 5.10]에 열거된 논리적 오류들의 형태 외에도, 오류 분석은 주장을 펼치고 옹호하는 방법에 대한 지식을 요구한다. 이것은 [도식 5.11]에서 서술되어 있다.

### 도식 5.10 논리적 오류의 네 가지 범주

**1. 논리의 오류는 일곱 가지의 다른 방식으로 발생할 수 있다.**

A. *모순* – 상충되는 정보의 제시. 만약에 어떤 정치가가 임기 제한을 지지하는 정강을 내걸고 출마하고서, 임기 제한을 정하려는 헌법수정 조항에 반대하여 투표한다면, 그 정치가는 모순의 오류를 범한 것이다.

B. *우연성* – 규칙의 예외에 근거하여 주장하고 있음을 인식하지 못함. 예를 들어, 우연히 생일과 겹친 금요일에 고급 레스토랑에서 자신이 다니는 학교의 교장 선생님을 한 번 본 학생이, 교장 선생님은 매주 금요일마다 고급 레스토랑에서 저녁식사를 한다고 결론을 내리는 경우, 이 학생은 우연성의 오류를 범한 것이다.

C. *그릇된 원인* – 인과관계, 즉 어떠한 사고나 사건 배후에 있는 이유들을 지나치게 단순화함으로써 사건이 발생한 시간적 순서를 혼동하는 경우. 예를 들어, 베트남 전쟁이 반전 시위에 의해 끝났다고 결론내리는 사람이 있다면, 그 사람은 그릇된 원인을 말하는 것이다. 반전 시위는 종전과 어느 정도 관련성이 있을 수는 있지만, 그 외에 상호작용한 다른 원인들도 많이 있었다.

D. *논점의 회피* – 처음 내세운 주장과 동일한 진술을 사용하여 주장의 근거를 삼는 경우. 예를 들어, 상품 A가 시장에 출시된 것 중 가장 좋은 세제라고 말한 다음, 그 말을 지지하기 위하여 그 상품이 다른 어떤 세제보다 우수하다는 진술을 하는 사람이 있는 경우, 그 사람은 논점을 회피하고 있는 것이다.

E. *쟁점 회피* – 쟁점에 대한 언급을 피하기 위해 화제를 바꾸는 경우. 예를 들어, 사기성 은행절차에 연루된 의혹이 있다고 질문한 기자에게 뉴스 매체의 악폐에 대해 이야기하기 시작하는 사람이 있다면, 그 사람은 쟁점을 회피하고 있는 것이다.

F. *무지에 근거한 주장* – 단순히 반대 입장이 사실로 입증되지 않았다는 이유를 들어 자신의 주장을 정당화하는 경우. 예를 들어 다른 행성에는 생명체가 존재한다는 증거가 없기 때문에 다른 행성에는 생명체가 없다고 주장하는 사람이 있는 경우, 그 사람은 무지에 근거한 주장을 하고 있는 셈이다.

G. *구조-부분(Composition-division)* – 전체를 구성하는 요소들에 해당되는 것이 전체에도 해당된다고 주장하는 것이 '구조' 이고, 반대로, 항상 그렇지는 않더라도 일반적으로 전체에 해당되는 것이 전체를 구성하는 모든 요소들에도 해당된다고 주장하는 것이 '부분' 임. 예를 들어 공화당원 중 한 사람이 부패한 것으로 밝혀졌다고 해서 공화당 전체가 부패했다고 주장하는 사람이 있는 경우, 그 사람은 '구조' 의 오류를 범하고 있는 셈이다. 만약에 민주당이 정부가 추진하는 프로그램들을 일반적으로 지지하는 것으로 알려졌다고 해서 특정 민주당원이 큰 정부를 지지한다고 말하는 사람이 있는 경우, 그 사람은 '부분' 의 오류를 범하고 있는 셈이다.

## 도식 5.10 논리적 오류의 네 가지 범주 (계속)

**2. 공격은 세 가지의 방식으로 이루어질 수 있다.**

A. *우물에 독 풀기* – 어떤 입장에 완전히 함몰되어 반대편 입장에서 제시하는 모든 것들과는 다른 방향으로 설명하는 경우. 이러한 형태의 공격은 자신의 견해와 다른 것은 무엇이든 고려하지 않으려는 마음을 나타낸다. 예를 들어, 반대편 후보자에 대해 말할 것이 부정적인 것밖에 없는 정치 입후보자가 있다고 할 경우, 그 사람은 우물에 독을 풀고 있는 셈이다.

B. *인신공격 주장* – 어떤 주장을 하고 있는 사람에 관한 수치스러운 사실(사실이건, 의혹이건)을 사용하여 그 주장을 물리치는 경우. 다른 사람의 빈약한 도덕성을 언급하면서 그 사람의 과세에 대한 입장을 반박하는 사람이 있는 경우, 그 사람은 인신공격 식 주장을 하고 있는 셈이다.

C. *힘에 호소하기* – 어떤 주장에 타당성을 부여하기 위해 위협을 주는 경우. 예를 들어 다가오는 선거의 어떤 쟁점에 관한 의견이 다르다고 해서 세입자를 쫓아내겠다고 위협하는 주인이 있는 경우, 그 사람은 힘에 호소하고 있는 셈이다.

**3. 불충분한 참고 자료는 다섯 가지의 방식으로 발생할 수 있다.**

A. *선입견이 반영된 출처* – 우리가 이미 사실이라고 믿는 것을 뒷받침하는 정보들을 지속적으로 받아들이거나, 우리가 사실이라고 믿는 것을 반박하는 정보들을 지속적으로 거부하는 것. 예를 들어, 어떤 사람이 범죄를 저질렀다고 확신하고, 그 사람이 무죄임을 밝혀주는 DNA 증거조차 고려하지 않으려고 하는 사람이 있다면, 그 사람은 선입견의 어리석음을 범하고 있는 셈이다.

B. *신뢰성이 부족한 출처* – 주어진 주제에 관해 일반적으로 인정되지 않는 출처를 사용하는 것. 신뢰성 여부를 결정하는 것이 주관적일 수는 있으나, 대부분의 사람들이 동의하는, 신뢰성을 해치는 특성들이 몇 가지 있다. 예컨대 출처가 편견에 치우쳐 있다고 알려져 있거나 주제에 대한 지식이 거의 없는 경우가 그것이다. 날조된 선정적 이야기로 유명한 타블로이드판 저널을 인용하여 정부가 환경을 파괴하려는 음모를 가지고 있다는 믿음을 뒷받침하는 사람이 있다면, 그 사람은 신뢰성이 부족한 출처를 사용하는 어리석음을 범하고 있는 셈이다.

C. *권위에 호소하기(Appealing to the authority)* – 어떤 쟁점에 대하여 마지막 말로 권위를 끌어들이는 것. "사회주의는 해악이다"라고 주장한 다음, 그 주장을 뒷받침하는 근거로 주지사가 그런 말을 했다는 것을 끌어들이는 사람이 있다면, 그 사람은 권위에 호소하고 있는 셈이다.

D. *대중성에 호소하기(Appealing to the people)* – 대중성에 근거하여 어떤 주장을 정당화시키려는 시도. 예를 들어, 자신 외의 모든 사람이 배꼽에 피어싱을 했으니, 자신도 하겠다고 부모에게 말하는 소녀가 있다면, 그녀는 대중성에 호소하고 있는 셈이다.

E. *감정에 호소하기(Appealing to the emotion)* – 어떤 주장의 증거로 이른바 눈물을 자아내는 이야기를 사용하는 경우. 예를 들어 전쟁에 대한 자신의 견해에 동의하도록 사람들을 설득시키기 위한 수단으로 자신이 삶에서 당한 비극적인 이야기를 사용하는 사람이 있다면, 그 사람은 감정에 호소하고 있는 셈이다.

**4. 왜곡된 정보는 두 가지의 다른 방식으로 생긴다.**

1. *사실들을 혼동시키기* – 사실에 입각한 것처럼 보이지만, 변화로 인해 더 이상 정확하지 않은 정보를 사용하는 것. 예를 들어 주장을 뒷받침하기 위하여 어떤 사건에 대해 설명하면서 정작 중요한 사실을 빼놓고 말한다든가, 사건이 발생한 시간 순서를 뒤죽박죽 흐트림으로써 사실들에 대한 혼동을 초래하는 사람이 있다면, 그 사람은 사실들을 혼동시키고 있는 셈이다.

### 도식 5.10 논리적 오류의 네 가지 범주 (계속)

2. *개념이나 일반화를 잘못 적용하기* – 주장을 뒷받침하기 위해 개념이나 일반화를 잘못 해석하거나 잘못 적용시키는 경우. 예를 들어 토크쇼 진행자가 비판적인 발언을 하였다고 그 진행자를 명예훼손죄로 체포하여야 한다고 주장하는 사람이 있다면, 그 사람은 명예훼손의 개념을 잘못 적용한 셈이다.

출처: Marzano & Kendall (2007)

### 도식 5.11 주장을 뒷받침하기 위한 틀

근거(Grounds): 일단 어떤 주장을 하면, 그 주장을 뒷받침하는 근거들이 있어야 한다. 주장의 유형에 따라, 근거들을 구성하는 것에는 다음과 같은 것들이 있다.

- 상식적인 내용
- 전문가의 의견
- 실험적인 증거
- 사실에 근거한 것으로 간주되는 다른 정보들

뒷받침(Backing): 뒷받침은 근거의 타당성을 세우고, 그것들을 심도 있게 논의하는 과정이다.

제한 용법(Qualifiers): 주장을 뒷받침하는 근거들이 모두 똑같은 정도의 확실성을 가지는 것은 아니다. 결과적으로 제한 사항은 주장에 대한 확실성의 정도를 기술하거나 예외적인 사항들을 기술하는 것이다.

출처: Marzano & Kendall (2007)

[도식 5.11]은 어떠한 주장을 뒷받침할 수 있는 일반적인 틀을 제시하고 있다. 학생들은 근거, 지지, 한정어의 기술적인 측면(그것들의 명칭이나 결정적인 특성 등)을 이해할 필요는 없다. 그러나 주장의 타당성을 확보하려면, 뒷받침되는 근거가 있어야 하고(근거), 이러한 뒷받침을 설명할 수 있어야 하고(지지), 주장에 예외들이 있음을 밝혀야(한정어) 한다는 것을 학생들은 의식하고 있어야 한다.

## 지적 처리과정 관련 오류 분석

지적 기술 및 과정의 관점에서, 오류 분석 과제는 지적 절차에 따라 행하고 있는 동안 범했거나 범하고 있는 오류들을 파악하는 것과 연관된다. 예를 들어 지적 기술을 위한 첫 번째 오류 분석 과제는 특정한 형태의 그래프를 읽는 것과 연관된 것이다. 지적 과정을 위한 첫 번째 오류 분석 과제는 발표자료를 설계하고 구두로 발표하는 과정과 연관된다. 처리과정(지적인 것이든 심동적인 것이든)과 관련될 때에는 정보(세부사항과 아이디어의 조직화)의 경우와 달리 논리적인 오류를 강조하지 않는다. 오히려 절차를 실행하는 동안 발생하는 오류들의 파악을 강조한다.

### 심동적 처리과정 관련 오류 분석

심동적 처리과정을 위한 오류 분석 과제는 지적 처리과정을 위한 오류 분석 과제와 동일한 패턴을 따른다. 이 과제들은 심동적 기술이나 과정을 수행하는 동안 범했거나 범하고 있는 오류들을 확인하는 것과 연관된다. 예를 들어, 심동적 기술을 위한 첫 번째 오류 분석 과제는 학생이 선택한 특정 신체적 기술과 연관된 것이다. 심동적 과정을 위한 첫 번째 오류 분석 과제는 학생이 선택한 운동을 하는 과정과 연관된 것이다.

## 일반화

일반화하는 분석 기술은 알려져 있거나 사실로서 표명된 정보로부터 새로운 일반화와 원리들을 추론하는 작업과 관련된다. [도식 5.12]는 다양한 영역의 지식에 걸쳐서 목표와 과제의 일반화를 나타내고 있다.

일반화 과제에서는 '일반화하다'라는 용어가 사용될 수 있으며, 이 밖에 사용될 수 있는 용어와 어구에는 다음과 같은 것들이 있다.

- 어떤 결론이 도출될 수 있다
- 어떤 추론이 가능하다
- 일반화를 도출하다
- 원리를 도출하다
- 규칙을 도출하다
- 발전과정을 추적하다
- 결론을 내리다

일반화 과제에서 가장 흔히 사용되는 양식은 글이나 말로 짧거나 길게 완성하도록 구성된 응답 양식이다. 이 과제들은 [도식 5.2]에 제시된 과제들처럼 비교적

## 도식 5.12 목표와 과제의 일반화

| | 과제 | 목표 | 지식 초점 | 과목/학년 | 표준 진술 |
|---|---|---|---|---|---|
| 정보: 세부사항: 용어, 사실, 시간 순서 | 우리는 그동안 고대시대에서 현대에 이르기까지 변천해온 정착의 형태에 대해 공부해왔다. 당신이 아는 두 종류의 특정 정착의 형태를 바탕으로 사람들이 어디에 주로 정착했는지 그리고 왜 그랬는지에 대한 일반화를 세워보라. | 학생들은 어디에 그리고 왜 정착을 했는지에 대한 일반화를 세우고 방어할 수 있다. | 특정한 정착 형태에 관한 세부사항 | 지리/ 6~8 | 공간적, 인간적 패턴과 배치 그리고 연관성들을 바탕으로 물리적인 인간의 분포 형태를 안다. (예를 들어, 왜 어떤 지역들은 정착 밀집도가 높은지, 정착지들 사이의 연계되는 종류와 숫자에 따른 패턴들) |
| | 건강 기능 제품들에 대한 메시지는 건강 기능 제품의 유용성, 가장 잘 활용할 수 있는 방법, 부작용에 대해 우리에게 알려줌으로써 유익할 수 있다. 그런데 제조사들은 건강에 대한 특정한 관점에 따라 각각의 건강 기능 제품들을 생산한다. 건강 기능 제품을 하나 골라서, 그 제품을 생산한 제조사에 관한 세부사항들을 찾아보라. 건강 기능 제품을 제조한 회사에 대한 정보들에 기초할 때, 그 제품에 대해 어떤 일반화를 도출할 수 있는가? | 학생들은 정보의 출처가 해당 정보의 타당성과 유용성에 미치는 영향에 관한 일반화를 세울 수 있을 것이다. | 정보의 특정한 출처에 대한 일반화 | 보건/ 6~8 | 매체, 친구들 혹은 다른 지역적 출저로부터 얻은 메시지들이 건강 수칙에 어떤 영향을 줄 수 있는지 안다. (예를 들어, 건강에 대한 붐, 광고, 건강 관련 오해들) |
| 정보: 일반화의 체계화 | 우리는 역사와 지리에 대한 수많은 일반화들을 뒷받침할 수 있는 근거를 보았다. 예를 들어, 내륙은 산악지대였고 지중해와 근접해 있던 고대 그리스 사례는 어떤 지역의 지리적 특성이 국가의 미래에 큰 영향을 줄 수 있다는 일반화를 뒷받침해준다. 다른 나라에서 유입된 | 학생들은 현재 취해지고 있는 조치들의 있을 수 있는 결과들을 더 잘 이해하는 데 과거에 대한 지식들이 어떻게 활용될 수 있는가에 관한 일반화를 발전시킬 수 있을 것이다. | 역사와 지리에 관한 일반화 | 지리/ 6~8 | 물리지리 및 인문지리적 요소들이 역사의 중요한 사건과 운동에 어떤 영향을 미치는지 이해한다. (예를 들어, 분쟁과 전쟁의 과정과 결과, 값싼 노동력의 수요로 인한 미국의 노예매매, 우세풍과 해류로 인한 삼각무역의 수익성) |

## 도식 5.12 목표와 과제의 일반화 (계속)

| | 과제 | 목표 | 지식 초점 | 과목/학년 | 표준 진술 |
|---|---|---|---|---|---|
| 정보: 일반화의 체계화 | 의욕적인 이주민의 에너지 및 자원을 풍부하게 지니고 있었던 초기 미국이 부강한 나라로 성장할 수 있었던 것은 이러한 자원들에 기인한 바가 크다. 또한 우리는 견제 세력 없는 천하 무적의 해양 강국이었던 아테네의 역사를 통해, 거대한 지배력을 가지게 되면 오만함에 이르게 되고 그런 오만함은 패배를 자초할 수 있다는 일반화를 뒷받침할 수 있다. 주제가 지리이건 역사이건 간에, 과거와 현재의 관계에 대해 이것이 당신에게 시사해주는 바는 무엇인가? 당신이 내린 결론의 근거를 제시하라. | | | | |
| 정보: 원리의 체계화 | 우리는 그 동안 음악이 각기 다른 문화와 시대상을 반영하는 방식을 탐구하였다. 우리는 또한 문화가 수세기 동안 지속할 수 있음에도 불구하고 대중 음악이 어떻게 나타났다가 빠르게 사라지는지에 대해서도 토의하였다. 그런데, 20세기 중반의 초기에 유행했던 노래들 중 일부는 현재에도 들을 수 있다. 아직까지 살아남은 노래들에 대해 당신이 아는 것에 기초하여 새로운 음악에 대해 그리고 그것이 시간의 시험을 견딜 수 있는지 여부에 대해 당신은 어떤 일반화를 세울 수 있는가? | 학생들은 음악의 어떤 특성이 특정 곡들의 유행을 지속시키는지에 대한 일반화를 제시할 수 있을 것이다. | 음악과 문화의 관계에 대한 원리 | 음악/ 6-8 | 음악을 클래식 음악으로 만드는 데 영향을 미치는 요소들뿐만 아니라 클래식 음악의 특성 및 장르를 이해한다. (예를 들어, 제각기 다른 장르, 스타일, 역사적 시기, 작곡가들) |

### 도식 5.12 목표와 과제의 일반화 (계속)

| | 과제 | 목표 | 지식 초점 | 과목/학년 | 표준 진술 |
|---|---|---|---|---|---|
| 지적 처리과정: 기술 | 우리는 그동안 상황에 따라 다르게 사용하는 거절법에 대해 공부해왔다. 당신은 상황에 관계없이 적용할 수 있는 거절법들에 대해 어떤 일반화를 세울 수 있는가? | 학생들은 특정한 거절법을 사용하는 것과 관련된 일반화를 세울 수 있을 것이다. | 거절하는 특정 전략 | 보건/ 6~8 | 다양한 거절 전략 및 그것들을 가장 잘 적용할 수 있는 상황을 이해한다. |
| | 우리는 그동안 이집트 방식 및 마야 방식 등 시간을 기록하는 다양한 방식들에 대해 그리고 양력과 음력처럼 시간 기록 방식이 근거하는 체계들에 대해 공부해왔다. 사용되고 있는 체계에 관계없이 시간을 기록하는 데 사용되는 기법에 대해 우리가 사실로 말할 수 있는 것은 무엇인가? | 학생들은 역사를 통해 시간을 기록하는 데 요구되는 측정 기술 및 데이터 수집 기술에 대한 일반화를 발전시킬 수 있을 것이다. | 측정 기술 및 데이터 수집 기술 | 역사/ 이해 5~6 | 시간을 기록하는 다양한 체계를 이해한다. (예를 들어, 이집트인, 인도인, 마야인, 이슬람인, 유대인들의 체계들 그리고 그런 체계들의 토대가 되는 천문학 체계(태양력 체계, 음력 체계, 반음력 체계); 그들이 가진 장점과 단점을 평가한다.) |
| 지적 처리과정: 과정 | 에세이, 문단이나 문장을 효과적으로 쓰는 데 요구되는 것을 고려할 때 효과적인 글쓰기에 대한 어떤 일반화가 가능할 수 있는가? | 학생들은 효과적인 문장의 전개를 위해 요구되는 글쓰기 과정 및 효과적인 에세이에 그 과정을 적용하는 것에 대해 일반화할 수 있을 것이다. | 쓰기의 과정 | 언어 과목/ 9~12 | 정확하고 감각적인 언어를 사용하여 아이디어를 명확히 하고 끌어올리며 다양한 목적들을 뒷받침한다. (예를 들어, 상상력이 풍부한 이야기를 할 때, 복잡한 개념을 쉬운 말로 풀어 설명할 때, 특정 목소리를 내야 할 때, 문학적 개념을 방어해야 할 때) |
| | 문학, 예술, 기술에 있어서 혁신의 용도와 가치라는 관점에서 접근할 때 당신은 혁신의 특성들을 어떻게 설명할 수 있겠는가? | 학생들은 여러 분야에 걸쳐 혁신의 중요한 측면들을 보여주는 일반화를 도출할 수 있을 것이다. | 발명의 과정 | 기술/ 6~8 | 발명과 혁신이라는 용어의 차이점과 유사점을 이해한다. (예를 들어, 발명은 새로운 시스템이나 사물을 창조하는 과정을 뜻하는 반면, 혁신은 기존 시스템이나 사물을 개선하거나 개조하는 과정을 뜻한다.) |

**도식 5.12 목표와 과제의 일반화 (계속)**

| | 과제 | 목표 | 지식 초점 | 과목/학년 | 표준 진술 |
|---|---|---|---|---|---|
| 심동적 처리과정: 기술 | 이탈리아어를 사용하는 사람들이 취하는 제스처에서 공통적으로 보이는 동작에 대해 일반화하여 말할 수 있는 것은 무엇인가? | 학생들은 목표 언어를 사용하는 사람들에게서 공통적으로 보이는 제스처에 대해 일반화 할 수 있을 것이다. | 특정 언어의 제스처를 사용하는 기술 | 외국어/ 9~12 | 목표 언어와 모국어 및 선택된 다른 언어의 쓰기 체계를 안다. (예를 들어, 어표, 음절, 알파벳) |
| | 프론트 앤 레어 스쿼트와 데드 리프트와 같은 역도 기술들 중 세 가지를 선정하고, 이 기술들의 적절한 사용에 대해 일반적으로 말할 수 있는 것은 무엇인가? | 학생들은 세 가지의 리프트에서의 적절한 기술에 대해 알려진 것에 기초하여 역도의 적절한 기술에 대해 일반화할 수 있을 것이다. | 웨이트-리프팅의 특정한 기술 | 체육/ 7~8 | 자신이 선정한 체육활동들의 훈련 방법을 안다. |
| 심동적 처리과정: 과정 | 스포츠를 직접 하는 것 대비 그런 스포츠를 흉내 내는 운동 기구를 사용하는 것에 대해 어떤 일반화가 가능한가? (예를 들어, 자전거 머신 대 자전거; 크로스 컨트리 스키 대 크로스 컨트리 스키 머신; 런닝머신 대 달리기) | 학생들은 스포츠의 동작 형태와 그런 스포츠를 흉내 내는 기계를 사용할 때 가능한 동작 형태와의 관계를 일반화할 수 있을 것이다. | 특정 스포츠 운동 기구를 사용하는 일반적 과정 | 체육/ 7~8 | 자신이 선정한 체육활동들의 훈련 방법을 안다. |
| | 유화나 수채화를 그려본 경험에 근거하여 볼 때, 한 색 위에 다른 색을 덧칠하는 과정에서 주의해야 할 사항들이 무엇인지 말하라. | 학생들은 유화와 수채화를 그리는 과정에서 공통적인 순서와 덧칠에서 주의해야 할 점에 대해 일반화할 수 있을 것이다. | 색을 덧칠하는 과정 | 시각 예술/ 9~12 | 한 사람이 사용하는 매체, 기법 및 과정이 표현하고자 하는 생각이나 정보에 영향을 미치는 사실을 이해한다. |

구조화되지 않은 것일 수도 있고, 다음의 두 가지 예시들에서와 같이 매우 구조화된 것일 수도 있다.

1. 다음은 우리가 지금까지 공부한 지구상의 생명을 진술하고 있는 문장들이다. 이러한 일반화로 뒷받침되는 결론들을 통해 당신은 어떤 것을 도출할 수 있겠는가?

a. 지구 기후에 엄청난 변화들이 있어왔다.
b. 조정 작용 및 통합 작용에 있어서 일반적으로 식물이 동물보다 느리다.
c. 하등생명체에서 고등생명체로 갈수록 구조 및 기능의 복잡성은 증가된다.
d. 모든 생명체는 생명체로부터 비롯된 것이고, 자체의 고유한 종류의 생체를 생산한다.
e. 빛은 삶의 제한적인 요소이다.

2. 아래에 기술된 기능에 대한 당신의 이해에 기초할 때, 당신은 타격에 대해 어떤 일반적인 결론을 끌어낼 수 있는가?
    a. 커브 볼을 치는 것
    b. 빠른 볼을 치는 것
    c. 너클 볼을 치는 것
    d. 슬라이더를 치는 것

흔히 일반화 과제의 지침으로 사용되는 그래프 조직자는 [도식 5.13]에 제시된 것과 같은 것들이다.

**도식 5.13** 일반화 행렬

| | 특성 1: 누가 통치하는가 | 특성 2: 의사결정은 어떻게 이루어지는가 | 특성 3: 최근의 사례들 | 결론 |
|---|---|---|---|---|
| 항목 1: 민주정치 | | | | |
| 항목 2: 공화정치 | | | | |
| 항목 3: 신권정치 | | | | |
| 항목 4: 독재정치 | | | | |
| 결론 | | | | |

일반화하기 표의 각 행들에 정보가 열거되어 있는데, 이 정보로부터 일반화를 전개해나가야 한다. 이 경우, 매트릭스(행렬)에는 네 유형의 정치 체제가 열거되어 있다: 민주정치, 공화정치, 신권정치, 독재정치. 각 열은 일반화를 도출하는 데 활용될 구체적인 특징들을 나타낸다. 여기서 그런 특징들에는 (a) 누가 통치하는가, (b) 의사결정은 어떻게 이루어지는가, (c) 최근의 사례들이 포함되어 있다. 각각의 정치체제 유형에 대한 일반화(행별 일반화)와 각각의 특징들에 대한 일반화(열별 일반화)가 구성될 수 있음을 유의하라. 매트릭스의 하단과 오른쪽에는 요약된 일반화가 기입된다.

## 정보 관련 일반화

세부사항과 관련된 일반화 과제는 특정한 용어, 사실, 혹은 사건들로부터 일반화와 원리들을 이끌어내는 것을 수반한다. 예를 들어, 세부사항에 관한 첫 번째 일반화 과제는 고대시대의 정착에 대한 사실과 관계있다. 학생들은 고대시대에 대해 자신들이 알고 있는 세부사항들을 사용하여 정착에 대한 새로운 결론을 도출하여야 한다. 아이디어의 조직화와 관련된 일반화는 상당히 정교한 기술이다. 이것은 이미 알려진 일반화와 원리들에 기초하여 새로운 일반화와 원리들을 주창하는 것과 관계있다. 예를 들어, 아이디어의 조직화를 위한 첫 번째 일반화 과제는 역사와 지리학에 대한 여러 주제들을 아우르는 수많은 일반화를 다룬다. 이 과제를 완수하기 위해서, 학생들은 반드시 역사와 지리학에 관한 일반화를 이해해야 하며 추론을 통하여 모든 것을 포함하는 좀 더 확장된 일반화를 도출하여야 한다.

## 지적 처리과정 관련 일반화

지적 처리과정을 위한 일반화 과제는 여러 기술들에 관한 결론을 도출하고 방어하는 것을 수반한다. 예를 들어, 지적 처리과정을 위한 첫 번째 일반화 과제는 특정한 거절법들과 관련되어 있다. 학생들은 자신들이 이해하는 특정한 거절법을 활용하여 거절법에 대한 좀 더 포괄적인 결론을 도출하여야 한다. 지적 처리과정을 위한 일반화 과제는 두 가지 이상의 과정에 대한 결론을 도출하고 방어하는 것과 관계있다. 예를 들어, 지적 처리과정을 위한 첫 번째 일반화 과제는 에세이, 문단 및 문장의 쓰기 과정과 관련되어 있다. 학생들은 이러한 세 가지 상황에 적용되는 쓰기에 대한 일반화를 도출하여야 한다.

### 심동적 처리과정 관련 일반화

심동적 처리과정을 위한 일반화 과제는 지적 처리과정과 동일한 패턴을 따른다. 심동적 기술을 위한 첫 번째 일반화 과제는 이탈리아어로 제스처를 사용하는 기술에 관한 일반화를 세우고 방어하는 것과 관계있다. 또, 심동적 처리과정을 위한 첫 번째 일반화 과제는 특정 스포츠용 훈련 장비들을 사용하는 과정에 대한 일반화를 세우고 방어하는 것과 관계있다.

## 구체화

구체화라는 분석 기술은 주어진 상황에서 반드시 일어날 일이나 일어날 수도 있는 일을 예측하고 그 예측을 방어하는 것과 관련된다. [도식 5.14]는 목표와 과제의 구체화를 다양한 영역의 지식에 걸쳐 열거한 것이다.

목표와 과제의 구체화를 기술할 때, '구체화하다' 라는 용어는 물론이고 다음의 용어나 어구도 사용될 수 있다.

- 만들고 방어하다
- 예측하다
- 판단하다
- 추론하다
- 어떤 일이 일어날 수 있는가
- ~에 대한 찬성론을 전개하다
- 어떤 조건 아래서

구체화 과제에서 전형적으로 사용되는 양식은 글이나 말로 짧거나 길게 완성하도록 구성된 응답 양식이다.

## 도식 5.14 목표와 과제의 구체화

| | 과제 | 목표 | 지식 초점 | 과목/학년 | 표준 진술 |
|---|---|---|---|---|---|
| 정보: 세부사항: 용어, 사실, 시간 순서 | 해당 사항 없음 | | | | |
| | 해당 사항 없음 | | | | |
| 정보: 일반화의 체계화 | 어떤 조치를 "시민적 자유에 관한 기본 인권"을 위협하는 것으로 기술하며, 피고인이라면 누구나 "어떤 혐의를 받고 있는지 알 자격이 있다"라고 말하는 신문 사설이 있다고 가정할 경우, 이 사설은 권리 장전의 어떤 주제와 관련된 것이라고 생각하는가? 이 신문 기사가 당신이 알고 있는 주제와 관련되어 있다고 확신하는 이유를 설명하라. | 학생들은 인신 보호 영장청구권과 직접 관련 있는 상황을 파악할 수 있을 것이다. | 인신 보호 영장청구권에 관한 일반화 | 공민학/ 6~8 | 개인의 권리 보호 차원에서 정부의 권력이 권리장전을 포함하여 미국 헌법의 특정 조항에 의해 어떤 제약을 받는지 이해한다. (예를 들어, 인신 보호 영장제도; 배심원단에 의한 재판; 일사부재리 원칙; 소급 처벌; 종교, 언론, 출판 및 집회의 자유; 법의 평등한 보호 및 정당한 법 절차; 변호사 선임 권리) |
| 정보: 원리의 체계화 | 최근 12월에 있었던 눈보라 사태가 지구 기후가 변화하지 않는다는 증거가 된다고 주장하는 급우에 대하여 당신은 어떤 원리를 들어 기후 변화의 성격을 띠고 있다고 주장하겠는가? 어떤 원리들이 무시되고 있는가? | 학생들은 지구상에서의 급속한 변화 과정을 나타내는 상황들과 좀 더 느린 변화 과정을 나타내는 상황들을 파악할 수 있을 것이다. | 지구상의 급속한 변화 과정 및 좀 더 느린 변화 과정들에 관한 원리 | 과학 3-5 | 지구 표면이 급속한 과정과 느린 과정을 거치며 지속적으로 변화하는 방식을 이해한다. (예를 들어, 파도, 바람, 해수 및 빙하에 의해 유발되는 풍화작용, 침식작용, 침전물의 운반 및 퇴적작용 등과 같은 느린 과정들; 토네이도, 화산폭발, 지진 등과 같은 급속한 과정들) |

## 도식 5.14 목표와 과제의 구체화 (계속)

| | 과제 | 목표 | 지식 초점 | 과목/학년 | 표준 진술 |
|---|---|---|---|---|---|
| 지적 처리과정: 기술 | 우리는 그동안 다양한 지도 투영법을 배웠고, 그 투영법들마다 서로 다른 방법으로 대륙들의 관계를 어떻게 일그러뜨리는지 배웠다. 메르카토르 지도와 지구본을 사용하여 추정한 그린란드와 아프리카의 면적을 비교한 다음, 두 가지 방법이 어떻게 그리고 왜 다른지 설명하라. | 학생들은 서로 다른 지도 투영법들의 효과들에 대한 이해를 바탕으로 지도의 판독에 대한 추론을 세우고 그 추론을 방어할 수 있다. | 메르카토르 지도 및 지구본 판독법 | 지리/ 6~8 | 평평한 지도상의 일그러뜨림 현상과 같은 지도 투영법의 특성을 파악하고 각 유형의 목적과 최적의 활용법을 이해한다. |
| | 당신이 정사각형의 면적을 변경하여 단위 면적이 같은 직사각형으로 만들면, 그것의 둘레는 어떻게 바뀌겠는가? | 학생들이 이해하는 둘레와 넓이의 관계에 기초하여 측정의 결과에 대한 추론을 세우고 그 추론을 방어할 수 있을 것이다. | 길이, 둘레, 넓이를 측정할 수 있는 기술 | 수학/ 3~5 | 길이, 둘레, 원주, 넓이 사이의 관계를 이해한다. |
| 지적 처리과정: 과정 | 당신은 최근 허리케인의 피해자들에 대한 설명문을 썼다. 당신은 글을 다 쓴 후, 피해 복구를 위한 모금 운동을 급우들이 돕도록 설득하기로 결심했다. 그럴 경우 당신의 글과 접근법은 어떻게 변화될 것이며, 당신이 끝까지 고수할 것은 무엇일까? 당신의 변화가 어떻게 급우들을 설득하는 기회를 개선할지 설명해보라. | 학생들은 설득하는 글 쓰기와 다른 종류의 글 쓰기 사이의 관계를 이해한 다음 설득력 있는 에세이의 전개에 대한 추론을 세우고 그 추론을 방어할 수 있을것이다. | 설득력 있는 에세이를 쓰는 과정 | 언어 과목/ 6~8 | 설득력 있는 작문을 쓴다. (예를 들어, 맥락과 페르소나를 사용함으로써 독자들을 끌어들인다; 의견을 전달하는 중심 생각을 전개시킨다; 특정 독자층에 적합한 구성을 도출하고 체계화한다; 세부적인 내용과 근거, 사례를 설득력 있게 포함시킨다; 관련 없는 정보들을 제외한다; 반대 주장을 예상하고 다룬다; 정보의 출처를 적절한 것으로 인용한다.) |

## 도식 5.14 목표와 과제의 구체화 (계속)

| | 과제 | 목표 | 지식 초점 | 과목/학년 | 표준 진술 |
|---|---|---|---|---|---|
| 지적 처리과정: 과정 | 실험적 상태와 통제 상태에서 일정한 온도를 유지한다고 가정한 연구를 수행하고 있는데, 온도가 일정하지 않은 것으로 밝혀졌을 경우, 당신의 실험이 실패를 모면할 수 있는 조건과 방법에는 어떤 것이 있겠는가? | 학생들은 신중하게 모든 변인들을 고려하고 그 변인들과 진술된 목적 간의 상관성을 측정함으로써 연구조사의 해석과 설명방식의 평가에 관한 추론을 세우고 그 추론을 방어할 수 있을 것이다. | 조사연구를 수행하는 지적인 과정 | 과학/ 9~12 | 모든 과학적 연구는 개념과 지식에 의지함을 알며, 현재의 과학적 발견은 연구조사의 설계 및 해석에 영향을 미치며, 다른 과학자들이 내리는 평가에도 영향을 미침을 안다. |
| 심동적 처리과정: 기술 | 발음과 발성에 대해 당신이 알고 있는 것에 준해서, 횡경막이 아니라 목으로 소리를 낼 때 어떤 결과를 초래하는지 말해보라. | 학생들은 기술의 메커니즘의 이해를 바탕으로 다른 종류의 발성법들이 갖는 효과들에 관한 추론을 세우고 그 추론을 방어할 수 있다. | 발성법 | 연극/ 9~12 | 현대적인 연기테크닉과 고전 연기테크닉을 이해한다. |
| | 큐볼과 에잇볼이 당구대 모퉁이의 포켓까지 일직선으로 있다. 만약에 당신이 큐볼을 들어치기 하여 에잇볼을 포켓에 넣게 된다면 어떤 일이 발생하겠는가? | 학생들은 큐볼을 통제하는 방법에 대한 이해를 바탕으로 다른 형태의 큐볼 들어치기의 효과에 관한 추론을 세우고 그 추론을 방어할 수 있을 것이다. | 큐볼 들어치기 기술 | 체육/ 7~8 | 고도의 기술을 갖춘 운동선수들이 할 수 있는 동작의 정교함을 이해한다. (예를 들어, 배구에서의 성공적인 서브, 패스, 스파이크를 하는 법) |
| 심동적 처리과정: 과정 | 당신이 서브를 한 후 매번 네트를 향해 달려간다면, 상대 선수는 어떤 대응을 할 가능성이 높은가? | 학생들은 상대편이 일관된 행동을 보일 경우, 상대편이 세웠음직한 전략에 대한 추론을 세우고 그 추론을 방어할 수 있을 것이다. | 테니스게임을 하는 과정 | 체육/ 9~12 | 스포츠 활동들의 규칙을 알고 따르며, 적절한 공격 전략과 방어 전략을 사용한다. |
| | 만약에 당신이 틀린 템포로 악곡을 연주하기 시작한다면, 이것은 그 곡 내의 악구에 어떤 영향을 주며, 그 곳 전체에 대한 인상은 어떻게 될까? | 학생들은 주어진 템포가 음악 연주의 다양한 측면에 미치는 영향에 대한 추론을 세우고 그 추론을 방어할 수 있을 것이다. | 악곡을 연주하는 과정 | 음악/ 6~8 | 템포, 키, 박자의 적정한 음역과 조바꿈을 보여주는 다양한 곡들을 교실 악기로 정확하게 연주한다. |

## 정보 관련 구체화

[도식 5.14]에 서술한 바와 같이, 세부사항은 본질상 구체성에 기초하고 있어서 예측을 가능하게 하는 규칙과 관련될 수 없기 때문에 구체화는 세부사항에 잘 적용될 수 없다. 반면에 구체화는 아이디어(정의에 따라 당연히 규칙에 기초하고 있는)의 체계화와 관련된 자연스러운 사고 유형이다. 일반화와 관련된 구체화는 특정 항목이 속해 있는 범주나 부문을 이해하고 있는 것에 근거해서 그 항목에 대해 들어맞는 것이 무엇인지 확인하는 것을 수반한다. 예를 들어, 아이디어의 조직화를 위한 첫 번째 구체화 과제는 인신보호 영장청구권에 대한 일반화를 사용하여 특정 신문 기사에서 사실이라고 확신하는 내용을 예측하는 과제이다. 원리와 관련된 구체화는 어떠한 특정 조건 아래 일어날 일에 대한 예측을 세우고 그 예측을 방어하는 것을 수반한다. 예를 들어, 아이디어의 조직화를 위한 두 번째 구체화 과제는 지구의 변화과정에 관한 원리들을 다룬다. 이러한 원리들에 근거해서 학생들은 특정한 기후 패턴과 관련하여 사실임에 틀림없다고 여기는 결론을 이끌어 내야 한다.

## 지적 처리과정 관련 구체화

지적 기술 및 지적 과정과 관련된 구체화는 지적 기능이나 과정을 발휘하는 동안 특정 조건하에 일어날 수밖에 없는 일이나 일어날 가능성이 있는 일을 파악하는 것을 수반한다. 예를 들어, 지적 기술을 위한 첫 번째 구체화 과제의 초점은 메르카토르 지도와 지구본의 판독기술에 대한 이해에 기초하여 예측하는 것에 있다. 지적 과정을 위한 첫 번째 구체화 과제의 초점은 설득력 있는 에세이를 쓰는 과정에 대한 이해에 기초하여 예측하는 것에 있다.

## 심동적 처리과정 관련 구체화

심동적 처리과정을 위한 구체화 과제는 지적 처리과정을 위한 구체화 과제와 같은 패턴을 가지고 있다—학생들은 특정 조건 아래서 과정을 진행할 때 필연적으로 발생할 일이나 발생할 가능성이 있는 일을 파악한다. 예를 들어, 심동적 기술을 위한 첫 번째 구체화 과제는 발성 기술의 이해를 바탕으로 예측하는 것에 중점을 둔다.

또, 심동적 처리과정을 위한 첫 번째 구체화 과제는 테니스 경기를 하는 과정에 대한 이해를 바탕으로 예측하는 것에 중점을 둔다.

## 목표와 과제의 분석 요점 정리

### 목표와 과제의 비교

- 학생들에게 유사점과 차이점을 파악하도록 요구한다.
- 사용하는 용어나 어구는 다음과 같다: 매치하다, 범주화하다, 비교하다, 비교하고 대조하다, 구별하다, 분간하다, 구분하다, 분류하다, 유추를 생성하다, 비유를 생성하다.
- 글이나 말로 짧거나 길게 완성하도록 구성된 응답 양식을 사용한다.
- 특정한 종류의 그래프 조직자를 사용한다.

### 목표와 과제의 분류

- 학생들에게 상위 수준 범주와 하위 수준 범주를 파악하도록 요구한다.
- 사용하는 용어나 어구는 다음과 같다: 분류하다, 체계화하다, 선별하다, 보다 넓은 범주를 파악하다, 범주들을 파악하다, 다른 유형들을 파악하다.
- 글이나 말로 짧거나 길게 완성하도록 구성된 응답 양식을 사용한다.
- 특정한 종류의 그래프 조직자를 사용한다.

### 목표와 과제의 오류 분석

- 학생들에게 정보 내의 논리적 오류를 확인하고, 절차상의 지식을 실행하는 과정에서의 동작 오류를 파악하도록 요구한다.
- 사용하는 용어나 어구는 다음과 같다: 내재된 오류를 분석하다, 문제를 파악하다, 쟁점들을 파악하다, 오해를 파악하다, 평가하다, 비평하다, 진단하다, 수정하다, 개정하다.
- 글이나 말로 짧거나 길게 완성하도록 구성된 응답 양식을 사용한다.

## 목표와 과제의 일반화

- 학생들에게 알려진 정보로부터 새로운 일반화와 원리들을 추론하도록 요구한다.
- 사용하는 용어나 어구는 다음과 같다: 일반화하다, 도출될 수 있는 결론, 참고할 수 있는 근거자료, 일반화를 도출하다, 원리를 도출하다, 규칙을 도출하다, 전개 과정을 추적하다, 결론을 내리다.
- 글이나 말로 짧거나 길게 완성하도록 구성된 응답 양식을 사용한다.
- 특정한 종류의 그래프 조직자를 사용한다.

## 목표와 과제의 구체화

- 학생들에게 주어진 상황에서 필연적으로 발생할 일이나 발생할 가능성이 있는 일에 대해 예측하고 자신의 예측을 방어하도록 요구한다.
- 사용하는 용어나 어구는 다음과 같다: 만들고 방어하다, 구체화하다, 예측하다, 판단하다, 추론하다, 필연적으로 발생할 일, 찬성하는 입장의 논지를 전개하다, 어떤 조건하에서.
- 글이나 말로 짧거나 길게 완성하도록 구성된 응답 양식을 사용한다.

제6장

# 목표와 과제의 지식 활용

지식 활용 과정들은 학생들로 하여금 지식을 특정한 상황에서 적용하거나 이용하도록 요구한다. 지식 활용 과정은 다음과 같이 네 가지로 나누어진다: (1) 의사결정(decision making), (2) 문제해결(problem solving), (3) 실험(experimenting), (4) 조사(investigating). 본 장에서는 이 네 가지를 각각 다루기로 한다.

## 의사결정

의사결정은 비슷해 보이는 여러 대안들 중에서 선택하는 것을 의미한다. [도식 6.1]은 다양한 지식 영역의 목표와 과제의 의사결정을 열거하고 있다.

목표와 과제의 의사결정에 대해 과제를 기술할 때에는 '결정하다' 라는 용어가 자주 사용되지만 그 외에 다음의 용어나 어구도 사용된다.

- 다음의 대안들 중 최적의 디안을 선택하라.
- 다음의 대안들 중 어느 것이 최적의 대안인가?
- 어느 것이 가장 좋은 방법인가?
- 다음의 것들 중 어느 것이 가장 적당한가?

의사결정 과제들을 위해 사용되는 가장 일반적인 양식은 글이나 말로 짧거나 길게 완성하도록 구성된 응답 양식들이다. 의사결정 과제들은 아래의 예시와 같이 매우 구조화되어 있는 경우도 있다.

## 도식 6.1 목표와 과제의 의사결정

| | 과제 | 목표 | 지식 초점 | 과목/학년 | 표준 진술 |
|---|---|---|---|---|---|
| 정보:<br>세부사항:<br>용어,<br>사실,<br>시간 순서 | 최근에 당신이 한 체력 측정 결과를 이용해서, 당신의 체력 중 특별히 신경 써야 할 부분이 어디인지, 그리고 당신의 전반적인 체력을 향상시키기 위해서 당신이 무엇을 할 수 있는지 결정해보라. | 학생들은 개인적인 체력 측정 결과와 체력 구성 요소를 이용해서 어떻게 하면 전반적인 체력을 향상시킬 수 있는지에 대한 결정을 내릴 수 있을 것이다. | 개인 체력 보고서로부터의 세부사항 | 체육/<br>3~6 | 적절한 측정 결과들에 유의하여 선택한 체력 요소들을 향상시킨다. (예를 들어, 심장 호흡기 내구성, 근력, 근육 내구성, 유연성, 몸 구성) |
| | 우리는 규칙들이 유용한 상황도 있고 유용하지 않은 상황도 있음을 배웠다. 우리의 교실 행동수칙 네 가지를 이용해서 네 가지 교실 행동수칙을 적용할 경우 가장 유리한 상황은 어느 것이 될지 다음 세 가지 상황 중에서 결정하라: 당신의 집, 함께 휴가 여행 중인 사람들, 정부 관료. | 학생들은 학교 규칙들이 유용하게 작용하는 학교 밖의 상황에는 어떤 것이 있는지 결정할 수 있을 것이다. | 특정한 행동 규칙에 대한 세부사항 | 행동 연구/<br>3~5 | 일관성을 가지고 있는 규칙들, 가령 집에서의 규칙, 학교에서의 규칙, 교회에서의 규칙, 지역사회에서의 규칙들도 바뀔 수 있다는 사실을 이해한다. (예를 들어 어떠한 규칙들은 구식이 되고, 새로운 사람들이 와서 영향을 미칠 수 있고, 외부 환경이 바뀔 수 있다.) |
| 정보:<br>일반화의<br>체계화 | 당신은 학교 프로덕션에서 1890년도의 Denver를 배경으로 하는 연극의 무대 디자인을 도와주고 있다. 그 시기의 서부에 대해 당신이 알고 있는 것을 기초로 하여, 어떠한 종류의 소품들과 무대 장치들이 모든 옥외 거리 장면의 일부로 쓰일 수 있을지에 대해서 결정하라. | 학생들은 미국 서부의 일부 양상들에 대한 지식 및 무대 위 환경을 꾸미는 방법에 대한 이해에 기초하여, 미국 서부극에 필요한 소도구와 무대장치를 결정할 수 있을 것이다. | 소품과 무대장치에 대한 일반화 | 연극/<br>5~8 | 무대장치, 소품, 조명 및 음향의 선택을 통해서 무대 환경을 만들어내고 의상과 메이크업의 선택을 통해서 등장인물의 캐릭터를 창조한다. |

## 도식 6.1 목표와 과제의 의사결정 (계속)

| | 과제 | 목표 | 지식 초점 | 과목/학년 | 표준 진술 |
|---|---|---|---|---|---|
| 정보: 원리의 체계화 | 당신은 오늘 오후에 단체 달리기가 예정되어 있다. 당신은 탄수화물 수치가 높은 스낵과, 설탕과 지방이 높은 캔디바와 단백질 음료를 가지고 있다. 당신이 알고 있는 영양의 원리와 운동 활동의 영향에 대한 지식을 기본으로 해서, 당신은 스낵과 캔디바와 단백질 음료 중 오후 달리기 운동을 시작하기에 앞서 어느 것을 섭취할 것인가? | 학생들은 영양에 대한 이해 및 유산소와 무산소 운동의 수요에 대한 지식에 기초하여 어떠한 음식을 섭취하는 것이 가장 이로운지 결정할 수 있을 것이다. | 영양의 원리 | 보건/ 9~12 | 성별, 연령, 활동량에 따라 필요로 하는 영양과 에너지가 어떻게 다른지 이해한다. |
| 지적 처리과정: 기술 | 당신은 세 자리 수로 된 네 개의 수(362, 459, 921, 658)를 받은 후 이 네 수의 합계를 빨리 머릿속으로 계산하도록 요구받았다. 이를 실행하기 위한 방법을 적어도 두 가지 이상 명시하고 어느 방법이 가장 좋은 방법인지에 대해 설명하라. 결정을 내릴 때 속도와 정확도를 고려하라. | 학생들은 숙지하고 있는 숫자 어림 전략에 기초하여 특정 문제 유형에 적합한 전략들은 어떤 것인지 결정할 수 있을 것이다. | 숫자 어림 기술과 전략 | 수학/ 3~5 | 전략을 이용해서(예를 들어, 사용자가 직접 이용하는 판단, 반올림) 계산들을 어림하고 이 어림들에 대해 평가한다. |
| | 당신은 방금 전에 스프레드시트로 가지고 온 데이터에 치명적인 오류가 있음을 발견했다: 모든 데이터들이 한 칼럼씩 옮겨져서 변수명이 틀린 데이터를 명시하고 있다. 어떻게 복구할 것인지 혹은 어떻게 데이터를 다시 불러올 것인지 결정하고 당신의 추론에 대해서 설명하라. 이 과제를 수행하기 위해 적어도 두 가지 이상의 방법과 의사결정을 하기 위해 두 가지 이상의 기준을 고려하라. | 학생들은 데이터를 불러오는 과정에 기초해서, 불러온 데이터에 있는 오류를 바로잡는 데 가장 효율적인 방법이 어떤 것인지 결정할 수 있을 것이다. | 데이터 조작 전략 | 기술/ 9~12 | 다른 포맷(예를 들어, 텍스트, 그래픽)으로 저장되어 있는 데이터를 불러오고, 보내고, 병합한다. |

## 도식 6.1 목표와 과제의 의사결정 (계속)

| | 과제 | 목표 | 지식 초점 | 과목/학년 | 표준 진술 |
|---|---|---|---|---|---|
| 지적 처리과정: 과정 | 당신은 국민윤리 수업시간에 시의원직의 의무와 책무를 설명해 달라고 설득하는 편지를 시의원에게 쓰도록 요구받았다. 그 초청을 매력적인 것으로 만들기 위해 사용해야 하는 전략은 무엇인가? 우리가 공부했던 적어도 세 개의 전략들(감정에 호소, 이성에 호소, 전통에 호소)을 고려한다. | 학생들은 특정 청중과 목적을 위해 가장 효과적인, 설득적 글쓰기 전략을 사용하는 방법을 결정할 수 있을 것이다. | 설득적인 글을 쓰는 과정 | 언어/ 9~1 | 목적에 따라 각각 다른 종류의 글을 쓴다. (예를 들어 정보제공의 글, 분석의 글, 재미를 위한 글, 혹은 설득을 위한 글) |
| | 우리는 새로운 정보를 배우고 기억하는 방법에 대해서 배웠다. 이 방법들 중 세 가지는 다음과 같다: (a) 글자 그대로 암기, (b) 기억 증진 장치, (c) 확장되고 꾸준한 연습. 당신이 배우고 싶은 것을 한 가지 선정한 후 앞에서 언급된 세 가지 방법 중 어느 방법이 가장 효과적인지 결정하라. 결정을 하는 동안 적어도 두 가지의 기준을 이용한다. | 학생들은 학습전략에 대한 이해에 기초하여, 자신이 고른 새로운 내용을 가장 잘 배울 수 있는 방법을 결정할 수 있을 것이다. | 새로운 지식을 배우는 과정 | 보건/ 9~12 | 새로운 지식을 배우기 위해 다양한 전략을 알고 적용한다. |
| 심동적 처리과정: 기술 | 당신은 항상 아스팔트에서 테니스를 쳐왔는데 오늘 난생 처음으로 잔디 코트에서 테니스를 치게 될 것이다. 그라운드 스트로크(테니스 용어로 공이 땅에 닿고 튀어 오른 뒤에 치는 것을 의미) 포어핸드를 치기 위해 적어도 세 가지의 전략을 고려하라. 가장 효과적으로 이용할 수 있는 전략은 어느 것이며 그 이유는 무엇인가? 당신이 의사결정을 내릴 때 이용한 기준들을 설명하라. | 학생들은 지표면의 종류에 따라 테니스의 공 이동에 어떻게 다른 영향을 미치는지에 대한 이해에 기초하여, 지표면에 따라 포어핸드 스트라이크를 가장 잘 리턴할 수 있는 방법을 결정할 수 있을 것이다. | 포어핸드 스트라이크를 치는 전략 | 체육/ 7~8 | 고도의 기술을 가진 운동선수들과 관련된 동작의 정교함을 이해한다. |
| | 당신은 사람들로 하여금 특정한 동물을 연상하게 하는 댄스 장면을 고안해야 한다. 우리가 연습했던 춤 동작들 중 어느 것을 이용하겠으며 그 이유는 무엇인가? | 학생들은 춤에 대한 이해에 기초하여, 어떠한 춤 동작을 특정한 목적을 가진 춤에 이용할 수 있는지를 결정할 수 있을 것이다. | 특정한 춤 동작 | 무용/ 유치원-4 | 특정한 느낌을 염두에 두고 연속 동작들을 고안한다. |

**도식 6.1 목표와 과제의 의사결정 (계속)**

| | 과제 | 목표 | 지식 초점 | 과목/학년 | 표준 진술 |
|---|---|---|---|---|---|
| 심동적 처리과정: 과정 | 당신이 연기를 하게 될 연극에서의 마지막 장면 무렵, 당신이 연기하는 캐릭터는 조용하고 과묵한 성격에서 대담하고 자신감 있는 성격으로 바뀌게 될 것이다. 당신의 캐릭터가 갑자기 바뀌는 것을 청중들에게 어색하지 않고 자연스럽게 보이려면 당신의 캐릭터를 어떻게 변화시킬 것인지 결정하라. 당신이 쓸 수 있는 특정한 몸 동작들을 찾아내 그 몸 동작들의 유용성을 고려해서 우선순위를 정하라. 당신이 전략들의 우선순위를 매길 때 이용한 기준을 설명하라. | 학생들은 연기의 과정에 기초해서 어색하지 않고 자연스러움을 유지하면서도 캐릭터의 급격한 변화를 청중들에게 어떻게 보여줄 것인지에 대해서 결정할 수 있을 것이다. | 연기 과정에서 이용하는 행동 전략 | 연극/ 9~12 | 관객과 소통하는 신뢰성 있는 캐릭터를 연출에 의하건 즉흥적이건 간에 만들고 유지한다. |
| | 당신은 감상자들에게 표면 질감에 대한 즉흥적인 감각, 심지어 삼차원 혹은 조각느낌이 나는 유화를 그리고 있다. 어떤 기술들과 과정들을 이용할 것인지 결정하고 왜 그것들이 효과적이라고 생각하는지 결정하라. 당신이 고려할 수 있는 전략들과 그 전략들을 선택할 때 고려한 기준들을 확인하라. | 학생들은 그림 그릴 때의 기술들에 기초해서, 특수 시각 효과를 불러일으킬 수 있는 방법을 결정할 수 있을 것이다. | 그림 그리는 과정에서의 전략 | 시각 예술/ 9~12 | 개인이 이용하는 미디어와 과정들이 어떻게 아이디어의 교류에 영향을 미치는지 이해한다. |

> 새로운 쓰레기 처리장을 위한 부지 선정을 위해 다음의 세 장소가 고려된다고 가정하자: (1) 마을 북단의 호수 근처, (2) 공항 근처, (3) 마을 외곽의 산들. 이 세 부지 중 최적의 부지는 어느 것이라고 생각하는가? 선택한 부지의 어떠한 특징들이 당신으로 하여금 그 부지를 최고의 부지로 선택하게 하였는지 설명하라.

이 경우 학생들에게 대안들이 제시되고 있다. 이는 학생들에게 대안을 도출하도록 요구하는 다음과 같은 과제와 대조적인 것이다.

**도식 6.2** 의사결정 행렬

| | 대안 1<br>호수 근처 | 대안 2<br>공항 근처 | 대안 3<br>마을 외곽의 산 |
|---|---|---|---|
| 기준 1:<br>적당한 저비용 | Y | Y | ? |
| 기준 2:<br>환경적 안전성 | Y | N | ? |
| 기준 3:<br>미관 | Y | N | Y |

> 쓰레기 처리공장으로 가장 적합한 부지는 어느 것인가? 실행 가능한 부지를 적어도 세 군데 이상 찾아보고, 당신이 선택한 부지의 특정한 특징들이 그 곳을 가장 적합한 선택이도록 하는 이유에 대해서 설명하라.

의사결정 과제들이 매우 구조화될 경우, 학생들에게 [도식 6.2]와 같은 의사결정 행렬을 제공하는 것은 흔히 볼 수 있는 일이다.

[도식 6.2]에 나와 있는 의사결정 행렬은 쓰레기 처리장으로 가장 적합한 부지를 선정하는 의사결정 과제를 위해 설정된 것이다. 각각의 대안들이 행에 제시되어 있다. 대안들 중에서 선택하기 위해 이용하는 기준들은 열에 제시되어 있다. 이 과제에서는 세 가지의 대안들이 고려된다: (1) 마을 북단의 호수 근처, (2) 공항 근처, (3) 마을 외곽의 산들. 또한 여기서 세 가지의 기준들이 사용되고 있다: (1) 적당한 저비용, (2) 환경적인 안전성, (3) 미관. Y는 대안들이 기준들을 충족시켰음을 의미한다. 예를 들어, 첫 번째 대안(호수 근처)은 처음 기준(적당한 저비용)을 충족시킨다. N은 대안이 기준을 충족시키지 못했음을 의미하고 물음표(?)는 학생들이 대안의 기준 충족 여부에 대해 확신하지 못함을 의미한다. 이 행렬이 다 채워지면, 학생들은 Y 응답의 패턴을 보고 최적의 대안을 결정한다. 이 경우 호수 근처가 최우선순위의 대안이라고 할 수 있다. 좀 더 정교한 형태의 의사결정 행렬에 대한 논의에 대해서는 Marzano의 2007년 연구를 참고하라.

다음에 우리가 고려할 것은 다양한 지식의 영역들에 걸친 의사결정 과제들이다.

## 정보 관련 의사결정

세부사항은 의사결정들을 내릴 때 종종 이용되는 기준들이다. 예를 들어, 세부사항들과 관련된 첫 번째 의사결정 과제는 개인의 체력 측정 결과를 활용하여 개개인의 전반적인 체력을 어떻게 향상시킬 수 있는지에 대한 결정을 내리도록 학생들에게 요구한다. 아이디어의 조직화 역시 대안들 중에서 선택하는 데 흔히 이용되는 기준이다. 예를 들어, 아이디어들을 조직화하는 첫 번째 의사결정 과제는 소품과 무대배경에 대한 일반적 원리들을 활용하여 특정한 무대 환경을 만드는 최선의 방법이 무엇인지 결정하도록 학생들에게 요구한다.

## 지적 처리과정 관련 의사결정

지적 기술은 때때로 의사결정을 위한 정보를 채집하는 데 명확한 도구로 이용된다. 예를 들어, 처음의 지적 기술을 위한 의사결정 과제는 특정 유형의 문제를 풀기 위해 적용시킬 최적의 방법을 자신의 어림 기술에 관한 지식을 기초로 해서 결정하도록 학생들에게 요구한다. 지적 처리과정에 대한 두 번째 의사결정 과제는 자신이 선택한 새로운 내용을 배우는 데 가장 좋은 방법을 결정하기 위해 학습 전략에 대한 지식을 이용하도록 학생들에게 요구한다.

## 심동적 처리과정 관련 의사결정

심동적 기술과 과정도 역시 의사결정에 이용될 수 있다. 예를 들어, 심동적 기술에 관한 두 번째 의사결정 과제는 특정한 느낌을 표현하기 위한 춤 동작을 결정하는 데 특정 춤 동작들에 관한 지식을 이용하도록 학생들에게 요구한다. 심동적 과정의 첫 번째 의사결정 과제는 무대에서 특정한 느낌을 전달하는 데 가장 좋은 방법을 결정하기 위해 연기의 신체 전략에 대한 지식을 이용하도록 학생들에게 요구한다.

## 문제해결

문제해결의 지식 활용 과정은 장애물이 있거나 제한적인 상황에서 특정 목적을 달성하는 것과 연관이 있다. 의사결정이 문제해결의 하위요소라는 점에서 문제해결 과정은 의사결정과 밀접한 관계가 있다. 그러나 의사결정에는 목적 달성을 방해하는 장애물이 개입되지 않는 반면, 문제해결에는 목표 달성을 방해하는 장애물이 연루된다는 점에서 의사결정과 문제해결의 차이가 있다. [도식 6.3]에는 지식 영역들에 걸쳐서 목표와 과제의 문제해결의 예가 열거되어 있다.

목표와 과제의 문제해결을 기술할 때에는 일반적으로 '해결하다' 라는 용어 외에도 다음과 같은 용어나 어구가 사용된다.

- 어떻게 극복할 것인가
- 개작하다
- 전략을 개발하다
- 해결할 수 있는 방법을 생각해내다
- 이러한 상황들 속에서 어떻게 목적을 달성할 것인가

문제해결 과제들을 위해 사용되는 가장 일반적인 양식은 글이나 말로 짧거나 길게 완성하도록 구성된 응답 양식들이다.

### 정보 관련 문제해결

세부사항은 문제를 해결하기 위해 종종 이용된다. 예를 들어, 세부사항들을 위한 첫 번째 문제해결 과제는 학생들에게 특정한 대체 에너지의 세부사항에 대해서 이해하도록 요구한다. 아이디어의 조직화는 다양한 문제해결 과제에 적용된다. 일반적으로, 학생들은 문제에 내재된 장애물을 가장 잘 극복할 수 있는 방법을 파악하고 있을 때 일반화나 원리를 이용한다. 예를 들어 아이디어의 조직화를 위한 첫 번째 문제해결 과제는 UN에 대한 가설적 문제해결에 도움을 주기 위하여 헌법 제정 회의에 제안된 일반화를 사용하는 것과 관련 있다.

## 도식 6.3 목표와 과제의 문제해결

| | 과제 | 목표 | 지식 초점 | 과목/학년 | 표준 진술 |
|---|---|---|---|---|---|
| 정보:<br>세부사항:<br>용어,<br>사실,<br>시간 순서 | 우리는 마을 북쪽에 제안된 풍력 발전 지역에 대해서 연구를 해왔다. 대체 에너지를 포함한 모든 에너지의 원천, 직면하고 있는 문제점들, 예를 들어 공급의 불균형과 균형 또는 편리 대신 저비용. 현재 직면하고 있는 가장 큰 방해물들(사회적, 물리적, 기술적, 혹은 위의 세 가지를 다 혼합한 것)을 찾고 제안된 프로젝트를 채택하기 위한 해결책을 모색하라. | 학생들은 대체 에너지의 사용과 관련된 장애물 및 이해득실에 대한 이해에 기초하여, 특정 대체 에너지원의 채택을 위한 해결책을 제시할 수 있을 것이다. | 특정 대체 에너지원에 관한 세부사항 | 지리/<br>9~12 | 재생 가능 에너지원(예를 들어, 태양광, 풍력, 열에너지)의 광범위한 사용이 지구와 사회에 어떤 영향을 미치는지 이해한다. (예를 들어 청정도와 수질, 석유 산업, 현재 제조업 관행) |
| | 우리는 TV를 통해 유명 인사가 뱃살을 빼주는 새로운 운동기구의 장점에 대해서 광고하는 것을 보았다. 그러나 이 운동기구를 만든 회사나 TV 광고는 그 운동기구의 효과의 근거에 대해서는 전혀 언급하고 있지 않다. 이 문제를 어떻게 극복할 것인가? 어디로 가야 당신에게 필요한 정보를 얻을 수 있을까? | 학생들은 건강에 관련된 특정 정보를 찾을 수 없을 때 건강에 관련된 정보를 얻을 수 있는 대안적 출처를 찾을 수 있을 것이다. | 특정 운동기구에 대한 자세한 세부사항 | 보건/<br>9~12 | 집과 학교, 지역에서 나오는 다양한 자원들이 타당한 건강 관련 정보, 제품, 서비스를 제공하고 있는지 여부를 결정하는 방법을 안다. |
| 정보:<br>일반화의<br>체계화 | 가난한 국가들은 UN에서 강력한 발언권을 행사하지 못한다고 믿는다. 하지만 국제사회의 무역과 상업에 지대하게 영향을 미치는 강대국들은 그들의 영향력이 국제사회에 그들이 기여하는 만큼 커야 한다고 믿는다. UN의 구조체계가 이 두 집단의 염려사항을 어떻게 다 수용할 수 있을 것인가? 이 문제를 해결하기 위해, 헌법제정회의에서 수립된 아이디어 및 헌법제정회의에서 체결된 협정에 대해 당신이 알고 있는 것을 이용하라. | 학생들은 헌법제정회의에서 제기된 국제적인 이슈들과 그 이슈들이 어떻게 해결되었는지에 대한 이해를 바탕으로 정치적 대표성에 관한 문제의 해결책을 제시할 수 있을 것이다. | 헌법제정회의에서 제안된 일반화 | 미국 역사/<br>5~6 | 헌법제정회의가 개최된 시기의 중요한 이슈들에 대해 알고 그 이슈들 중 어떠한 이슈들이 지지를 받았고, 반대로 어떠한 이슈들이 반대를 받았는지에 대해 안다. (예를 들어, 삼권 분립의 원칙, 권력의 견제와 균형, 버지니아 안, 뉴저지 안, 코네티컷 타협안, 사면) |

## 도식 6.3 목표와 과제의 문제해결 (계속)

| | 과제 | 목표 | 지식 초점 | 과목/학년 | 표준 진술 |
|---|---|---|---|---|---|
| 정보: 원리의 체계화 | 생태계에 대해서 당신이 배운 것들, 예를 들어, 포식자와 먹이 사이의 관계, 먹이를 위한 경쟁, 특정 종의 생존을 위한 적당한 온도 등을 기초로 해서, 특별한 테라리움(식물을 기르거나 뱀이나 거북을 넣어 기르는 데 쓸 수 있는 유리 용기)을 제작하라. 이 테라리움을 제작할 때 이곳에 들어갈 생물체가 오랫동안 생존할 수 있는 가능성을 가지도록 염두에 두라. 당신이 이 테라리움에 넣을 생물체와 환경을 고를 때 경험했던 문제점들을 명시하고, 그 문제점들을 어떻게 해결했는지에 대해 명시하라. | 학생들은 포식자와 먹이 사이의 관계, 먹이를 위한 경쟁, 먹이에 대한 요구 사항 및 생존을 가능하게 지지하는 환경에 대한 이해를 기초로 해서, 선택된 생명체의 생존을 위협하는 문제점들을 다룰 수 있을 것이다. | 생태계에 관한 원리 | 과학/ 6~8 | 개체수와 생물체의 종류에 영향을 미칠 수 있는 생태계의 요소들에 대해서 안다. (예를 들어, 가능한 자원; 빛과 물의 양, 적정 온도의 범위, 토양 성분 등과 같은 비생물적 환경; 질병; 생태계 내에서의 다른 생명체와의 경쟁, 포식) |
| 지적 처리과정: 기술 | 우리는 거절하는 다양한 방법에 대해서 배워왔다. 자기 건강을 해치는 방식으로 행동하도록 다른 사람들로부터 강요당하고 있지만 그들의 영향력에 저항하지 못하는 친구가 있다고 가정할 경우, 당신은 그 친구에게 어떠한 전략이나 조언을 제안하겠으며 그 이유는 무엇인가? | 학생들은 거절의 기술을 가장 잘 활용하는 법을 이해함으로써 부정적인 사회적 영향의 문제를 가장 잘 해결할 수 있는 방법을 파악할 수 있을 것이다. | 거절하는 특정 기술 | 보건/ 3~5 | 회피와 응답, 부정적인 사회 영향들, 술이나 약에 대한 압박을 위한 기술들을 이해한다. (예를 들어, 거절의 기술들, 자기 조절) |
| | 어느 특정한 산에 대한 정보를 찾기 위해 당신은 지형도를 훑어보던 중, 그 지형도에서 당신이 관심을 가지고 찾아보고 있는 그 산마루에는 등고선 표시가 없음을 발견하게 된다. (그 주변의 지형에는 등고선 숫자가 고도와 함께 표시되었다.) 이러한 상황에서 어떻게 당신은 그 산마루 등고선의 고도를 결정하고, 그것의 단위가 미터인지 피트인지 결정할 것인지를 설명하라. | 학생들은 기본적인 지도 읽기 기술을 통해 지도 내 정보 부재의 문제를 해결할 수 있을 것이다. | 등고선 지도 읽기 | 지리/ 3~5 | 지도와 지구본의 기본 특성을 파악한다. (예를 들어 제목, 범례, 동서남북 기본방향 또는 중간방향, 비율, 기준선망, 주요한 위도선, 자오선, 투사도) |

## 도식 6.3 목표와 과제의 문제해결 (계속)

| | 과제 | 목표 | 지식 초점 | 과목/학년 | 표준 진술 |
|---|---|---|---|---|---|
| 지적 처리과정: 과정 | 연구 과제물을 수행하는 과정에서, 특정하고 결정적인 사건에 관해 당신이 이용하고 있는 자료들 중에서 모순되는 주장을 발견한다. 이 경우 어떻게 문제를 해결할 것인가? 자료의 신뢰도를 평가하고 사실을 입증하고 논리적 추론이 사실에 근거하고 있음을 밝히는 것 등을 포함한 이용 가능한 절차에 대해서 논하라. | 학생들은 자료의 신뢰도를 평가하거나 사실을 입증하고, 사실에 근거한 논리적 추론을 평가함으로써 모순되는 정보의 문제점을 해결할 수 있을 것이다. | 연구 과제에서 자료를 찾고, 인용하고, 이용하는 과정 | 언어 과목/ 9~12 | 연구 과제물을 작성한다. (예를 들어, 논제를 이용하거나, 적절한 구성 패턴을 이용하거나, 아이디어를 다른 말로 바꾸어 표현하고 아이디어를 자료들과 연결시키거나, 정보에서 어조와 차이를 밝히거나, 가능한 모든 입장들을 밝히거나, 시각 자료들이 필요할 경우 이를 이용하거나, 인용구를 올바르게 이용하거나, 미리 예상한 특정한 청중에 맞추어 연구결과들을 발표자료로 만든다.) |
| | 당신이 졸업할 때까지 완공되지 않을 첨단 강의동을 짓기 위해 당신의 친구들과 지역 사회의 학부모에게 기부를 하라고 설득하는 글을 써야 하는 과제가 당신에게 주어졌다. 당신의 친구들과 부모들이 기부를 할 수 있도록 어떻게 논리를 펴 나갈 것인가? | 학생들은 다양한 설득기술을 사용하여 동일한 에세이로 서로 다른 청중을 대상으로 설득해야 하는 문제를 해결할 수 있을 것이다. | 설득적인 에세이를 쓰는 과정 | 언어 과목/ 9~12 | 문제해결이나 인과관계를 다루는 설득문을 쓴다. (예를 들어, 논제를 이용한다; 가능한 반박문을 다룬다; 감정과 논리에 호소하는 수사적 기교를 이용한다; 개인적인 일화를 이용한다; 주장을 발달시키고 세부적인 사항을 이용하거나, 전통에 호소해 문제를 다루거나, 인과 논리나 대조 비교의 논리를 이용한다.) |

## 도식 6.3 목표와 과제의 문제해결 (계속)

| | 과제 | 목표 | 지식 초점 | 과목/학년 | 표준 진술 |
|---|---|---|---|---|---|
| 심동적 처리과정: 기술 | 당신이 배우고 있는 악기 운지법은 당신 손의 크기나 모양에 맞지 않는다. 당신에게 가장 적합한 운지법에 기초하여, 필요시마다 새로운 운지법을 결정하라. | 학생들은 자신의 기술과 한계에 비추어 가장 적합한 운지법 표기를 수정함으로써 특정 운지법 문제를 해결할 수 있을 것이다. | 특정 악기의 운지법 기술 | 음악/ 6~8 | 다양한 악곡을 교실 악기로 정확하고 표현력 있게 연주하여, 박자, 템포 및 음높이의 적당한 음역과 조바꿈을 자유자재로 할 수 있음을 입증한다. |
| | 지금 배우고 있는 외국어로 발표를 해야 하는데, 당신은 일관적으로 어떤 특정 단어를 정확하게 발음하는 데 문제가 있다. 당신은 한 단어 한 단어를 정확하게 발음하기 위해서 어떻게 연설문을 쓸 것인가? | 학생들은 생소한 언어의 발음을 명확하게 하기 위해서 본인만의 노트나 메모를 단어에 표시함으로써 발음에 관련된 문제를 해결할 수 있을 것이다. | 외국어에서 발음 고치기 | 외국어/ 유치원-4 | 학교와 집에서의 일상적인 생활에 대해 간단한 구두 발표를 한다. |
| 심동적 처리과정: 과정 | 최근에 입은 부상으로 당신은 당신의 백핸드가 예전만큼 강하지 않음을 발견했다. 이 문제를 상쇄할 수 있도록 당신의 다른 장점들을 이용할 수 있는 운동 방법을 고안하라. | 학생들은 본인이 취약한 운동 기술의 문제점을 보완할 수 있는 운동 전략들을 발견함으로써 특정 운동 기술 문제를 해결할 수 있을 것이다. | 테니스 | 체육/ 9~12 | 수업을 위해 선정된 운동 규칙을 따르고 공격법과 방어술을 이용한다. |
| | 당신이 연극에서 맡은 역할은, 당신이 실제 그 나이가 되려면 상당한 시간이 걸리는 매우 나이가 많은 인물이다. 청중들에게 당신이 역할에 맞게 나이 들어 보이게 하도록 당신이 이용할 신체 동작 기법에는 무엇이 있는지 서술하라. | 학생들은 특정 유형의 역할을 연기하는 데 사용되는 기법을 이해함으로써 도전이 되는 어려운 연기를 해낼 수 있을 것이다. | 극의 역할을 연기하는 과정 | 연극/ 9~12 | 전통적이고 현대적인 다양한 연기 기법과 방법을 이해한다. |

### 지적 처리과정 관련 문제해결

특정한 지적 기술은 문제해결 과제들의 대상이 될 수 있다. 예를 들어 지적 기술의 첫 번째 문제해결 과제는 거절의 기술에 관한 것이다. 이 과제에서 효과적인 거절 기술을 이용하는 것은 문제해결에 데 필요한 수단이다. 두 번째 예에서, 지적 과정의 실행 자체 내에 문제가 내재되어 있다: 지형도를 독해하는 전형적인 절차에 장애물이 있는 것이다—등고선에 고도가 표시되어 있지 않다. 지적 과정은 일반적으로 문제해결의 대상이 된다. 지적 과정의 첫 번째 문제해결 과제는 연구 논문에서 자료를 찾는 과정과 연구 과제에 자료를 이용하는 과정과 연관이 있다. 이 경우 이러한 과정이 모순적인 결과를 이끌어낼 수 있다는 것 자체가 문제가 될 수 있다.

### 심동적 처리과정 관련 문제해결

심동적 기술을 위한 첫 번째 문제해결 과제에서 제시된 예는 특정한 악기를 연주할 때 이용하는 운지법이다. 제약점은 학생들에 의해 새로운 운지법의 시스템이 디자인되어야 하는 것이다. 심동적 과정의 첫 번째 문제해결 과제는 테니스를 치는 과정에 관한 것이다. 이 경우 장애물은 테니스 치는 사람의 최근 부상으로 인해 백핸드를 능숙하게 하지 못하는 것이라고 할 수 있다.

## 실험

실험은 특정한 심리학적 현상이 물리학적 현상에 대한 가설을 도출해서 시험해보는 것을 의미한다. 실험 과제의 중요한 특징은 학생들이 데이터를 새로이 수집하여야 한다는 것이다. [도식 6.4]는 목표와 과제의 실험을 지식의 다양한 영역에 걸쳐 열거하고 있다.

목표와 과제의 실험을 기술할 때에는 보통 '도출하다'와 '시험하다'라는 용어 외에도 다음과 같은 용어나 어구도 사용된다.

- 도출하고 시험하다
- 아이디어를 시험하다
- 이런 조건이라면 어떤 일이 발생하겠는가

- 어떻게 그것을 시험하겠는가
- 이러한 조건이라면 어떻게 결정하겠는가
- 이것은 어떻게 설명될 수 있는가
- 실험에 입각할 때, 예측될 수 있는 것은 무엇인가

실험 과제들에 사용되는 가장 일반적인 양식은 글이나 말로 짧거나 길게 완성하도록 구성된 응답 양식이다.

### 도식 6.4 목표와 과제의 실험

| | 과제 | 목표 | 지식 초점 | 과목/학년 | 표준 진술 |
|---|---|---|---|---|---|
| 정보: 세부사항: 용어, 사실, 시간 순서 | 최근에 일어난 중요한 사건을 알아보고 지역사회를 구성하는 사람들의 타입에 따라 그 사건을 바라보는 관점이 다르다는 가설을 세워라. 당신이 세운 가설의 논리적 근거를 제시한 다음 그 가설을 시험하기 위해 지역사회 사람들을 대상으로 설문조사를 수행하라. | 학생들은 지역사회 구성원의 타입마다 선정된 사건을 바라보는 관점이 다르다는 가설을 세우고 시험할 수 있을 것이다. | 특정 사건에 대한 세부사항 | 보건/ 9~12 | 타입이 다른 사람들이라면 같은 사건이라도 바라보는 관점이 다르다는 것을 이해한다. |
| | 지난 이십년간 있었던 기술의 발전 중 하나를 선정하라. 예를 들어, 아이패드를 선정할 수 있다. 우리가 수업 시간에 토론했듯이, 그러한 변화가 사회에 미치는 큰 영향을 바탕으로 우리가 선정한 기술의 발전이 사람들의 삶에 어떠한 영향력을 행사했는지에 대한 가설을 세운다. 그리고 당신이 세운 가설을 직접적으로 시험해 볼 수 있도록 데이터를 얻는다. | 학생들은 최근 기술이 사회에 미치는 가능한 영향을 이해하고 있음을 보여주는 가설을 세우고 시험할 수 있을 것이다. | 특정 기술의 혁신에 관한 세부사항 | 기술/ 6~8 | 기술과 사회가 서로 영향을 미치는 방식을 이해한다.(예를 들어, 사회에서 필요로 하는 과정 및 제품의 생산을 위해 신기술이 개발된다; 사회, 경제 및 정치가 바뀜에 따라 기술 역시 변화가 일어난다; 사회적 필요, 가치 및 신념은 기술에 영향을 미친다.) |

## 도식 6.4 목표와 과제의 실험 (계속)

| | 과제 | 목표 | 지식 초점 | 과목/학년 | 표준 진술 |
|---|---|---|---|---|---|
| 정보: 일반화의 체계화 | 사람들이 선호하는 특정 종류의 지리적 여건에 따라 거주지를 고르는 타당한 이유들이 있음을 우리는 알고 있다. 예를 들어 농경 사회와 초기 사회에서 비옥한 토양 근처에 정착하는 것은 단순히 생계에 편리한 것이 아니라 생존을 위해 중요했다. 현재 우리의 삶의 방식에 근거해서, 사람들이 살 곳을 정할 때 필수적인 것으로 고려하는 것이 무엇인지에 대한 가설을 전개하라. 그 이유들은 왜 달라질 수 있는가? 사람들이 이 질문에 답하는 정보를 당신은 어떻게 직접 수집할 수 있는가? | 학생들은 사람들이 특정 지역을 거주지로 선택하는 이유들에 관한 가설을 세운 다음 시험할 수 있을 것이다. | 인간이 왜 정착하게 되었는지에 대한 일반화 | 지리/ 3~5 | 인구 밀도가 높은 지역을 찾아서 그 지역의 인구 밀도가 높은 이유를 파악한다. (예를 들어, 비옥한 토양, 물의 입수 가능성, 석탄과 철을 비롯한 천연 자원의 입수 가능성) |
| 정보: 원리의 체계화 | 우리가 배운 디자인 원리들에 따라, 보는 사람에게 다른 영향을 줄 수 있는 균형 감각, 불안감, 리듬감과 같은 세 개의 서로 다른 시각적 구조를 골라라. 각각의 구조를 잘 보여준다고 생각하는 간단한 그림을 그린 다음, 당신이 의도한 것을 성공적으로 전달하고 있는지 확인하라. 예를 들어, 급우들 대상의 설문조사를 통해 어느 그림이 어떠한 효과를 보여주는지 알아보라. 설문의 결과에 기초해서, 디자인을 바꿀 때 당신의 결과를 향상시킬 수 있는지 여부를 결정하라. | 학생들은 디자인 원리 및 디자인 원리들이 감상하는 사람들에게 미치는 영향에 관한 가설을 세우고 이를 시험할 수 있을 것이다. | 예술의 디자인 원리 | 시각 예술/ 5~8 | 서로 다른 물리적 구조물이 특정한 효과를 불러일으키는 방식을 이해한다. (예를 들어, 선이나 색상, 형태 등의 디자인 요소들; 반복, 리듬, 균형 등의 원리) |

## 도식 6.4 목표와 과제의 실험 (계속)

| | 과제 | 목표 | 지식 초점 | 과목/학년 | 표준 진술 |
|---|---|---|---|---|---|
| 지적 처리 과정: 기술 | 당신이 제한된 돈을 가지고 식료품을 사러 슈퍼에 간 상황을 상상해보라. 당신에게는 계산기가 없기 때문에 물건을 하나씩 카트에 넣으면서 총 금액을 머릿속으로 계산해야 한다. 쇼핑을 하면서 머릿속으로 가격을 계산하거나 어림짐작할 수 있는 기술을 두 개 혹은 그 이상 생각하고 발달시켜보라. 심지어 카트 안에 있는 물건을 이용해 소비한 총액을 추적할 수 있는 기술들을 발달시킬 수도 있다. 당신이 고안해낸 방법들의 효율성을 어떻게 시험해볼 것인가? | 학생들은 특정한 계산 문제를 해결하는 데 사용할 수 있는 가장 좋은 수학적 전략에 관한 가설을 세우고 이 전략들의 상대적 효과성을 시험할 수 있을 것이다. | 특정한 유형의 수학 문제를 해결하기 위한 전략 | 수학/ 6~8 | 서로 다른 다양한 기술들은 똑같은 종류의 수학 문제를 해결하기 위해 이용될 수 있지만 어떤 기술들은 다른 기술들보다 특정 문제해결을 위해 더 효과적일 수 있다는 것을 이해한다. (예를 들어, 정답과 반대 방향으로 문제를 해결하는 것, 비슷한 문제 유형을 이용하거나, 문제의 패턴을 파악하는 것) |
| | 시간을 척도로 이용하는 것은 일상생활 못지않게 과학에서 매우 유용하다. 우리는 경사면을 내려오는 구슬들과 같은 두 개의 물체들의 속도를 비교할 수 있다. 각각의 물체들이 동일한 거리를 움직이는 데 걸리는 시간을 말할 수 있기 때문에 그렇다. 그런데 시계는 시간을 측정하는 유일한 방법은 아니다. 우리는 물도 이용할 수 있다: 만약에 우리가 물을 꾸준한 속도로 흐르게 할 수 있다면 그것은 우리로 하여금 비교할 수 있게 할 것이다. 물의 흐름을 시간을 측정하는 데 활용할 수 있으려면 물의 흐름을 어떻게 통제하여야 하는지에 관한 가설을 도출하라. 당신은 그 가설을 어떻게 시험할 수 있는가? | 학생들은 물이 어떻게 시간을 기록하는 데 이용될 수 있는지에 관한 가설을 세우고 장치를 고안하여 그 가설을 시험할 수 있을 것이다. | 시간을 측정하기 위한 기술과 전략 | 과학 3~5 | 단순한 도구와 장치를 이용하여 과학적 데이터를 수집한다. (예를 들어 온도계, 현미경, 계산기, 눈금 실린더) |

## 도식 6.4 목표와 과제의 실험 (계속)

| | 과제 | 목표 | 지식 초점 | 과목/학년 | 표준 진술 |
|---|---|---|---|---|---|
| 지적 처리과정: 과정 | 우리는 다양한 검색 엔진을 어떻게 이용할 수 있는지에 대해서 배웠다. 특정한 정보를 위해 이용할 수 있는 가장 효율적이고 정확한 검색 엔진에 대한 가설을 세워라. 그리고 당신의 가설을 시험해보고 그 결과들을 설명하라. | 학생들은 다양한 검색 엔진들의 이용에 대한 가설을 세우고 그 가설을 시험해볼 수 있을 것이다. | 다양한 검색 엔진의 이용 전략 | 기술/ 6~8 | 다양한 정보 검색 엔진들의 이용에 대해 이해한다. |
| | 우리는 다양한 지도 투영법에 대해 학습해왔다. 우리가 배운 것을 기초로 해서 지도 투영법의 어떠한 특징이 지구의 고정된 두 지점 사이의 가장 정확한 거리 측정의 가능성을 높일 수 있는지 가설을 세워라. 같은 지점 사이의 정확한 정보를 제공할 가능성이 가장 적은 투영법은 어떤 것인가? 두 지점 사이의 알려진 거리와 지도 투영법을 통해서 당신이 측정한 거리를 비교하여 당신이 맞았는지 확인하라. | 학생들은 두 개의 장소 사이의 거리에 대해 좀 더 정확한 정보를 제공하는 지도 투영법과 좀 덜 정확한 정보를 제공하는 지도 투영법이 어떤 것인지에 대한 가설을 세우고 그 가설을 측정을 통해서 시험해볼 수 있을 것이다. | 다양한 지도의 이용 전략 | 지리/ 6~8 | 평면 지도 투영법들의 뒤틀림을 포함해서 지도 투영법들의 구별되는 특징들에 대해서 알고, 각각의 지도를 더 잘 활용할 수 있는 상황이나 잘 활용하지 못하는 상황을 파악한다. |
| 심동적 처리과정: 기술 | 쿼티 키보드는 초기의 타자기가 고장이 잘 나고 디자인이 잘 되지 않은 단점을 보완해서 새로 개발되었다. 컴퓨터 키보드는 고장이 잘 나지 않고, August Dvorak이 디자인한 키보드는 타자를 조금 더 빠르고 편안하게 치도록 고안되었다. 이 두 종류의 키보드의 디자인들에 대해서 비고하고 August Dvorak이 만든 키보드에 적용된 디자인의 유용성을 시험하기 위한 가설을 세워라. | 학생들은 특정 상황에서 특정 키보드의 유용성에 대해 가설을 세우고 검증할 수 있을 것이다. | 키보드 작업 | 기술/ 6~8 | 능숙하게 타자를 쳐서, 키보드에서 키들의 위치를 기억하고 있음을 입증한다. |
| | 우리는 다양한 스트레칭 기술에 대해서 배웠다. 특정 상황에서 특정한 스트레칭 기술의 효과에 대한 가설을 세우고 이를 검증하라. | 학생들은 특정한 스트레칭 기술의 효과에 대한 가설을 세우고 검증할 수 있을 것이다. | 특정한 스트레칭 기술 | 체육/ 6~8 | 상황에 맞는 스트레칭 기술을 이해하고 적용한다. |

**도식 6.4** 목표와 과제의 실험 (계속)

| | 과제 | 목표 | 지식 초점 | 과목/학년 | 표준 진술 |
|---|---|---|---|---|---|
| 심동적 처리과정: 과정 | 당신이 하고 있는 운동 일지를 기록하라. 하루에 운동을 얼마나 했는지, 식사전과 식사후에 얼마만큼 시간을 두고 운동을 했는지, 식사한 음식의 종류는 무엇인지, 운동으로 인해 효과를 보고 있는 것 같은지, 그리고 당신이 생각하기에 도움이 될 만한 다른 정보들을 기록하라. 3주간의 시간이 끝난 후, 일지를 검토한 후 운동효과를 이끌어낼 수 있는 최고의 조건에 대한 가설을 세워라. 당신의 가설을 바탕으로 운동계획을 짜고 새로 운동에 돌입하라. 다시 3주가 지난 후 일지 작성 이전과 이후에 일어난 운동의 효과와 상태에 대해서 비교하라. | 학생들은 운동을 하기에 적절한 조건에 관한 가설을 세우고 시험할 수 있을 것이다. | 개인 운동 기술 | 보건/ 9~12 | 개인의 버릇이 일반적인 건강과 어떻게 연결될 수 있고, 건강을 최고의 상태로 유지하기 위해 이러한 개인의 버릇을 어떻게 고칠 수 있는지에 대해 이해한다. (예를 들어, 고혈압의 위험과 콜레스테롤 수치를 낮추고 다른 질병으로부터 보호하기 위해 개인 영양 계획표를 짜서 따르는 것) |
| | 장르나 스타일이 다른 음악을 두 개 선정하라. 각각의 장르나 스타일에서 당신이 생각하는 가장 독특한 것이 무엇인지 확인해서 당신이 생각하기에 차이점을 가장 잘 포착하게끔 하는 장단 몇 개를 선택해서 연주해보라. 급우들에게 연주한 곡의 각각의 스타일을 추정해달라고 요청하라. 당신은 스타일을 포착할 수 있었는가? | 학생들은 음악 스타일의 특색에 관련된 가설을 세우고 음악을 들은 청취자들 대상의 설문을 통해 가설을 확인할 수 있을 것이다. | 연주 기술 | 음악/ 3~5 | 다양한 장르들과 스타일들을 나타내는 음악에 대한 지식이 있음을 보여준다. |

## 정보 관련 실험

세부사항들은 가설을 세우고 검증하는 데 종종 근거로 이용되기도 한다. 예를 들어, 세부사항들에 관련된 첫 번째 실험 과제는 특정한 현재의 사건들에 대한 세부내용들과 관련 있다. 학생들은 사람마다 이 사건을 바라보는 시각이 어떻게 다른지에 대한 가설을 세워야 하고, 그 후 이 가설을 검증하기 위해 데이터를 수집해야 한다. 이러한 지식의 구조들은 가설의 도출에 종종 도움이 되기 때문에 실험은 아이디어의 조직화에 적절하다. 예를 들어, 아이디어의 조직화를 위한 첫 번째 실험 과제는 사람들이 거주지로 특정 지역을 선택하는 이유에 대한 일반화와 관련된 것이다. 학생들은 가설들을 세운 다음 이 가설들을 검증하기 위해서 데이터를 수집해야만 한다.

### 지적 처리과정 관련 실험

지적 기술과 과정은 실험 과제의 주제로 사용될 수 있다. 예를 들어, 지적 기술을 위한 첫 번째 실험 과제는 특정한 유형의 문제를 해결하기 위한 전략들과 관련 있다. 학생들은 그 특정한 문제 유형을 해결하는 데 가장 효과적인 전략에 관한 가설들을 세우고 이들을 검증해야만 한다. 지적 과정을 위한 첫 번째 실험 과제는 다양한 검색 엔진을 사용하는 전략과 관련된 것이다. 학생들은 특정 상황에서 가장 효율적인 검색 엔진이 무엇인지 결정하기 위한 실험을 설계한다.

### 심동적 처리과정 관련 실험

심동적 기술 및 과정을 위한 실험 과제는 지적 처리과정을 위한 실험 과제들과 동일한 패턴을 따른다. 심동적 기슬을 위한 첫 번째 실험 과제는 두 가지 종류 키보드 자판의 배열에 관한 가설을 세우고 검증하는 것이다. 심동적 과정을 위한 첫 번째 실험 과제는 개인의 운동 패턴에 관한 가설을 세우고 검증하는 것과 연관이 있다.

## 조사

조사는 과거, 현재, 혹은 미래의 상황을 검토하는 것과 연관이 있다. 조사는 가설 도출 및 시험을 포함하고 있다는 점에서 실험에 견줄 수 있다. 그러나 조사에서 이용되는 데이터는 실험에서처럼 직접적인 관찰에 의해 얻어지지는 않는다. 그보다는 다른 사람들의 의견이나 주장들이 조사의 가설을 시험하는 데 사용된다. 뿐만 아니라, 조사 과제를 위한 증거의 규칙은 실험 연구에서 사용되는 규칙과는 다르다. 조사에서 증거의 규칙은 논리적 논증의 설계를 결정하는 것들이다. 실험에서의 증거의 규칙은 직접적인 관찰 결과의 해석을 결정하는 것이다. 실험이 순수 과학의 탐구와 연관이 있는 반면 조사는 독자적인 조사보고와 더 연관이 있다. [도식 6.5]에는 지식의 영역들에 걸쳐 목표와 과제의 조사의 예가 열거되어 있다.

조사 과제들에는 '조사하다' 라는 용어 외에 다음과 같은 용어들과 어구들이 사용된다.

- 연구하다
- ~에 대해서 찾아보다
- ~에 대한 입장을 취하다
- ~의 서로 다른 특징은
- 어떻게 이 일이 일어났는지
- 왜 이러한 일이 일어났는지
- 만약에 ~ 한다면 어떤 일이 일어날지

조사 과제들에 사용되는 가장 일반적인 양식은 글이나 구두로 짧거나 길게 완성하도록 구성된 응답 양식이다.

## 정보 관련 조사

특정 세부사항에 대한 지식과 아이디어의 조직화는 일반적으로 조사의 원동력이라고 할 수 있다. 예를 들어, 세부사항들을 위한 첫 번째 조사 과제는 특정한 시대에 음식을 얻는 방법에 대한 것이다. 이 과제를 완수하려면 학생들은 이 이슈에 대해 다른 사람들이 말한 내용에 대해 검토해야만 한다. 아이디어의 조직화를 위한 첫 번째 조사 과제는 사람들이 미디어에 나오는 캐릭터들을 모방하는 것에 대한 일반화에 관한 것이다. 학생들은 인터넷을 비롯한 다른 자료들을 찾아서 다른 사람들이 이 이슈에 대해서 말한 내용들을 조사하도록 지시받고 있다.

## 지적 처리과정 관련 조사

지적 기술과 과정은 종종 조사 과제의 주제가 된다. 예를 들어, 지적 기술을 위한 첫 번째 조사 과제는 10단위 연산법의 기원을 밝히는 것에 중점을 두고 있다. 지적 과정과 관련된 첫 번째 조사 과제는 인터넷 데이터베이스를 사용하는 과정을 다루고 있다. 학생들은 그러한 데이터베이스의 초기 기원이 되는 것에 대해서 조사를 해야만 한다.

**도식 6.5** 목표와 과제의 조사

| | 과제 | 목표 | 지식 초점 | 과목/학년 | 표준 진술 |
|---|---|---|---|---|---|
| 정보:<br>세부사항:<br>용어,<br>사실,<br>시간 순서 | 빵, 우유, 그리고 채소류와 같이 당신이 매일 먹는 세 가지의 기본 식품을 선정하라. 초기 미국의 가정은 그 같은 종류의 식품을 어떻게 구했을까? 이것은 미국인의 시간 이용 방식을 변화시켰는가? | 학생들은 1800년대에 미국인들이 일상적으로 먹은 음식을 구하는 것이 그들에게 얼마나 큰 부담이 되었는지에 대해 조사할 수 있을 것이다. | 1800년대 가정들에 관한 세부사항 | 역사/<br>3~4 | 1800년대 농가의 일상적 삶에 대해서 안다. (예를 들어, 그들이 하는 일, 입는 옷, 이용하는 도구, 먹는 음식, 음식의 생산) |
| | 우리는 인간의 행동이 환경에 어떤 영향을 미칠 수 있는지에 대해 배웠다. 1972년 2백만 개의 폐타이어가 플로리다 해안에서 일마일 떨어진 곳에 버려졌고, 이는 당시 유용한 조치라고 생각되었다. 현재 그 모든 폐타이어들을 제거하는 데 막대한 노력과 비용이 들어가고 있다. 초기에 타이어를 버리는 조치가 왜 채택되었는지, 왜 모든 타이어들이 지금 제거되어야만 하는지, 일이 벌어지고 나서 뒤늦게 깨닫고 있는 상황에서 타이어를 해변에 버리라는 초기의 결정이 내려지기 전에 어떤 조사가 이루어졌어야 했는지에 대해 결정하라. | 학생들은 인간이 내린 특정한 결정이 환경에 지대한 영향을 미칠 수 있다는 것을 조사할 수 있을 것이다. | 인간의 특정한 결정에 관한 세부사항 | 지리/<br>9~12 | 물리적 환경이 인간의 기술이나 행동의 변화에 의해 어떻게 영향을 받는지에 대해서 안다. (예를 들어, 유출과 침전물의 변화, 토질과 청정도의 강등, 서식지 파괴, 물순환의 교체가 지구 온도를 상승시키는 경우) |

**도식 6.5 목표와 과제의 조사 (계속)**

| | 과제 | 목표 | 지식 초점 | 과목/학년 | 표준 진술 |
|---|---|---|---|---|---|
| 정보: 일반화의 체계화 | 다른 사람들과 이야기를 나누거나 텔레비전이나 라디오 등의 매스 미디어를 통한 것 등 매우 다양한 방식으로 사람들이 다른 사람들에 대해 배우게 된다는 사실을 우리는 알고 있다. 종종 사람들이 텔레비전이나 영화에서 본 다른 사람들이나 캐릭터를 모방하는 것이 사실인가? 인터넷과 다른 자료들을 이용하여 다른 사람들이 이러한 이슈에 대해서 말과 글로 밝힌 내용들을 찾아보라. | 학생들은 텔레비전에 나오는 캐릭터들이 다른 사람들에게 영향을 미칠 수 있다는 것에 대해서 조사할 수 있을 것이다. | 미디어에 나오는 캐릭터를 모방하는 사람들에 대한 일반화 | 행동 연구/ 3~5 | 미디어에 등장하는 캐릭터들이 종종 다른 사람들에 의해 모방된다는 것을 안다. |
| 정보: 원리의 체계화 | 우리는 영어 어휘나 어구의 어원이 종종 다름 아닌 어떠한 특정 주제들과 연관이 있다는 것을 안다. 예를 들어 의학에서 사용되는 용어들이나 어구들은 라틴어나 그리스어에서 유래된 것이 많음을 우리는 확인할 수 있다. 소, 사슴, 양 등 농장 가축들에게 붙여지는 이름들은 영어 고어나 앵글로색슨어에서 유래된 것이지만, 소고기, 사슴고기, 양고기 등 이러한 가축들의 육류 이름은 종종 프랑스어에서 유래된 것이다. 어휘들의 어족(語族)을 탐구하여 당신이 어떤 다른 관계성이나 유대관계들을 찾을 수 있는지 결정하라. 당신이 발견한 어족의 근거를 제시하고 그 어휘들이 공통의 어원을 가지고 있는 이유를 제시하라. | 학생들은 어원(語源)을 조사하여 어족(語族)의 기본 원칙이나 공통성을 파악할 수 있을 것이다. | 어원에 관한 원리 | 언어 과목/ 6~8 | 어원과 파생어를 이용해서 생소한 단어들의 뜻을 이해한다. (예를 들어 라틴어와 그리스 어원, 영어에서 쓰이는 외국어 단어의 의미, 말의 뜻에 미친 역사적 영향과 현대적 영향) |
| 지적 처리과정: 기술 | 우리는 수학에서 다양한 단위들에 대해 학습했다. 십진법이 우리가 쓰고 있는 단위이다. 인터넷과 다른 자료들을 이용해서 수학에서 십진법의 기원에 대해 설명하라. | 학생들은 수학에서 십진법의 기원에 대해 조사할 수 있을 것이다. | 십진법 연산법 체계 | 수학/ 6~8 | 십진법이 아닌 다른 종류의 숫자 단위가 어떻게 구조화되었는지 안다. (예를 들어, 시간과 각도를 측정할 때 이용되는 60단위, 날짜와 시계 숫자판에 쓰이는 로마 숫자) |

## 도식 6.5 목표와 과제의 조사 (계속)

| | 과제 | 목표 | 지식 초점 | 과목/학년 | 표준 진술 |
|---|---|---|---|---|---|
| 지적 처리과정: 기술 | 과거에 사람들은 다양한 도구들을 사용하여 무게를 재었다. 당신의 부모나 친척들에게 그들이 어렸을 때 무게를 재었던 방법을 어떻게 이용했는지 물어보고, 오늘날 당신이 무게를 재는 방법과 비교하라. | 학생들은 무게를 재는 특정한 방법이 시간이 지나면서 변해왔음을 조사할 수 있을 것이다. | 특정한 측정 전략과 도구 | 지리/ 3~5 | 거리를 측정하기 위해 쓰였던 다양한 방법과 도구들을 상기한다. (예를 들어, 마일, 킬로미터, 시간, 가격, 직관) |
| 지적 처리과정: 과정 | 우리는 다양한 종류의 인터넷 데이터베이스를 이용해왔다. 사실, 인터넷이 우리의 삶에 들어온 지는 그다지 오래되지 않았다. 인터넷 베이스의 초기 버전에는 어떤 것들이 있었는가? 그리고 그것들이 어떻게 변화해왔는가? | 학습자들은 인터넷 데이터베이스의 초기 기원에 대해 조사할 수 있을 것이다. | 인터넷 데이터베이스의 이용 | 기술/ 6~8 | 관심 분야의 이슈를 확장시키기 위해 여러 개의 인터넷 데이터베이스를 이용한다. |
| | 우리는 현실 세계 문제들의 모형을 제시하기 위한 재발성 관계의 다양한 이용에 대해서 학습해왔다. 인터넷과 다른 자료들을 이용하여 이 아이디어의 기원을 파악하라. 누가 재발성 관계란 용어를 처음 이용했는가? 그 사람들은 어떤 유형의 현실 세계 문제들을 다루었는가? | 학생들은 재발성 관계 개념의 기원을 조사할 수 있을 것이다. | 재발성 관계를 이용하여 현실 세계의 문제를 모델링하고 해결하는 과정 | 수학/ 9~12 | 재발성 관계(예를 들어, 피보나치 수열처럼, 각각의 항이 이전의 하나 이상의 항의 함수가 되는 패턴을 표현하는 공식)를 이용해서 현실 세계에서 우리가 직면하고 있는 문제들(예를 들어 주택 모기지론, 연금)을 모델링하고 해결한다. |
| 심동적 처리과정: 기술 | 1980년대의 일자로 쭉 뻗은 스트레이트 스키와 폭이 좁은 스키의 디자인을 현재의 포물선 모양의 스키와 비교하라. 디자인의 변화는 방향을 전환하기 위하여 스키가 사용되는 방식에 어떤 영향을 미쳤는가? 영향을 미치는 이유는 무엇인가? 스키 전문가들의 설명을 참고하여 이 질문에 답하라. | 학생들은 운동 기구의 변화가 운동에서 요구되는 기술에 영향을 미치는 방식과 그 이유를 조사할 수 있을 것이다. | 특정한 스키 기술 | 체육/ 9-12 | 스포츠 특유의 상급 기술들을 이용한다. (예를 들어, 수상 경기, 춤, 개인 운동과 단체 운동) |

**도식 6.5** 목표와 과제의 조사 (계속)

| | 과제 | 목표 | 지식 초점 | 과목/학년 | 표준 진술 |
|---|---|---|---|---|---|
| 심동적 처리과정: 기술 | 음 높이를 유지하기 위해서 사람들이 이용하는 다양한 기술들에 대해 설명하라. 어느 기술이 당신에게 가장 적당해 보이는가? 이 이슈에 대한 전문가들의 의견을 이용하라. | 학생들은 음 높이를 유지하기 위한 기술들에 대해 조사할 수 있을 것이다. | 음 높이를 유지하는 기술 | 음악/ 6~8 | 노래를 부를 때 호흡 조절을 하고 표정 관리를 하고 기술의 정확도를 이용하고(예를 들어, 적당한 음색, 억양, 말씨, 음 높이와 리듬을 이용한다) 박자, 으뜸 음 운율의 음역 및 조 바꿈을 포함하는 수준에서 노래를 불러라. |
| 심동적 처리과정: 과정 | 지난 십 년간 프로 미식축구에서 경기 집행 방식이나 경기가 취소되는 때에 영향을 미친 규칙의 변화를 파악하라. 규칙 변경의 의도는 무엇이었는가? 규칙 변경은 효과적이었는가? | 학생들은 운동에 있어서 규칙의 변화가 운동 자체에 어떻게 영향을 끼칠 수 있는지에 대해 조사할 수 있을 것이다. | 특정 운동에 관한 절차와 규칙 | 체육/ 9~12 | 선정한 운동의 규칙을 따르고 방어 기술과 공격 기술을 적용해본다. |
| | 르네상스 시대에 기름을 이용해서 그림을 그린 과정에 대해서 조사하고 현재 예술가들은 기름을 이용해서 그림을 어떻게 그리는지 조사하라. 시간이 변하면서 기름을 이용해서 그리는 과정들 중 남아있는 기술이 무엇이고 그 기술은 왜 아직까지 남아있는지 설명하라. | 학생들은 미술 매체의 특징에 대해서 조사할 수 있을 것이고 미술 매체가 시간이 지나면서 어떻게 변해왔고 어떻게 보존되었는지에 대해서 조사할 수 있을 것이다. | 기름을 이용해서 그림을 그리는 과정 | 시각 예술/ 5~8 | 경험과 아이디어의 교류가 미술 매체의 각기 다른 용도, 기술, 과정에 의해 어떻게 영향을 받는지 이해한다. |

## 심동적 처리과정 관련 조사

심동적 기술과 과정은 조사 과제의 주제가 될 수 있다. 예를 들어, 심동적 기술을 위한 첫 번째 과제는 파라볼릭 스키(폭이 좁고 포물선 모양의 곡선을 가진 스키)가 방향 전환 과정에 미치는 영향에 대한 정보를 수집하도록 학생들에게 요구한다. 학생들은 스키 전문가들의 견해들을 활용하도록 지시받는다. 심동적 과정과 연관된 첫 번째 조사 과제의 예는 특정 스포츠의 경기 규칙에 관한 것이다. 학생들은 이러한 규칙의 변화가 운동에 어떠한 영향을 미치는지에 대해서 시험해야 한다.

## 목표와 과제의 지식 활용 요점 정리

### 목표와 과제의 의사결정

- 학생들에게 대안들 중에서 선택하도록 요구한다
- 다음과 같은 용어들과 어구들을 이용한다: 결정하다, 다음의 대안들 중 가장 좋은 것을 선택하다, 다음 중 어느 것이 가장 좋은가, 무엇이 가장 좋은 방법인가, 이것들 중 가장 적당한 것은 어느 것인가.
- 글이나 구두로 짧거나 길게 응답하도록 구조화된 양식을 이용한다.
- 특정한 그래프 조직자를 이용한다.

### 목표와 과제의 문제해결

- 학생들에게 목표의 방해물을 극복하도록 요구한다.
- 다음과 같은 용어들과 어구들을 이용한다: 해결하다, 어떻게 극복할 것인가, 개작하다, 전략을 개발하다, 해결할 방법을 찾아내다, 이러한 상황에서 어떻게 목표에 도달할 것인가.
- 글이나 구두로 짧거나 길게 응답하도록 구조화된 양식을 이용한다.

### 목표와 과제의 실험

- 학생들에게 가설을 세우고 검증하도록 요구한다.
- 다음과 같은 용어들과 어구들을 이용한다: 도출하고 시험한다, 아이디어를 시험한다, 만약에 ~ 한다면 어떻게 되겠는가, ~을 어떻게 시험할 것인가, 만약에 ~ 한다면 어떻게 결정할 것인가, 어떻게 ~이 설명될 수 있는가, 이 설명을 기초로 해서 어떤 것이 예상될 수 있는가.
- 글이나 구두로 짧거나 길게 응답하도록 구조화된 양식을 이용한다.

## 목표와 과제의 조사

- 관찰을 통해 학습자들이 직접 데이터를 얻는 것과는 반대로, 학생들에게 다른 사람들이 말하거나 글로 남긴 것을 이용해서 가설을 시험하도록 한다.
- 다음과 같은 용어나 어구를 이용하도록 한다: 조사하다, 연구하다, ~에 대해 찾아보다, ~에 대한 입장을 취하다, ~의 결정적 특징은 무엇인가, 이것은 어떻게 발생했는가, 이것은 왜 발생했는가, ~ 조건하에서라면 어떤 일이 발생했겠는가.
- 글이나 구두로 짧거나 길게 응답하도록 구조화된 양식을 이용한다.

제7장

# 목표와 과제의 메타인지

메타인지 과정은 학습을 감독한다. 메타인지 과정에는 네 개의 범주가 있다: (1) 목적 구체화(specifying goals), (2) 점검 과정(process monitoring), (3) 명료화 과정(momitoring clarity), (4) 정확화 과정(monitoring accuracy).

## 목적 구체화

목적 구체화의 메타인지 과정은 특정한 유형의 지식에 대한 개인의 이해나 기술과 관련된 구체적인 목표들을 세우고 그 목표들을 달성하기 위한 계획을 개발하는 것이다. [도식 7.1]은 지식의 다양한 영역들을 위한 목적 구체화의 목표들과 과제들의 목록을 열거하고 있다.

'목표를 세우다' 는 어구는 종종 다음과 같은 용어들이나 어구들과 함께 목적 구체화 관련 목표와 과제에서 사용된다.

- 당신은 무엇을 성취하고 싶은가
- 당신이 하고 싶은 것을 확인하라

목적 구체화는 특정한 종류의 지식에 대한 목표를 세우고 어떻게 해야 이 목표들이 성취될 수 있는지에 대해 확인하는 것과 연관이 있다. 목적 구체화를 입증하려면, 학생은 특정 지식 구성요소와 연관된 목표를 명확히 표명해야 할 뿐만 아니라 그 목표를 성취하기 위한 계획의 세목들도 역시 명확히 표현해야 한다.

## 도식 7.1 목표와 과제의 목적 구체화

| | 과제 | 목표 | 지식 초점 | 과목/학년 | 표준 진술 |
|---|---|---|---|---|---|
| 정보: 세부사항: 용어, 사실, 시간 순서 | 제2차 세계대전을 유발한 일련의 사건들에 대한 당신의 이해와 관련하여 당신이 가지고 있는 목적 혹은 가질 만한 목적은 무엇인가? | 학생들은 제2차 세계대전을 유발한 일련의 사건에 대한 이해와 연관된 목적을 설정하고 이 목적을 달성할 방법을 알아볼 수 있을 것이다. | 제2차 세계대전을 유발한 일련의 사건 | 미국 역사/ 7~8 | 제2차 세계대전을 유발한 일련의 사건들에 대해 이해하고(예를 들어, 제1차 세계대전의 족적, 미국의 경제 대공황, 윤리 및 이데올로기의 갈등, 제국주의, 전통적인 정치적, 경제적 대립국들) 제2차 세계대전에 대해 이해한다. (예를 들어, 1939년과 1942년 사이 추축국들의 승리, 히틀러가 권력 쟁취를 위해 독일인의 절망적 상황을 이용한 방법) |
| | 우리 정부를 구성하고 있는 각 부처의 역할 및 책무에 대한 당신의 이해와 관련하여 당신이 가지고 있는 혹은 가질 만한 목적은 무엇인가? 이 목적을 달성하려면, 당신은 무엇을 해야 할 것인가? | 학생들은 정부를 구성하는 세 개의 부처를 이해하는 것과 관련된 목적을 세울 것이고, 이 목적을 성취할 수 있는 방법을 모색해볼 수 있을 것이다. | 정부를 구성하는 세 개의 부처에 관한 세부사항 | 공민과/ 6~8 | 권력 분립 시스템(예를 들어, 입법부, 행정부, 사법부) 안에서 정부 각 부처의 주요 권한 및 기술을 이해하고 이들 부처 간의 업무 관계를 이해한다. |
| 정보: 일반화의 체계화 | 사람들이 집단 속에 있을 때와 혼자 있을 때 행동 방식이 서로 다르게 나타나는 것을 당신이 이해하는 것과 관련하여 당신이 가지고 있는 목적이나 가질 만한 목적은 무엇인가? 당신은 그 목적을 달성하기 위해서 무엇을 해야 할 것인가? | 학생들은 집단에 속한 사람들이 어떻게 행동하는가에 대한 이해와 관계있는 목표를 설정할 것이고 그 목표를 어떻게 성취할 수 있는가에 대해 모색해볼 수 있을 것이다. | 집단 구성원의 행동 방식에 대한 일반화 | 행동 연구/ 3~5 | 개인들은 집단의 구성원으로 있을 때에 혼자 있을 때라면 하지 않을 행동들(좋은 것이건 나쁜 것이건)을 하도록 영향을 받을 수 있다는 사실을 이해한다. |

## 도식 7.1 목표와 과제의 목적 구체화 (계속)

| | 과제 | 목표 | 지식 초점 | 과목/학년 | 표준 진술 |
|---|---|---|---|---|---|
| 정보: 일반화의 체계화 | 공기가 유입되고 유출되는 과정에서 에너지가 전이되는 원리는 날씨와 기후의 변화를 설명하는 데 어떤 도움을 주는지를 이해하는 것과 관련하여 당신이 가지고 있는 목적 혹은 가질 법한 목표는 무엇인가? 그 목적을 달성하기 위해서 당신은 무엇을 해야 할 것인가? | 학생들은 공기가 유입되고 유출되는 과정에서 발생하는 에너지 전이 원리들을 이해하는 것과 관련된 목적을 세우고 그 목적을 달성할 수 있는 방법을 모색해볼 수 있을 것이다. | 에너지 전이에 관한 원리 | 과학/ 9~12 | 공기의 유입과 유출 과정에서 발생하는 열과 에너지의 전이가 날씨와 기후에 영향을 미치는 방식에 대해 이해한다(예를 들어, 복사, 전도, 대류-이류). |
| 지적 처리과정: 기술 | GPS 장치의 특수 기술을 사용할 수 있는 당신의 능력과 관련하여 당신이 가지고 있는 목적이나 혹은 가질 법한 목적은 무엇인가? 그 목적은 어떻게 성취될 수 있는가? | 학생들은 GPS 장치의 특수 기술을 다루기 위한 능력과 관계있는 목적을 세우고, 그 목적의 달성 방법을 모색해볼 수 있을 것이다. | GPS 장치의 특수 기술들의 이용 | 지리/ 9~12 | 지리학적 기술들의 요소와 용도(예를 들어, 지리정보시스템[GIS]과 인공위성 생성 이미지)를 이해한다. |
| | 기본적인 암산을 수행하는 당신의 능력과 관련하여 당신이 가지고 있는 목적 혹은 가질 법한 목적은 무엇인가? 그 목적을 당신은 어떻게 달성할 수 있을 것인가? | 학생들은 암산 능력에 관련된 목적을 설정하고 그 목적의 달성 방법을 모색해볼 수 있을 것이다. | 암산 수행 | 수학/ 3~5 | 정수를 이용해 덧셈과 뺄셈의 암산을 수행한다. |
| 지적 처리과정: 과정 | 당신이 읽고 있는 내용을 더 잘 이해할 수 있는 당신의 능력과 연관해서 당신이 가지고 있는 목적 혹은 가질 법한 목적은 무엇인가? 그 목적은 어떻게 달성될 수 있는가? | 학생들은 텍스트를 이해하는 능력과 연관된 목적을 세우고 그 목적의 달성 방법을 모색해볼 수 있을 것이다. | 텍스트를 이해하는 과정 | 언어 과목/ 유치원-2 | 텍스트 구성의 특징들(예를 들어 그림 캡처, 제목, 소제목, 글의 구성, 글의 주제)을 이용하여 내용(예를 들어, 행동, 사건, 해결책)에 대한 이해를 돕고 내용을 예측한다. |

## 도식 7.1 목표와 과제의 목적 구체화 (계속)

| | 과제 | 목표 | 지식 초점 | 과목/학년 | 표준 진술 |
|---|---|---|---|---|---|
| 지적 처리과정: 과정 | 당신의 생각을 전달하기 위해 다양한 문장들을 이용할 수 있는 당신의 능력과 연관해서 당신이 가지고 있는 목적 혹은 가질 법한 목적은 무엇인가? 그 목적은 어떻게 달성될 수 있는가? | 학생들은 작문에서 다양한 종류의 문장들을 이용할 수 있는 능력과 연관된 목적을 세우고 그 목적의 달성 방법을 모색해볼 수 있을 것이다. | 작문을 할 때 다양한 문장들을 이용하는 과정 | 언어 과목/ 6~8 | 아이디어들을 정교화하는 안목을 가지고 모든 유형의 문장을 유연하게 이용한다. (예를 들어 단문, 중문, 복합문, 비슷한 문법형태를 쓰거나 비교를 이용한 병렬 구조) |
| 심동적 처리과정: 기술 | 당신이 좋아하는 스포츠의 서브나 패스를 능숙하게 처리할 수 있는 능력과 연관해서 당신이 가지고 있는 목적 혹은 가질 법한 목적은 무엇인가? 그 목적은 어떻게 달성될 수 있는가? | 학생들은 특정한 스포츠의 서브나 패스를 능숙하게 처리할 수 있는 능력과 연관된 목적을 세우고, 그 목적의 달성 방법을 모색해볼 수 있을 것이다. | 패스나 서브 기술 | 체육 7~8 | 고난도의 기술을 구사하는 운동선수의 동작을 이해한다. (예를 들어 테니스의 서브를 성공적으로 할 수 있는 동작) |
| | 컴퓨터 키보드를 이용하는 것과 연관해서 당신이 가지고 있는 혹은 가질 법한 목적은 무엇인가? 그 목적은 어떻게 달성될 수 있는가? | 학생들은 컴퓨터 키보드를 이용하는 것과 연관된 목적을 세우고, 그 목적의 달성 방법을 모색해볼 수 있을 것이다. | 키보드 | 기술/ 6~8 | 키보드의 키 위치를 암기하고 있음을 보여주면서, 좀 더 능숙하게 타이핑한다. |
| | 스페인어에서 올바른 발음을 구사하는 것과 연관해서 당신이 가지고 있는 목적 혹은 가질 법한 목적은 무엇인가? 어떻게 그 목적이 달성될 수 있는가? | 학생들은 스페인어에서 올바른 발음을 구사하는 것과 연관된 목적을 세우고 그 목적의 달성 방법을 모색해볼 수 있을 것이다. | 올바른 발음을 구사하는 기술 | 외국어/ 유치원-4 | 다양한 청중들(예를 들어 동료들 혹은 교사들) 및 현장(공식적인 현장이거나 비공식적인 현장)에 적합한 언어 기교들, 규칙, 스타일(예를 들어, 문법, 철자, 단어, 사투리, 은어, 관용어, 유머, 발음, 억양, 톤, 강세, 구조)을 이용한다. |

**도식 7.1 목표와 과제의 목적 구체화 (계속)**

| | 과제 | 목표 | 지식 초점 | 과목/학년 | 표준 진술 |
|---|---|---|---|---|---|
| 심동적 처리과정: 과정 | 다른 사람이 노래를 부르거나 대조적인 악보의 부분을 연주하는 동안 당신이 악기를 연주하는 것과 연관하여 당신이 가지고 있는 목적 혹은 가질 법한 목적은 무엇인가? 어떻게 그 목적이 달성될 수 있는가? | 학생들은 반주로써 악기 연주에 관한 목적을 세우고 그 목적을 달성할 수 있는 방법을 모색해 볼 수 있을 것이다. | 악기를 연주하는 과정 | 음악/ 3~5 | 오케스트라 같은 환경에서 다른 사람들과 함께 악기를 연주한다. (예를 들어 단순히 리듬감이 있거나 선율이 있는 오스티나토, 대조적인 리듬 라인들, 조화가 이루어진 진행과 합창). |
| | 그림에서 특수 효과를 불러일으키는 것과 연관하여 당신이 가지고 있는 목적 혹은 가질 법한 목적은 무엇인가? 이 목적은 어떻게 달성될 수 있는가? | 학생들은 그림에서 특수 효과를 불러일으키는 것과 관련된 목적을 세우고 그 목적의 달성 방법을 모색해볼 수 있을 것이다. | 그림 그릴 때 특수 효과를 불러일으키는 과정 | 시각 예술/ 5~8 | 미술 매체, 기법 및 과정들을 다르게 활용할 때 경험과 아이디어의 전달이 어떤 영향을 받을 수 있는지 이해한다. |

목적 구체화 과제들에 사용되는 가장 일반적인 양식은 글이나 구두로 짧거나 길게 완성하도록 구성된 응답 양식들이다. [도식 7.2]와 같은 그래프 조직자는 목적 구체화 과정 중에 있는 학생들에게 도움을 주기 위하여 사용될 수 있다.

매우 단순한 형태이기는 하지만 [도식 7.2]의 그래프 조직자는 학생들로 하여금 목표를 파악하고, 목표 성취를 위한 계획을 약술하고, 계획 실행에 필요한 자원들을 확인하도록 요구한다. 학습자가 지식의 전 영역들에 걸쳐 메타인지 과정에서 목적을 구체화하는 수준으로 통찰력을 나타내는 것은 목표 달성 방법에 관한 질문에 응답하려는 학생들의 반응이다. 예를 들어, '나는 이 목표를 달성하기 위해 더 열심히 할 것이다' 라는 학생의 반응은 목표 설정의 메타인지 과정과는 관련이 없다. 학생은 분명한 목표, 대략적인 시간표, 필요한 자원들 같은 것을 파악해야 할 것이다.

**도식 7.2** 목적 구체화를 위한 그래프 조직자

| 나의 목적 |
|---|
| |

나의 계획 ________________________________________________

________________________________________________

________________________________________________

________________________________________________

| 필요한 자료 |
|---|
| |

## 정보 관련 목적 구체화

세부사항 및 아이디어의 조직화를 위한 목적 구체화 과제는 특정한 세부사항 및 아이디어의 조직화를 위한 목표들을 세우고 이와 함께 그러한 목표들을 달성하기 위한 계획을 세우는 것과 관련 있다. 예를 들어, 세부사항들을 위한 첫 번째 목적 구체화 과제는 제2차 세계대전에 대한 세부사항을 다루고 있다. 학생들은 이 정보에 관한 자신의 지식을 확장하는 것과 관련된 목표를 세우고 이 목표를 성취하기 위한 계획도 세워야 한다. 아이디어의 조직화를 위한 첫 번째 목적 구체화 과제는 집단 구성원들이 행동하는 방식에 대한 일반화에 관한 목표 설정을 다루고 있다.

### 지적 처리과정 관련 목적 구체화

지적 기술 및 과정을 위한 목적 구체화 과제는 특정한 지적 기술 및 과정을 위한 목표를 세우고 이와 함께 이 목표들을 성취할 수 있는 계획을 세우는 것과 연관되어 있다. 예를 들어, 지적 기술을 위한 첫 번째 목적 구체화 과제는 GPS 기계의 특별한 기술의 이용에 대해 다루고 있다. 학생들은 이 기술들과 연관된 목표를 세우고 그 목표를 성취하기 위한 계획 역시 세워야만 한다. 지적 과정을 위한 첫 번째 목적 구체화 과제는 텍스트 이해의 과정에 대한 목표들을 세우는 것과 연관되어 있다.

### 심동적 처리과정 관련 목적 구체화

심동적 기술 및 과정을 위한 목적 구체화 과제는 특정한 심동적 기술 및 과정을 위한 목표를 세우고 이 목표를 성취하기 위한 계획을 세우는 것과 연관되어 있다. 예를 들어 심동적 기술을 위한 첫 번째 목적 구체화 과제는 특정한 운동에서 패스하거나 서브하는 기술과 연관되어 있다. 학생들은 이러한 기술들에 대한 본인들의 운동실력을 향상시키도록 목표를 세워야 하고 그 목표를 성취하기 위한 계획을 세워야만 한다. 심동적 과정을 위한 첫 번째 목적 구체화 과제는 악곡 연주와 관련된 목표를 세우는 것과 연관되어 있다.

## 점검 과정

점검 과정은 목적 달성을 위한 계획이 얼마나 효과적으로 실행되고 있는지 정하고, 특히 절차를 위한 목적이 정해졌을 때 그 절차가 얼마나 효과적으로 지켜지고 있는지 정하는 것과 보통 연관되어 있다. 점검 과정에서 다루는 목적들은 목적 구체화의 메타인지 과정에 의해 설정된 비교적 장기 목적일 수도 있고, 특정 상황을 위해 설정된 단기 목적일 수도 있다. [도식 7.3]은 지식의 다양한 영역들에 걸쳐 목표와 과제의 점검 과정을 제시하고 있다.

## 도식 7.3 목표와 과제의 점검 과정

| | 과제 | 목표 | 지식 초점 | 과목/학년 | 표준 진술 |
|---|---|---|---|---|---|
| 정보:<br>세부사항:<br>용어,<br>사실,<br>시간 순서 | 우리는 의도된 결과 및 의도하지 않은 결과와 관련된 경제 측면들을 학습하였다. 우리가 배웠듯이, '외재적 효과'는 다른 이들에게 이로움을 줄 수도 있고 해를 끼칠 수도 있는 의도하지 않은 결과들을 서술할 때 사용되는 용어이다. 이 용어를 당신이 이해하는 것에 준하여 목표를 설정하라. 이 목표를 설정할 때 당신이 가지고 있는 이해를 어떻게 정교화했는지 관찰하라. 당신에게 가장 효과적인 것은 무엇인가? 정의들인가? 예시들인가? 아니면 실제 사례들인가? 그 과정 중에 혼란스러움을 발견한다면, 당신의 접근방식에서 잘못된 것은 무엇이라고 생각하는가? | 학생들은 자신이 세운 개인적인 목적에 근거해서 '외재적 효과'라는 용어와 관련된 이해력을 얼마나 향상시키고 있는지 점검할 수 있을 것이다. | 특정 경제학 용어 | 경제/<br>9~12 | '외재적 효과'란 특정 상품이나 서비스의 생산이나 소비가 시장교환에 직접 연루되지 않은 사람들에게 영향을 미치는 결과로 나타나는 의도하지 않은(좋거나 나쁘거나) 효과로 정의될 수 있다는 것을 안다. (예를 들어, 부정적인 외재적 효과는 거대 기업들이 물건을 저렴하게 생산하기 위해서 후진국에서 일하는 노동자들을 착취할 때 발생한다. 생산에서 긍정적인 효과는 한 가지의 의학적인 상태를 위해 개발된 약이 다른 의학적인 상태에도 도움이 될 때 일어난다.) |
| | 많은 종류의 지형들이 있는데 그 중 몇 가지를 말하자면, 습지, 고산, 툰드라가 있다. 이 용어들 사이의 차이점을 더 잘 이해할 수 있도록 도움을 주는 개인적 시스템이나, 스키마, 범주들을 당신이 개발할 수 있는지 여부를 살펴보고 그것들이 왜 식별하는 데 유용한지 확인하라. 이것에 대한 이해력이 더 높아졌을 때, 당신에게 가장 유익해 보이는 것은 무엇이며, 효과적이지 않게 보이는 것은 무엇인지 살펴보라. 효과적인 것은 무엇이고 그렇지 않은 것은 무엇이라고 말할 수 있는가? 그리고 그 이유는 무엇인가? | 개인적으로 세운 목적에 근거해서 학생들은 지형을 서술하는 데 사용되는 용어들의 차이점에 대한 이해력을 얼마나 향상시키고 있는지 점검할 수 있을 것이다. | 특정 지리학 용어 | 지리/<br>9~12 | 어떤 지역의 물리적 특성에 기초해서 활동에 따라 다른 지역을 이용할 경우의 장점과 단점을 이해한다. (예를 들어, 홍수 지역, 숲, 툰드라, 지진대, 도하지점). |

## 도식 7.3 목표와 과제의 점검 과정 (계속)

| | 과제 | 목표 | 지식 초점 | 과목/학년 | 표준 진술 |
|---|---|---|---|---|---|
| 정보: 일반화의 체계화 | 운송 및 통신수단이 사람들의 생활방식과 사람들이 관계 맺는 방식에 중요한 영향을 미칠 수 있다는 것은 자명한 사실이다. 이 일반화에 대한 당신의 이해를 위한 목적을 세워라. 예시들을 개발하면서, 당신이 이 아이디어들을 더 잘 이해하는 데 도움이 되는 것은 무엇인지 파악하라 당신의 이해를 높이는 데 도움이 되지 않은 예시들이 있다면, 그 예시들의 어떠한 것이 당신이 목적을 달성하는 데 도움이 되지 못하는지 설명하라. | 학생들은 운송 및 통신수단의 일반화와 연관된 목적을 학생들 본인들이 얼마나 달성했는지에 대해 점검할 수 있을 것이다. | 운송 및 통신 수단에 대한 일반화 | 지리/ 3~5 | 운송 및 통신 기술의 진보가 사람들이나 다른 곳에 위치한 지역사회의 관계에 어떤 영향을 미치는지에 대해 안다. |
| 정보: 원리의 체계화 | 우리는 지구 온난화에 관련된 과학적인 몇 가지의 것들에 대해서 토론을 해왔다. 우리는 따뜻한 공기가 차가운 공기보다 더 많은 수증기를 머금고 있다는 원리를 배웠다. 지구 온난화 및 기후와 연관된 이 아이디어의 함축성에 대해 더 배우기 위한 목적을 세워라. 즉, 지구 전역에서 기온이 상승할 경우, 이 원리로부터 암시되는 영향은 무엇인가? 이것에 대해 배우려고 노력하면서, 당신의 이해를 돕는 것이 무엇인지 알아보고, 어떠한 방법들이 당신이 연결고리를 찾을 수 있도록 도움을 주었으며, 이 문제를 위한 당신의 이해를 돕는 데 도움이 되지 않은 방법이 무엇인지 알아보라. | 학생들은 따뜻한 공기가 차가운 공기보다 수증기를 더 머금는 것과 관련해 그것이 기후에 미치는 의미에 대한 이해와 관련된 목적을 점검할 수 있을 것이다. | 각기 다른 온도에서 공기가 머금고 있는 수증기에 대한 원리 | 과학/ 6~8 | 물 순환의 요소와 물 순환 요소들이 날씨 패턴에 미치는 영향에 대해 이해한다. (예를 들어, 증발, 응결, 강수량, 유출액체, 침투) |

### 도식 7.3 목표와 과제의 점검 과정 (계속)

| | 과제 | 목표 | 지식 초점 | 과목/학년 | 표준 진술 |
|---|---|---|---|---|---|
| 지적 처리과정: 기술 | 미국의 남북전쟁에서 1864년과 1865년은 가장 특별한 해였다. 이 시기의 사건들을 구성하는 연대표를 만들고, 당신이 만든 연대표에 포함시킬 정보에 관한 기준들을 세워라. 이렇게 구성하는 과정은 그 시기에 살았던 사람들에게 이 사건들이 미친 영향을 당신이 더 잘 이해하도록 어떤 도움을 주었는가? 이 연대표가 어떤 단점이 있는지에 대해 생각해보라. 예를 들어, 이 연대표의 각각의 사건이 그 다음에 나오는 사건들을 초래했다는 잘못된 인상을 줄 수 있지는 않은가? | 학생들은 남북전쟁 연대표가 그들이 미리 세웠던 기준들에 얼마나 부합하는지에 대해 점검할 수 있을 것이다. | 연대표의 이용 | 미국 역사/ 7~8 | 남북전쟁을 유발한 사건들과 남북전쟁의 결과에 대해 안다. (예를 들어, 남부연합과 연맹군의 경제적, 기술학적, 인적 자원의 차이점; 노예 해방령의 영향) |
| | 서술형의 수학문제를 기호의 형태로 변환하는 것은 문제해결 방안을 찾기 위한 중요한 과정이다. 변수들 및 변수들의 관련 방식들을 파악할 수 있도록 정답보다는 당신이 서술형 문제에 대해 어떻게 생각하고 있는지에 더 중점을 두면서, 제공된 여러 가지의 서술형 수학문제를 검토하라. 이 과정을 당신이 이해하기 위한 목적을 세워라. 좀 더 효과적인 것으로 보이는 접근방법이 있는가? 당신의 공식들을 제공된 공식들과 비교하며 점검하라. 유효한 것은 무엇이고 유효하지 않은 것은 무엇인가? 그 이유를 당신은 알고 있는가? | 학생들은 서술형 문제들을 기호로 표현하는 기술에 대한 이해력과 자기 자신의 개인적 목적을 자신이 얼마나 잘 충족시켰는지 점검할 수 있을 것이다. | 서술형 문제들을 기호로 표현 | 수학/ 3~5 | 문제 상황을 다양한 형태로 변환한다. (예를 들어, 그래프를 기호적 표현으로 바꾼다.) |

### 도식 7.3 목표와 과제의 점검 과정 (계속)

| | 과제 | 목표 | 지식 초점 | 과목/학년 | 표준 진술 |
|---|---|---|---|---|---|
| 지적 처리과정: 과정 | 당신은 세 칸으로 나누어진 종이를 한 장 받았다. 가장 왼쪽 칸에는 다섯 개의 줄이 있는데 각각의 줄에는 동일한 외국어 문구가 적혀 있다. 공란으로 있는 첫 번째 칸의 제일 윗줄부터 대략적인 해석을 하라. 첫 번째 칸에서 당신의 해석에 도움이 되었던 단어들에 밑줄을 그어라. 가장 오른쪽의 세 번째 칸에는 아직까지 분명하지 않은 어구나 단어들에 대해 메모한다. 각각의 줄에서 그리고 가능한 한 많은 줄에서 당신이 번역한 것을 두 번째 칸에서 다듬고 당신이 다룬 새로운 구절들에 밑줄을 긋고 세 번째 줄에서는 당신의 과정에 대해 메모를 하라. 예를 들어, 첫 번째 줄에서는 당신이 번역문 초본을 위해 당신이 알고 있는 단어들을 어떻게 이용했는지에 대해 메모를 할 수 있다. 가장 마지막 줄에 당신은 단어를 연결하거나 구들이 서로 어떻게 연결되어 있는지에 대한 이해에 관련된 메모를 할 수 있을 것이다. 이 과정을 시작하기에 앞서, 당신의 목적을 세우고 당신이 그 목적을 얼마나 달성했는지에 대해 확인하라. | 학생들은 외국어 번역과 관련된 자신의 개인적인 목적을 이루어가는 자신의 진척과정을 점검할 수 있을 것이다. | 외국어를 번역하는 과정 | 외국어/ 5~8 | 친숙한 주제들을 다루고 있는 다양한 관련 자료들의 내용을 이해한다. (예를 들어, 사적인 편지, 책자, 삽화가 들어 있는 신문이나 잡지 기사, 광고) |
| | 우리 교실의 도서관에 있는 책들 중 한 권을 골라서 우리가 배웠던 의미의 단서들—제목, 주제, 사진, 사진에 딸린 표제—을 스토리를 이해하기 위해 이용한다. 책을 읽은 후, 우리는 이러한 단서들이 어떻게 당신으로 하여금 스토리를 잘 이해하게 도움을 주었는지, 혹은 도움이 되지 않았는지, 도움이 되지 않았다면 그 이유가 무엇인지에 대해 토론할 것이다. | 학생들은 자신들이 의미 단서들을 이용하여 이야기를 얼마나 잘 이해하고 있는지에 대해 점검할 수 있을 것이다. | 의미 단서들을 이용하여 이야기를 이해하는 과정 | 언어 과목/ 유치원-2 | 이야기의 이해를 돕고 내용에 대한 예측(액션, 사건, 해결)을 위해 텍스트의 단서들(표제, 제목, 이야기의 구성)을 이용한다. |

## 도식 7.3 목표와 과제의 점검 과정 (계속)

| | 과제 | 목표 | 지식 초점 | 과목/학년 | 표준 진술 |
|---|---|---|---|---|---|
| 심동적 처리과정: 기술 | 특정한 노래 유형에 적합한 화음 파트를 즉흥적으로 연주한다. 당신이 연주를 시작하기에 앞서 목적을 세워라. 당신이 즉흥적으로 하는 연주를 녹음하고 그것을 들은 후 성공적으로 연주된 부분과 그렇지 않은 부분에 대해서 메모하라. 당신은 얼마나 목적을 성취했는가? 어떤 테크닉이 가장 유용했는지에 대해 결정할 수 있는가? 이 과제를 다시 한 번 해보고 당신의 연주가 더 향상되거나 혹은 음악에 더 적당한지 살펴보라. | 학생들은 특정 유형의 음악에 적합한 화음을 즉흥적으로 연주하는 것을 얼마나 잘 학습하고 있는지에 대해 점검할 수 있을 것이다. | 특정 유형의 음악에서 화음 연주 | 음악/ 9~12 | 적당한 스타일에서 화음을 이룬다. |
| | 다음에 스키를 탈 때, 당신의 스키 타는 양상에서 한 가지만—예를 들어 최대 경사선에서 당신의 방향, 각 곡선의 모양, 턴에 가까워지거나 멀어질 때 당신의 자세—선택하라. 당신 자신을 위한 목적을 세워라. 당신이 잘 하는 기술은 어떤 것이고 더 연습해야 하는 기술은 어떤 것인가? 이 스키 과제에 대한 당신의 주의 집중이 당신의 실력을 행사하는 데 어떻게 도움이 되었는가? 아니면 방해가 되었는가? | 학생들은 특정한 스키 기술을 실행하는 것과 관련된 자신의 개인적인 목적을 자신이 얼마나 잘 성취하고 있는지에 대해 점검할 수 있을 것이다. | 특정 운동 기술 | 체육/ 9~12 | 선정된 운동이나 활동에서 적합한 기술들을 이용한다. (예를 들어, 수영, 발레, 하이킹, 테니스, 야구) |
| 심동적 처리과정: 과정 | 다음 예술 프로젝트를 시작하며 당신이 어떤 작품을 만들 것인가에 대해 최초로 세웠던 계획들을 적어놓은 저널을 간직하라. 어떤 테크닉들이나 기술들을 이용했고 왜 이용했는지, 그리고 목적 달성을 위한 접근방법을 바꾸어야 했는지에 대해 기록하라. 이 과정을 통해 당신이 다음에 새로운 프로젝트를 시작할 때 도움을 줄 수 있는 어떤 것을 배웠는지 기술하라. | 학생들은 예술 작품을 만드는 데 필요한 과정을 실행하는 것과 관련된 목적을 자신이 얼마나 잘 성취하는지에 대해 점검할 수 있을 것이다. | 예술 작품을 만드는 과정 | 시각 예술/ 5~8 | 서로 다른 미술 매체들의 특징과 질을 이용해서 경험들과 아이디어들에 대한 표현이 어떻게 다듬어질 수 있는지에 대해 안다. |

**도식 7.3 목표와 과제의 점검 과정 (계속)**

| | 과제 | 목표 | 지식 초점 | 과목/학년 | 표준 진술 |
|---|---|---|---|---|---|
| 심동적 처리과정: 과정 | 우리가 배웠던 춤의 요소들 중 서로 다른 세 개의 요소를 고른 후 그 세 개의 요소들을 제공된 음악에 적당한 부드러운 장면으로 합쳐라. 시작하기에 앞서 당신이 무엇을 성취하고 싶은지에 대한 개인적인 목적을 세워라. 다른 장면들을 시도해 무엇이 가장 훌륭한지 확인하라. 당신이 최종적으로 선택한 것에 대해 왜 그 선택을 했는지에 대해 서술하라. | 학생들은 제공된 음악에 맞으면서 부드럽게 연속될 수 있도록 무용 동작들을 결합하는 것과 관련된 자신의 개인적인 목적을 자신이 얼마나 충족시키고 있는지에 대해 점검할 수 있을 것이다. | 무용 동작들을 연속적으로 결합하는 과정 | 무용/ 5~8 | 무용에서 관찰된 동작 요소들을 이해하고 적당한 무용 관련 어휘들을 이해한다. (예를 들어, 방향, 수준) |

점검 과정 과제에서 종종 사용되는 용어나 어구는 '점검하다' 라는 용어와 함께 다음과 같은 용어나 어구들이다.

- 평가하다
- 얼마나 잘했는지 결정하다
- 얼마나 효과적인지 결정하다

점검 과정이 장기적인 목적에 중점을 둘 경우 점검 과정의 지속 기간이 종종 연장되기도 한다. 그러한 경우, 점검 과정은 학생들로 하여금 시간의 흐름에 따른 학습의 진로를 추적하게 하고, 장기 목적들을 얼마나 잘 충족시켰는지 보고하도록 한다. 점검 과정 과제들에 사용되는 가장 일반적인 양식은 글이나 구두로 짧거나 길게 완성하도록 구성된 응답 양식들이다.

## 정보 관련 점검 과정

정보를 위한 점검 과정 과제는 특정한 세부사항들 및 아이디어의 조직화를 이해하는 측면에서 목적이 어느 정도까지 충족되고 있는지에 대해 점검하는 것과 관련이 있다. 예를 들어, [도식 7.3]에 제시된 세부사항들을 위한 첫 번째 점검 과정 과제는 특정한 경제학 용어를 다루고 있다. 이 과제를 완수하려면, 학생들은 자신들이 그 용어를 배우기 위해 설정한 목적을 이루어가는 과정에 대하여 점검해야만 한다. 아이디어의 조직화를 위한 첫 번째 점검 과정 과제는 운송과 통신에 대한 일반화를 다루고 있다. 여기서도 마찬가지로 학생들은 그것들을 이해하는 것에 관한 목적을 설정하고 이 목적들을 향한 진행 과정에 대하여 점검해야 한다.

### 지적 처리과정 관련 점검 과정

지적 처리과정 및 심동적 처리과정을 위한 점검 과정을 이끌어내려면, 이러한 절차들의 실행과 관련된 목적들을 얼마나 잘 충족시키고 있는지 학생들이 점검할 수 있는 방식의 과제들이 설계되어야 한다. 예를 들어, 지적 기술을 위한 첫 번째 점검 과정 과제는 일정표를 이용하는 것과 연관이 있다. 학생들은 자신들이 세운 일정표의 기준을 명료화해야 하며 완료된 결과물이 그 기준을 충족시키는 정도에 대해서도 명료화해야 한다. 지적 과정을 위한 첫 번째 점검 과정 과제는 외국어 번역 과정과 관련 있다. 학생들은 외국어 단락 번역을 위한 명백한 목적을 설정한 다음 그 목적이 얼마나 잘 충족되었는지 정한다.

### 심동적 처리과정 관련 점검 과정

심동적 처리과정을 위한 점검 과정은 지적 처리과정과 연관된 점검 과정과 동일한 패턴을 따른다. 심동적 기술을 위한 첫 번째 점검 과정 과제는 특정한 유형의 음악에서 화성으로 연주하는 것과 연관이 있다. 학생들은 화성을 붙여 연주한 음악적 시도들을 녹음하여 학생 자신들이 그 목적을 얼마나 충족시켰는지 분석하여야 한다. 심동적 과정을 위한 첫 번째 점검 과정 과제는 예술 작품을 하나 만들어내는 것과 연관이 있다. 목적이 설정되고 이 목적들을 향한 진행과정이 점검된다.

## 명료화 과정

'명료화 과정' 이라는 명칭이 함축하듯이, 명료화 과정은 개인이 지식의 특정한 측면들에 대해 어느 정도까지 분명히 이해하고 있는지를 결정하는 것과 관련된 것이다. 여기서 '명료성'은 애매모호함이나 또렷하지 않음에서 벗어남을 의미한다. 조금 더 긍정적인 용어로 서술하자면, 지식을 분명히 인지하고 있는 사람은 그 지식에 중요한 특징들이 무엇인지 인식하고 각각의 중요한 특징마다 그 의미를 정확히 부여할 수 있다는 것이다.

[도식 7.4]는 지식의 다양한 영역들에 걸쳐 목표와 과제의 명료화 과정을 제시하고 있다.

### 도식 7.4 목표와 과제의 명료호- 과정

| | 과제 | 목표 | 지식 초점 | 과목/학년 | 표준 진술 |
|---|---|---|---|---|---|
| 정보:<br>세부사항:<br>용어,<br>사실,<br>시간 순서 | 인체의 골격 구조에 대해 생각해보라. 골격 구조가 인간의 성장과 생존에서 수행하는 특정 역할에 대해 당신은 확실히 알고 있는가? 당신에게 확실하지 않은 것은 무엇인가? | 학생들은 자신이 구분하기 어려운 인간 골격 구조에 관한 세부사항들을 파악할 수 있을 것이다. | 인간 골격 구조에 대한 세부사항 | 과학/<br>3~5 | 살아있는 생명체의 성장, 생존, 번식이 독특한 신체 구조 및 체계에 의존하고 있다는 것을 이해한다. (예를 들어, 수영에 도움이 되는 신체 구조도 있고, 비행에 도움이 되는 신체 구조도 있다.) |
| | 우리는 발견 시대에 대해 공부했고, 이 시기가 동식물군과 병원균의 교환에 중요한 시기였음을 알고 있다. 이러한 교환에 관한 어떤 면이 당신에게 확실하지 않은가? | 학생들은 자신이 구분하기 어려워하는 발견 시대에 관한 세부사항들을 파악할 수 있을 것이다. | 발견 시대에 관한 세부사항 | 세계 역사/<br>7~8 | 동식물군과 병원균의 상호작용이 지역과 세계 인구에 미친 영향을 안다. (예를 들어, 순례자가 옮긴 미생물 질병이 어떻게 토착민 인구를 파괴시켰는지; 16, 17세기의 미대륙과 유럽, 동아시아의 인구 추세와 성장, 식물균과 동물균의 근원과 세계에 퍼지는 경로). |
| 정보:<br>일반화의<br>체계화 | 당신은 어떠한 물질들이 도움이 되고 어떠한 물질들이 해로운지에 대해 아는가? 처방약 같은 물질은 어떠한 사람들에게는 도움이 되지만 다른 사람들에게는 해로울 수 있다. 당신이 혼동하는 물질에는 어떤 것이 있는가? | 학생들은 자신들이 확실히 알지 못했던, 물질의 이로운 면과 해로운 면에 대해 파악할 수 있을 것이다. | 특정 물질들에 관한 일반화 | 보건/<br>유치원-2 | 이로운 물질과 해로운 물질의 차이점을 어떻게 말할 수 있는지 이해한다. |

### 도식 7.4 목표와 과제의 명료화 과정 (계속)

| | 과제 | 목표 | 지식 초점 | 과목/학년 | 표준 진술 |
|---|---|---|---|---|---|
| 정보: 원리의 체계화 | 개인의 자유 및 권리와 국가 안보 간의 긴장은 탁상공론이 아니다. 현재에 이르기까지 미국 역사의 과정에서, 안보를 위해 특정한 권리들을 포기하는 것을 허용할 수 있는 때와 허용 가능 여부에 대한 서로 다른 관점들이 있다. 그 경계들의 위치에 대해 당신은 확실히 알고 있는가? 설명하라. | 학생들은 확실하게 알지 못했던, 개인의 자유와 국가 안보 사이에 긴장이 있는 양상들을 파악할 수 있을 것이다. | 개인의 자유와 안보 간의 관계에 대한 원리 | 공민학/ 9~12 | 미국의 헌법에서 강조되는 가치와 원칙들이 미국의 외교 정책(예를 들어, 국가의 민족 자결권에 대한 헌신)에 어떤 영향을 미치는지에 대해 알고, 우리가 국제 정치의 필요성에 직면하는 것처럼 미국의 가치와 이권 사이에서 생기는 압박감에 대해 이해한다. (예를 들어, 개인의 권리에 대한 헌신과 국가 안보의 요구점) |
| 지적 처리과정: 기술 | 데이터를 제시할 수 있는 다양한 방법들에 대해 고려하라. 다른 표현들을 위한 척도의 변화가 전달되는 직접적 메시지에 어떤 영향을 미칠 수 있는가? 동일한 데이터라도 제시되는 방법의 차이 때문에 어떻게 다르게 해석되는지에 대해 당신은 확실히 알고 있는가? 설명해보라. | 학생들은 척도의 사용이 데이터 제시에 어떤 영향을 미칠 수 있는지에 관해 불확실한 부분을 파악할 수 있을 것이다. | 데이터를 제시하기 위해 척도를 선정하고 이용하는 것과 연관된 특정한 기술 | 수학/ 6~8 | 표, 그래프, 부호들이 동일한 데이터들을 제시하기 위해 사용될 수 있으며, 종종 방법이 다르면 전달되는 메시지도 달라진다는 것(예를 들어, 척도에 변화를 주면 시각적 메시지가 바뀔 수 있다)을 이해한다. |
| | 우리는 단어의 뜻을 이해하는 데 도움이 되는 단어의 처음과 끝(접두사와 접미사)에 대해 어떻게 생각해야 하는지에 대해 배웠다. 당신은 이것이 유용한 이유와 때로는 유용하지 않은 이유를 분명히 알고 있는가? 제시된 단어 목록을 살펴보고 언제 이것이 적용되고(접두사와 접미사를 보고 단어의 뜻을 아는 것) 언제 이것이 적용되지 않는지, 그리고 그 이유에 대해 분명히 알고 있는지 여부를 확인하라. | 학생들은 접두사와 접미사가 단어의 뜻을 해독하는 데 도움이 될 수 있는지의 여부를 자신들이 확실하게 알지 못할 때가 언제인지 파악할 수 있게 될 것이다. | 의미를 해독하기 위한 특정한 기술 | 언어 수업/ 유치원-2 | 기본 구조 분석을 이용해서 단어들을 해독한다(예를 들어, 음절들, 접두사들, 접미사들, 기본 어원들과 어원 단어들, 철자 양식들). |

## 도식 7.4 목표와 과제의 명료화 과정 (계속)

| | 과제 | 목표 | 지식 초점 | 과목/학년 | 표준 진술 |
|---|---|---|---|---|---|
| 지적 처리과정: 과정 | 통계지도가 다른 테마 지도들과 어떻게 다른가? 데이터를 표현하기 위해 다른 유형의 지도들 대신 이것(통계지도)을 당신이 선택한 이유는 무엇인가? 통계지도의 어떠한 특성에 대해 당신은 확실하게 알 필요가 있는가? | 학생들은 데이터를 표현하기 위해 통계지도를 잘 활용하는 것에 대한 자신의 불확실한 이해를 파악할 수 있을 것이다. | 테마 지도들을 모델링하는 다양한 과정 | 지리/ 6~8 | 테마 지도들을 이용하고(예를 들어, 인구, 질병, 초목, 경제적 특징에 대한 패턴) 통계지도의 요소들과 활용법을 이해한다. |
| | 우리는 계산문제를 해결하기 위해 순열과 조합을 이용했다. 당신은 어느 것이 언제 이용되어야 하는지에 대해 분명히 알고 있는가? 그것들이 문제들을 해결하기 위해 어떻게 이용될 수 있는지에 대해 당신이 이해하지 못하는 것은 무엇인가? | 학생들은 계산문제를 해결하기 위해 조합과는 대조적인 순열을 이용하는 것과 관련하여 자신들이 불확실하게 알고 있는 부분을 파악할 수 있을 것이다. | 계산문제 해결을 위해 순열과 조합을 이용하는 과정 | 수학/ 9~12 | 계산 절차들과 추론에 대해 이해한다. (예를 들어, 물체들을 집합으로 배열하는 여러 방법들을 알아내는 방법, 계산문제를 해결하기 위한 순열들과 조합들의 이용) |
| 심동적 처리과정: 기술 | 당신이 즐겨 하는 공차기 관련 스포츠에서, 손과 발의 이상적인 위치 및 마무리 동작에 대해서 당신이 알고 있는 것을 생각해보라. 어떤 면들이 당신에게 불확실한가? 당신이 이용하지 않는 방법 중 장점이 있는가? | 학생들은 공을 차는 적절한 자세와 관련해서 자신이 분명히 알지 못하는 부분들을 파악할 수 있을 것이다. | 특정 스포츠의 공을 차는 기술 | 체육/ 7~8 | 고난도의 기술을 갖춘 운동선수들이 구사하는 동작에 대해 이해한다.(예를 들어 성공적으로 야구공을 치는 동작) |
| | '달리다가 점프할 때 부드럽게 동작을 전환하는 것에 대해 우리는 확실히 알 필요가 있다.' 그 과정이 부드럽게 전환되기 위해서 무엇이 필요한지 생각해보라. 당신이 잘 알지 못하는 것이 있는가? | 학생들은 연속 동작에서 전환하는 운동 기술의 측면들 중 자신이 아직 확실히 알지 못하는 부분을 파악할 수 있을 것이다. | 특정한 운동 기술들 사이에서 전환하는 기술 | 체육/ 유치원-2 | 연속 동작 중 전환하는 운동 기술(예를 들어 달리다가 미끄러지는 동작) |

**도식 7.4 목표와 과제의 명료화 과정 (계속)**

| | 과제 | 목표 | 지식 초점 | 과목/학년 | 표준 진술 |
|---|---|---|---|---|---|
| 심동적 처리과정: 과정 | 구기형 게임이나 공격형 게임에서 당신이 이용하는 전략들, 예를 들어, 농구에서 상대방의 공 가로채기를 막거나 라켓 경기에서 상대방에게 멀리 떨어진 곳으로 공을 찔러 넣는 전략들에 대해 생각해보라. 이러한 전략들이 상대방이 어떤 유형의 선수인지 상관없이 언제나 유용한 전략들인지 생각해보라. 이러한 전략들이 언제 가장 유용한지에 대해 어떻게 당신은 확신할 수 있는가? | 학생들은 공격형 게임에서 쓰는 전략에서 확신하지 못하는 부분에 대해 파악할 수 있을 것이다. | 공격형 게임을 하는 과정 | 체육/ 3~6 | 구기용 게임이나 공격형 게임에서 초기에 쓰는 전략을 이용한다. (예를 들어, 공을 계속 굴리는 것, 상대방에게서 공을 가로채는 것, 상대방의 공 가로채기를 막는 것) |
| | 즉석에서 마련된 대본에 있는 배역을 맡아 대사를 주고받는 것을 생각해보라. 즉흥 연기에서 변화를 주어야 할 부분은 무엇이고, 배역의 성격상 일관성을 유지해야 하는 부분은 무엇인지 당신은 분명히 알고 있는가? 설명해보라. | 학생들은 즉흥 연기의 측면들 중 자신들이 확실히 알지 못하는 부분을 파악할 수 있을 것이다. | 즉흥 연기 과정 중 신체적 측면 | 연극/ 5~8 | 즉흥적인 상황과 대본이 주어진 상황에서 연기를 해본다. |

목표와 과제의 명료화 과정들의 서술에 사용되는 용어나 어구는 보통 아래와 같은 것들이다.

- 당신이 ~에 대해 분명히 이해하고 있는 것
- 당신이 ~에 대해 확실히 이해하지 못하는 것
- 어떻게 더 잘 이해할 수 있겠는가

명료화 과정 과제들에 사용되는 가장 일반적인 양식은 글이나 구술로 짧거나 길게 완성하도록 구성된 응답 양식이다.

지식의 모든 영역들에 걸쳐서 학생들은 명료성이 부족한 분야에 대해 더 정확히 알면 알수록 명료화 과정의 메타인지를 더 잘 수행한다. 예를 들어, WordPerfect를 이용한 지적 과정에 관한 명료화 과정의 한 단계는 아래의 학생 반응에 의해 입증될 것이다.

"공을 칠 경우 중간으로 맞추려고 할 때마다 나는 혼란스러워진다."

그러나 메타인지 인식의 한층 더 심화된 단계는 다음의 반응에 의해 설명될 것이다.

"당신이 이미 설정해놓은 여백을 없애지 않고도 어떻게 뒤로 돌아가서 문서의 가운데에 선을 넣을 수 있는지 나는 이해가 되지 않는다."

아래에서 우리는 명료화 과정 과제들을 지식의 영역들에 걸쳐 고려한다.

## 정보 관련 경료화 과정

정보 영역을 위한 명료화 과정 과제는 학생들이 특정한 세부사항들과 아이디어의 조직화에 대해서 얼마나 명확하게 알고 있는지에 관한 것이다. 예를 들어, 세부사항들에 관한 첫 번째 명료화 과정 과제는 인간의 골격 구조에 관한 것과 연관되어 있다. 학생들은 인간의 골격이 성장과 생존에서 수행하는 특정한 역할에 대해서 그들의 명료성 단계를 결정해야 한다. 아이디어의 조직화를 위한 첫 번째 명료화 과정 과제는 특정 물질들에 관한 일반화에 대한 명료성을 다루는 것이다.

## 지적 처리과정 관련 명료화 과정

지적 처리과정 영역을 위한 명료화 과정 과제는 학생들이 특정한 지적 기술과 과정에 대해 얼마나 명확하게 알고 있는지를 확인하는 것과 연관이 있다. 예를 들어, 지적 기술을 위한 첫 번째 명료화 과정 과제는 학생들로 하여금 등급의 이용이 데이터 제시에 어떻게 영향을 미치는지에 대한 그들의 확실성을 확인하도록 요구한다. 지적 과정을 위한 첫 번째 명료화 과정 과제는 테마 지도를 읽기 위한 다양한 과정들에 관한 명료성과 연관되어 있다.

## 심동적 처리과정 관련 명료화 과정

심동적 처리과정 영역을 위한 명료화 과정 과제들은 학생들이 특정한 심동적 기술과 과정에 대해 얼마나 명확하게 알고 있는지를 확인하는 것과 연관이 있다. 예를 들어, 심동적 기술을 위한 첫 번째 명료화 과정 과제는 학생들에게 특정 스포츠의 공차기 기술에 관한 학생들의 명료성 수준에 대하여 확인하는 것을 요구한다. 심동적 과정을 위한 첫 번째 명료화 과정 과제는 공격형 게임을 하는 과정들에 관한 명료성에 관한 것이다.

## 정확화 과정

정확화 과정은 개인이 특정 지식을 어느 정도나 정확히 이해하고 있는지를 결정하는 것과 관련된 것이다. 정확화 과정은 명료화 과정과 구별되지만 연관이 있다. 즉, 학생은 지식의 어떤 측면들에 대하여 애매모호함이나 불분명함 없이 명료하게 알고 있을 수는 있겠지만, 사실상 부정확한 상태에 있을 수도 있다. 정확화 과정의 메타인지 과정과 오류 분석의 분석 과정은 모두 부정확성들과 오류들을 다루기 때문에 이 둘을 대조해보는 것은 중요하다. 오류 분석은 자신뿐만 아니라 다른 사람이 범한 오류들과 관련된 것이다. 정확화 과정은 자기 자신의 부정확성들과 오류들만 다루는 것이다. 뿐만 아니라 정확화 과정은 정확성에 관한 자신의 가정들을 확인하는 것과 연관이 있다. 예를 들어, 한 학생이 정치 입후보자의 입장을 정확하게 이해한다는 믿음을 가지고 있다고 가정해보자. 그러나 정확화 과정의 메타인지 과정을 적용시켰을 경우, 학생은 그 후보자의 입장에 대한 가정들이 실제로 정확한지 여부를 점검하고 진위여부를 결정하게 될 것이다. 오류 분석은 '자기 자신의 가정을 점검하는' 측면과는 관계없다.

[도식 7.5]는 지식의 세 개 영역들에 걸쳐서 정확화 과정에 대한 목표와 과제를 열거하고 있다.

**도식 7.5** 목표와 과제의 정확화 과정

| | 과제 | 목표 | 지식 초점 | 과목/학년 | 표준 진술 |
|---|---|---|---|---|---|
| 정보:<br>세부사항:<br>용어,<br>사실,<br>시간 순서 | 우리는 진정한 상관관계와 믿을 수 있는 상관관계의 차이점에 대해 토론해왔다. 이 차이점의 어떠한 면들을 당신은 믿는가? 당신이 정확하게 이해하고 있는지 확인하라. | 학생들은 진정한 상관관계와 믿을 수 있는 상관관계에 대해 그들이 정확하게 알고 있는 정도에 대해서 확인하고 방어할 수 있을 것이다. | 특정 수학 용어 | 수학/<br>9~12 | 상관관계의 기본 개념에 대해 이해한다. (예를 들어 진정한 상관관계 대 믿을 수 있는 상관관계; 두 개의 변인들이 상관되었을 때 어떻게 알 수 있는지) |

## 도식 7.5 목표와 과제의 정확화 과정 (계속)

| | 과제 | 목표 | 지식 초점 | 과목/학년 | 표준 진술 |
|---|---|---|---|---|---|
| 정보: 세부사항: 용어, 사실, 시간 순서 | 우리는 영어와 연관성이 있는 외국어를 배우기 쉽다는 것에 대해서 배워왔다. 예를 들어 스페인어와 영어의 과일은 각각 fruta와 fruit로 서로 관련성이 있다. 그러나 종종 믿을 수 없는 친구라고 불리기도 하는 허위동족언어는 단어의 진정한 의미에 대해 기억하기 어렵게 하는 경우도 있다. 예를 들어 '돕다' 는 뜻의 영어 assist를 연상시키는 스페인어 assistir는 참석하다(attend)를 의미하며, 영어의 돕다(assist)는 뜻에 해당되는 스페인어는 ayudar이다. 첨부된 것은 허위동족언어들과 동족언어들의 목록이다. 어떤 것들을 틀리지 않고 확인할 수 있는가? 당신이 틀리지 않았다는 것을 어떻게 아는가? | 학생들은 특정 단어가 허위동족언어인지 혹은 동족언어인지에 대해 왜 그러한지 확인하고 설명할 수 있게 될 것이다. | 특정 외국어 전문용어 | 외국어/ 유치원-4 | 학생들이 학습하기 시작한 언어와 모국어에서 일반적인 동족언어와 표현방법에 대해 안다. |
| 정보: 일반화의 체계화 | 최근에 당신이 내린 결정이나 다른 사람이 내린 결정을 선택하라. 이 결정에 대한 기회비용에 대해 당신이 올바른 판단을 내렸는지 확인하라. 당신이 정확하게 올바른 판단을 내렸다는 것을 어떻게 알 수 있는가? 당신의 이해도에 대해 확인해보라. | 학생들은 기회비용의 예시를 제공하는 정확성에 대해 확인하고 방어할 수 있게 될 것이다. | 기회비용에 대한 일반화 | 경제/ 6~8 | 기회비용의 필요성과 다른 가능성 있는 선택들과 연관된 비용들과 장점들을 비교하는 것을 포함한 효과적인 경제학적 결정에 대해 이해한다. |
| 정보: 원리의 체계화 | 전도, 대류, 복사의 정확한 예시들에 대해 확인할 수 있는가? 이러한 것들이 입증된 예시라는 것에 대해 어떻게 확신할 수 있는가? 당신의 논리를 확인해보라. | 학생들은 전도, 대류, 복사의 일상적인 실례를 선정할 때의 정확성에 대해 확인하고 방어할 수 있게 될 것이다. | 전도, 대류, 복사에 대한 원리 | 과학/ 6~8 | 전도와 대류, 복사는 항상 열에너지가 따뜻한 물체나 지역에서 차가운 지역이나 물체로 이류한다는 것에 대해 안다. |

## 도식 7.5 목표와 과제의 정확화 과정 (계속)

| | 과제 | 목표 | 지식 초점 | 과목/학년 | 표준 진술 |
|---|---|---|---|---|---|
| 지적 처리과정: 기술 | 당신에게 제시된 문제는 당신으로 하여금 간접적인 측정에 대해 특정한 방법을 이용하도록 요구하고 있다. 과정의 어느 부분을 당신이 올바르게 처리했는지 알 수 있는가? 당신이 옳았는지에 대해 어떻게 알 수 있는가? 당신이 이용한 단계들에 대해 확인해 보라. | 학생들은 간접 측정을 위한 특정한 기술들에 대해 그들이 이해하는 정도에 대해 확인하고 방어할 수 있게 될 것이다. | 간접 측정에 관한 특정한 기술 | 수학/ 9~12 | 특정 상황(물체의 높이를 간접적으로 측정하기 위해 유사한 삼각형들의 성질을 이용한다) 측정(직접적인 혹은 간접적인)의 적당한 방법을 선정하고 이용한다. |
| | 객관식 문제들 중 세 개의 문항에서 당신은 답을 어림짐작해야만 했다. 어림짐작의 선택과 이용에 대해 당신은 옳았는가? 당신이 올바르게 했는지에 대해 어떻게 알 수 있는가? 당신의 전략을 확인해보라. | 학생들은 그들이 선택한 어림 전략이 왜 정확하게 이용되었는지에 대해 확인하고 설명할 수 있게 될 것이다. | 특정 어림 전략 | 수학/ 3-5 | 특정한 전략(예를 들어, 사용자가 직접 이용하는 판단, 반올림)을 이용해 계산을 어림하고 정확하게 했는지 확인한다. |
| 지적 처리과정: 과정 | 우리가 학습해왔던 다양한 상황에서 당신은 어느 정도까지 GPS를 올바르게 사용할 수 있는가? 당신이 올바르게 이용했는지 어떻게 알 수 있는가? | 학생들은 다양한 상황들에서 그들이 GPS를 올바르게 이용한 정도에 대해 확인하고 방어할 수 있게 될 것이다. | GPS 기기를 이용하는 일반적인 과정 | 지리/ 9~12 | 지리학적 기술(지리정보시스템과 인공위성으로 생성되는 이미지)의 요소와 이용에 대해 이해한다. |
| | 제시된 광고물들을 당신이 검토했을 때, 과장된 설득, 화려한 일반화들, 혹은 당신을 설득하기 위한 다른 시도들에 대해 당신은 어느 정도까지 정확하게 그것들을 구분해낼 수 있는가? 당신이 정확하게 구분해내었는지에 대해 어떻게 알 수 있는가? 당신의 결정들에 대해 증거를 제공하라. | 학생들은 광고물에서 소비자들을 설득하기 위해 이용된 전략들을 그들이 어느 정도까지 발견할 수 있는지에 대해 확인하고 방어할 수 있게 될 것이다. | 광고에서 설득의 과정 | 언어 과목/ 6~8 | 시각 매체에서 특정 청중을 납득시키거나 호소력을 주기 위해 이용한 방법에 대해 안다. (생산 기술, 예를 들어 흥밋거리의 뉴스 디자인, 설득 기술, 예를 들어 과장된 주장이나 편협된 정보의 이용, 매혹적인 생활 방식의 묘사와 극적인 일반화들) |

**도식 7.5** 목표와 과제의 정확화 과정 (계속)

| | 과제 | 목표 | 지식 초점 | 과목/학년 | 표준 진술 |
|---|---|---|---|---|---|
| 심동적 처리과정: 기술 | 당신이 스페인어로 발표를 만들었을 때, 당신은 각각의 단어를 정확하게 발음했는가? 당신이 각각의 단어를 정확하게 발음했는지에 대해서는 어떻게 알 수 있는가? 당신이 각각의 단어들을 발음한 것에 대해 다시 한 번 검토해보라. | 학생들은 그들이 발표에서 이용한 스페인 단어들이 올바르게 발음되었는지에 대해 확인하고 설명할 수 있게 될 것이다. | 특정 단어를 발음하는 기술 | 외국어/유치원-4 | 다양한 청중들(예를 들어, 동료들, 교사들)과 다양한 환경(예를 들어, 공식적인, 비공식적인)을 위해 언어 기법들과 규칙들 및 스타일(예를 들어, 문법, 철자, 문장 구조, 단어, 방언, 은어나 관용구들; 발음, 억양, 톤, 강세)을 이용한다. |
| | 당신은 알파벳 단어들을 쓸 때 어느 것을 정확하게 쓰는가? 어떤 알파벳은 더 노력을 해야 하는가? | 학생들은 알파벳의 어느 글자들을 정확하게 쓸 수 있는지에 대해 확인할 수 있게 될 것이다. | 알파벳의 특정 글자를 쓰는 기술 | 언어 과목/유치원 | 익숙한 단어들을 써보거나 모방해서 써본다. (예를 들어, 이름이나 애완견의 이름) |
| 심동적 처리과정: 과정 | 수업 시간에 발표를 할 때, 목소리의 적당한 톤과 크기를 얼마나 잘 이용하는가? 또한 그것들을 잘 이용하는지에 대해서는 어떻게 알 수 있는가? 우리가 학습해 왔던 효율적인 토론의 규칙들을 따르는가? 어떻게 알 수 있는가? | 학생들은 발표를 할 때 목소리의 톤과 크기를 조절하는지 여부에 대해 확인할 수 있게 될 것이다. | 발표를 할 때 목소리의 톤과 크기를 조절하는 과정 | 언어 과목/유치원-2 | 구두 소통을 요구하는 다양한 상황에서 적당한 크기의 목소리와 높낮이와 표현을 이용한다. (예를 들어, 소규모의 그룹 환경, 비공식적인 토론, 수업시간내 토론, 혹은 발표) |
| | 당신이 운동에서 득점을 할 때 다른 사람이 당신의 운동을 비디오로 녹화했다. (예를 들어, 체조, 승마, 혹은 다이빙) 당신이 그 운동을 할 때 어떤 것을 성취했는지 당신이 믿는 것에 반해서 비디오테이프에서 당신의 행위를 다시 한 번 검토하라. 당신이 내린 결정들에서 정확했는가? 왜 그런가 혹은 왜 그렇지 않은가? 당신의 결론을 위해 증거를 제시하라. | 학생들은 그들이 특정한 운동을 수행하는 과정에서 내린 결정에 반해 그들의 운동 수행을 녹화한 테이프를 보면서 내린 결정을 확인하고 방어할 수 있게 될 것이다. | 특정한 운동을 수행하는 과정 | 체육/9~12 | 선택된 운동들이나 활동들에 고급 기술을 이용한다. (예를 들어, 수영, 춤, 등산, 테니스, 야구) |

[도식 7.5]에서 보여주듯이, 정확화 과정의 중요한 면은 정확성에 대한 자신의 판단을 방어하거나 입증하는 것이다. 이것이 의미하는 바는, 학생들은 자신의 정확성에 대해 판단을 내려야 할 뿐만 아니라 그런 판단을 내린 근거도 제시해야만 한다는 것이다.

목표와 과제의 정확화 과정 기술에 일반적으로 사용되는 용어나 어구는 다음과 같은 것들이다.

- 당신이 정확하다고 믿는 것은 무엇인가
- 당신이 부정확하다고 믿는 것은 무엇인가

정확화 과정을 위해 사용되는 가장 일반적인 양식은 글이나 구술로 짧거나 길게 완성하도록 구성된 응답 양식이다.

다시 한 번 언급하지만, 지식의 모든 영역들에 걸쳐서 정확화 과정 과제의 중요한 면은 학생들이 정확하다고 믿고 있는 정보가 실제로 정확한지를 입증해야 한다는 것이다. 결과적으로 정확화 과정 과제들은 이전에 제시되었던 정보에 대해 검토하고 확인하는 것과 연관이 있다. 이미 언급되었지만, 이것은 오류 분석의 분석 과정과는 다르다.

## 정보 관련 정확화 과정

정보 영역의 정확화 과정 과제는 학생들에게 특정 세부사항이나 아이디어의 조직화에 대해 자신들이 얼마나 정확한지를 확인하도록 요구한다. 예를 들어, 세부사항들을 위한 첫 번째 정확화 과정 과제는 특정한 용어들과 관련된 것이다. 이 과제를 완수하려면, 학생들은 이 용어들에 대해서 제시된 정보들을 점검하고, 그 용어에 대해 자신들이 현재 이해하고 있는 것과 그 정보를 비교해야 한다. 아이디어의 조직화에 관한 첫 번째 정확화 과정 과제는 기회비용에 관한 일반화를 정확히 인지하고 있는지와 연관된 것이다.

## 지적 처리과정 관련 정확화 과정

지적 처리과정 영역의 정확화 과정 과제는 학생들로 하여금 특정한 지적 기술과 과정을 자신들이 얼마나 정확하게 실행하는지에 대해 결정하도록 요구하고 있다. 예를 들어, 지적 기술에 관한 첫 번째 정확화 과정 과제는 간접 측정에 관한 특정한 기술과 연관이 있다. 학생들은 그 기술의 구성요소들을 자신들이 얼마나 정확하게 수행하는지에 대해 밝혀야 한다. 지적 처리과정의 첫 번째 정확화 과정 과제는 GPS 기기를 이용하기 위한 일반적인 과정의 정확도와 연관이 있다.

처리과정에 대한 점검 과정과 처리과정의 정확화 과정을 구별하는 것은 중요하다. 본 장에서 이미 서술되었듯이, 점검 과정의 메타인지 기술은 특정한 목적과 연관이 있다. 학생들은 처리과정에 관해 특정한 목적을 세우고 나서 그 목적들이 어느 정도까지 충족되고 있는지에 대해 점검해야만 한다. 정확화 과정의 메타인지 과정은 학생들의 목적 설정과 반드시 결부되는 것은 아니다. 이 과제를 완수하려면 학생들은 처리과정의 단계들이 얼마나 정확하게 수행되고 있는지에 대해 판단하고 이 단계들에 관해 자신이 이해하고 있는 내용의 타당성을 확인해야 한다.

## 심동적 처리과정 관련 정확화 과정

심동적 처리과정 영역에서의 정확화 과정은 지적 처리과정 관련 정확화 과정과 동일한 양상을 띤다. 이것은 학생들에게 자신들이 특정 심동적 기술과 과정을 얼마나 정확하게 수행하고 있는지에 대해 판단하고 자신들이 내린 판단이 정확한지에 대해 확인하는 것을 요구한다. 예를 들어, 심동적 기술의 첫 번째 정확화 과정 과제는 특정한 단어들을 발음하는 기술과 연관되어 있다. 학생들은 이 처리과정을 자신이 올바르게 수행하고 있는지에 대해 판단을 내리고 자신이 내린 판단의 타당성에 대해 검토해야 한다. 다시 말하지만 이것은 개인적으로 설정한 목적과 연관이 없기 때문에 점검 과정에 대한 메타인지 기술과는 다른 것이다. 이것은 또한 단순하게 처리과정의 결과에 대해 실험하는 것 이상이기 때문에 오류 분석과는 다르다. 심동적 과정의 첫 번째 정확화 과정 과제는 발표를 할 때 톤과 목소리를 조절하는 과정과 연관되어 있다.

## 목표와 과제의 메타인지 요점 정리

### 목표와 과제의 목적 구체화

- 학생들에게 목적들을 세우고 그 목적들을 성취하기 위한 계획을 세우도록 요구한다.
- 다음과 같은 용어나 어구를 포함한다: 목적 설정, 성취하고자 하는 것, 원하는 것의 확인.
- 글이나 구술로 짧거나 길게 완성하도록 구성된 응답 양식을 사용한다.

### 목표와 과제의 점검 과정

- 학생들에게 지식 영역과 관련된 목적들을 얼마나 효과적으로 성취하고 있는지 판단하도록 요구한다: 목적 구체화에 대한 메타인지 과정을 통한 목적 설정이나 특정 상황을 위한 목적 설정이 가능하다.
- 다음과 같은 용어나 어구를 포함한다: 점검하다, 평가하다, 얼마나 잘했는지 결정하다, 얼마나 효과적으로 했는지 결정하다.
- 글이나 구술로 짧거나 길게 완성하도록 구성된 응답 양식을 사용한다.

### 목표와 과제의 명료화 과정

- 학생들에게 지식의 특정한 측면에 대해 어느 정도 분명하게 알고 있는지 판단하도록 요구한다.
- 다음과 같은 용어나 어구를 포함한다: 당신이 확실히 알고 있는 것, 당신이 불확실하게 알고 있는 것, 당신이 더 잘 이해할 수 있는 방법.
- 글이나 구술로 짧거나 길게 완성하도록 구성된 응답 양식을 사용한다.

### 목표와 과제의 정확화 과정

- 학생들에게 지식에 대한 이해력이 어느 정도 정확한지 판단하도록 요구한다: 무엇이 옳고 정확한지에 대한 가정들을 재검토하는 것과 연관이 있다.

- 다음과 같은 용어나 어구를 포함한다: 무엇에 대해 당신이 정확하다고 믿고 있는지, 무엇에 대해 당신이 부정확하다고 믿고 있는지.
- 글이나 구술로 짧거나 길기 완성하도록 구성된 응답 양식을 사용한다.

제8장

# 목표와 과제의 자율체계

자율체계 사고(self-system thinking)는 새로운 내용을 배우고자 하는 자신의 동기를 가늠하고 분석하는 것과 연관된 것이다. 2장에서 설명한 바와 같이, 자율체계 사고에는 네 가지 측면이 포함되어 있다. 즉 (1) 중요도 검토(examining importance), (2) 효능감 검토(examining efficacy), (3) 정서적 반응 검토(examining emotional response), (4) 동기 검토(examining motivation)이다.

## 중요도 검토

중요도 검토의 자율체계 과정은 특정 지식을 배우는 것이 자신에게 얼마나 중요하다고 믿고 있는지 분석한 다음 그 이슈와 관련된 자신의 믿음을 검사하는 것과 관련이 있다. 만약에 한 개인이 특정한 지식을 자신의 수준 안에서 중요하다고 인식하지 못한다면, 그 사람은 그것을 배우려는 동기부여가 확실치 않을 것이다.

[도식 8.1]은 세 가지 지식 영역에 걸친 중요도 검토의 자율체계 과정을 위한 목표와 과제들을 열거한 것이다.

중요도 검토는 특정한 지식을 배우는 것이 얼마나 중요한 것으로 인지되고 있는지를 단순히 확인하는 차원 이상의 의미를 가진다. 그것은 개인의 사고에 내재된 논리를 점검하고 정당화하는 것과도 관련 있다. 명백하게 이 과정의 후자는 상급 학년 학생들에게 적용이 더욱 용이하다. 하급 학년 학생들에게 기대하는 수준은, 그들이 어떤 것을 얼마나 중요한 것으로 인식하는지를 분명히 알고 이러한 인식의 근거들을 제시하는 정도이지 자신의 사고를 분석하는 정도의 수준은 아니다.

중요도 검토의 목표 또는 자율체계 과정의 다른 유형에 대한 표준 진술을 명백히 하는 것은 어렵다. 다음 장에서 논의하겠지만, 어떤 지역이나 학교는 자율체계 목적을 커리큘럼의 명시적 부분으로 설정하는 것을 결정하여야 할 것이다. 하지만 그들은 주 표준문서나 국가 표준문서를 통해 그렇게 할 권한을 위임받지는 못한다는 것을 알게 될 것이다.

### 도식 8.1 목표와 과제의 중요도 검토

| | 과제 | 목표 | 지식 초점 | 과목/학년 | 표준 진술 |
|---|---|---|---|---|---|
| 정보:<br>세부사항:<br>용어,<br>사실,<br>시간 순서 | 당신은 당신의 삶과 다른 문화적 환경 속에서 공부하고 있는 아이들의 삶이 어떻게 다른지 아는 것이 얼마나 중요하다고 생각하는가?<br>당신의 팀원들은 여태까지 각자 자신들의 가족들이 가지는 고유의 특성들에 대해 이야기해보는 시간을 가져왔는데, 우리 집과 다른 친구들의 집이 무엇이 어떻게 왜 다른지에 대해 아는 것이 과연 중요할까? 당신의 답변이 논리적인지 생각해보라. | 학생들은 다른 아이들의 삶이 자신의 삶과 어떻게 다른지에 대해 배우는 것에 대한 자신들이 세운 개인적 중요성에 대해 파악할 수 있다. | 특정 가족들의 사는 법에 대한 사실들 | 외국어/<br>K-4 | 이미 학습한 문화들의 실용적인 형태를 이해하며, 자신의 고유 문화와 다른 이들의 문화를 비교할 수 있다. (예를 들어, 장난감, 옷들, 집, 전형적인 식단, 화폐 등) |
| | 당신의 가치들과 원칙들 사이에서 존재하는 갈등들의 종류들을 이해하는 것이 왜 중요하다고 생각하는가? 예를 들어, 우리가 전 시간에 배웠던 다수결의 원칙과 소수의 주권 사이의 특정한 갈등에 대해서 말이다. 앞으로 이러한 갈등들을 이해하는 것이 우리에게 왜 중요할까? 당신의 답변이 논리적인지 생각해보라. | 학생들은 가치들과 원칙들 사이에서 존재하는 갈등들을 이해하는 것에 대한 자신들이 세운 개인적 중요성에 대해 파악하고, 자신의 판단에 따른 근거를 분석할 수 있다. | 특정 갈등들에 대한 사실들 | 공민학/<br>6~8 | 기본적인 가치들과 원칙들 사이의 과거 갈등들에 대해 이해할 수 있다. (예를 들어, 개인의 권리와 공유 재산의 갈등 혹은 다수결의 원칙과 소수의 주권 사이의 갈등) |

## 도식 8.1 목표와 과제의 중요도 검토 (계속)

| | 과제 | 목표 | 지식 초점 | 과목/학년 | 표준 진술 |
|---|---|---|---|---|---|
| 정보: 일반화의 체계화 | 당신은 과학이 이 세상의 모든 질문들에 답해줄 수 없다는 것과, 기술이 인간의 모든 문제들을 해결하거나 혹은 인간의 모든 요구를 충족시킬 수 없다는 사실에 대해 이해하는 것이 얼마나 중요하다고 생각하는가?<br>왜 이것을 이해하는 것이 중요하다고 생각하는가?<br>당신이 생각하는 이유들은 타당한가? | 학생들은 과학과 기술이 모든 문제들을 해결하며 인간의 모든 요구를 충족시킬 수 없다는 것을 이해하는 것에 대한 자신들이 세운 개인적 중요성에 대해 파악하고 자신의 판단에 따른 근거를 분석할 수 있다. | 과학과 기술의 한계점에 대한 일반화 | 기술/ 6~8 | 과학과 기술이 제한점을 가지는 것에 대해 이해할 수 있다. |
| 정보: 원리의 체계화 | 당신은 기하학적 도형들 사이의 관계들과 속성들에 대해 아는 것이 얼마나 중요하다고 생각하는가? 이것을 왜 이해하는 것이 중요하다고 생각하는가?<br>당신의 생각은 설득력이 있는가? | 학생들은 기하학적 도형들 사이의 관계들과 속성들을 이해하는 것에 대한 자신들의 개인적 중요성에 대해 파악하고, 자신의 판단에 따른 근거를 분석할 수 있다. | 기하학적 도형들의 관계에 대한 원칙들 | 수학/ 9~12 | 도형들의 속성과 관계들을 이해함으로써 현실에 존재하는 수학적 문제들을 해결할 수 있다.<br>(예를 들어, 호, 현, 탄젠트의 특성을 이해함으로써, 혹은 이해한 원의 특성을 유추하여 반지름의 값을 도출해냄으로써 문제를 풀 수 있다. |
| 지적 처리과정: 기술 | 우리는 과거의 특정한 역사적 사건들을 적용시켜 자신에게 현재 일어나는 것들을 생각하고 판단하는 방법들을 학습해왔다. 이 방법이 당신에게 있어 중요한 기술인지 생각해보라. 당신의 생각은 설득력이 있는가? | 학생들은 자신의 삶과 역사적 사건들을 연관지어 생각할 수 있는 것이 얼마나 중요한지 스스로 판단할 수 있을 것이다. | 특정한 역사적 사실들과 자신의 삶을 연관지을 수 있는 기술 | 역사 이해/ 9~12 | 과거에 배운 특정한 교훈들이 언제나 현재의 문제들을 해결해주지는 못한다는 점을 이해할 수 있다. |

## 도식 8.1 목표와 과제의 중요도 검토 (계속)

| | 과제 | 목표 | 지식 초점 | 과목/학년 | 표준 진술 |
|---|---|---|---|---|---|
| 지적 처리과정: 기술 | 당신이 응급상황에 처한 것을 깨닫고 어떻게 상황에 대처해야 하는지 아는 것이 얼마나 중요하다고 생각하는가? 이것이 왜 중요하다고 생각하는가? 중요하지 않다면 왜 그렇게 생각하는가? 예시를 들어 당신의 생각에 설득력을 높여라. | 학생들은 응급상황을 인식하는 것에 대한 자신이 세운 개인적 중요성을 파악할 수 있다. | 응급상황을 인식하고 대처하는 기술 | 보건/ K-2 | 응급상황을 어떻게 인식하고 어떻게 대처하는지에 대해 이해할 수 있다. (예를 들어 도움을 얻기 위해 소방서나 경찰서에 전화를 건다거나, 어른들의 도움이 절실히 필요하다는 사실과, 긁힌 상처나 멍 등을 치료하는 기본적인 구급방법에 대해 알 수 있다.) |
| 지적 처리과정: 과정 | 시스템적인 관찰을 통해 최종적으로 논리적인 결론을 도출해내는 간단한 실험을 계획해보고 실행하는 것이 얼마나 중요한가? 당신은 이것을 중요하다고 보는가? 당신이 내린 결론에 대한 적절한 근거들을 설명할 수 있는가? | 학생들은 실험계획과 실행에 대한 자신의 개인적 중요성을 파악하고, 자신의 판단에 따른 근거를 분석할 수 있다. | 간단한 실험을 계획하고 실행하는 과정 | 과학/ 3~5 | 간단한 실험을 디자인하고 실행할 수 있다. (예를 들어 어떤 과학지식에 대한 질문을 만들어보고 적합한 방법으로 관찰을 한 뒤, 논리적인 결론을 도출해낸다.) |
| | 중요한 아이디어와 비판성을 띤 내용을 담고 있는 정보글을 다른 말로 바꾸어 쉽게 표현하거나 중요한 내용만 요약할 수 있는 것이 얼마나 중요한가?<br>당신의 생각이 왜 옳다고 생각하는가?<br>당신의 생각을 설명해보라. | 학생들은 정보글을 다른 말로 바꾸어 쉽게 표현하거나 중요한 내용만 요약하는 것에 대한 자신의 개인적 중요성을 파악하고, 자신의 판단에 따른 근거를 분석할 수 있다. | 정보글을 다른 말로 바꾸어 쉽게 표현하거나 요약하는 과정 | 언어 예술/ 6~8 | 글속에 묻힌 정보의 이해력을 향상시키기 위해 요약하거나 다른 말로 바꾸어 쉽게 표현할 수 있다.<br>(예를 들어 논리적인 순서대로 정보들을 배열한다; 가장 중요한 아이디어, 필수적인 세부사항과 중요한 의미를 전달한다; 자신만의 언어를 구사하거나 인용글도 사용한다; 작가의 관점을 그대로 옮긴다.) |

## 도식 8.1 목표와 과제의 중요도 검토 (계속)

| | 과제 | 목표 | 지식 초점 | 과목/학년 | 표준 진술 |
|---|---|---|---|---|---|
| 심동적 처리과정: 기술 | 우리는 리드악기들의 음계들을 연주하는 연습을 해왔는데 당신은 이 연습이 왜 중요하다고 생각하는가?<br>중요하지 않다면 왜인가? | 학생들은 리드악기로 음계를 연주하는 것이 왜 중요한가에 대해서 설명할 수 있다. | 리드악기로 간단한 음계 연주 | 음악/ K-2 | 기본적인 악기로 음계를 연주할 수 있다. |
| | 미술 재료들을 책임감을 가지고 안전하게 사용해야 하는 것이 왜 그리고 얼마나 중요한지 생각해보라.<br>당신의 답변에 대해 몇 가지 이유들을 설명해보라. | 학생들은 미술 재료를 안전하게 사용하는 것에 대한 자신의 개인적 중요성을 파악하고, 자신의 판단에 따른 근거를 분석할 수 있다. | 미술 재료를 안전하게 사용하기 | 시각 예술/ K-4 | 미술 재료와 도구를 안전하고 적합하게 사용할 수 있다. |
| 심동적 처리과정: 과정 | 신체 운동 환경을 위해 우리가 따라야 할 규칙들과 절차들이 얼마나 중요한가에 대해 생각해보라. 당신은 이것들이 필요하다고 생각하는가?<br>당신의 생각을 설명해보라. 당신의 생각을 얼마동안 잘 생각해보았는가? | 학생들은 신체 운동 환경을 위해 우리가 따라야 할 규칙들과 절차들에 대한 자신의 개인적 중요성에 대해 파악하고, 자신의 판단에 따른 근거를 분석할 수 있다. | 신체 운동 환경을 위한 규칙과 절차 따르기 | 체육/ 7~8 | 신체 운동 환경을 위한 규칙들과 절차들의 중요성을 알 수 있다. |
| | 소규모 그룹 토의를 하거나 반 전체에 발표를 할 때, 상황의 조건에 따라 자신의 발성수준을 다르게 내는 것이 얼마나 중요한가에 대해 생각해보라. 당신의 생각을 조리 있게 설명해보라. | 학생들은 자신이 속한 상황들에 따라 달라지는 발성수준을 사용하는 것에 대한 자신의 개인적 중요성에 대해 파악하고, 자신의 판단에 따른 근거를 분석할 수 있다. | 각기 다른 환경조건에 따른 다양한 발성수준 사용 | 언어 예술/ K-2 | 상황에 따라 음량, 말씨, 억양을 조절할 수 있다.<br>(예를 들어 소규모 그룹, 비공식적 토론, 학급 토론, 학급 발표) |

목표와 과제의 중요도 검토에서 일반적으로 사용되는 용어와 어구는 다음과 같다.

- 이것이 당신에게 얼마나 중요한가?
- 당신은 이것이 왜 중요할 것이라고 생각하는가?
- 이것이 중요한 이유를 몇 가지 제시할 수 있나?
- 당신의 사고는 얼마나 논리적인가?

중요도 검토를 위해 사용되는 가장 일반적인 양식은 글이나 구술로 짧거나 길게 답하도록 구성된 응답 양식이다.

## 정보 관련 중요도 검토

정보 영역에서의 중요도 검토 과제는 세부내용과 아이디어의 조직화를 학습하는 것이 얼마나 중요한지 판단하고 그러한 인식결과의 논리를 분석하는 것을 말한다. 예를 들면, 세부사항을 위한 첫 번째 중요도 검토 과제는 특정 가정들에 대한 사실과 관련 있다. 학생들은 이 정보가 얼마나 중요하다고 자신들이 믿고 있는지를 먼저 확인한다. 그런 다음 그들은 자신의 사고의 논리를 고려한다. 아이디어의 조직화를 위한 첫 번째 중요도 검토 과제는 과학과 기술에 대한 일반화와 연관된 중요성을 인식하는 것으로 말할 수 있다.

## 지적 처리과정 관련 중요도 검토

지적 처리과정 영역에서의 중요도 검토 과제는 특정한 지적 능력과 과정들을 배우고 그러한 인식들의 논리를 분석하는 것이 얼마나 중요한지 결정짓는 것을 말한다. 예를 들면, 지적 능력을 위한 첫 번째 중요도 검토 과제는 특정한 역사적 사건을 개인의 삶과 연관시킬 수 있는 능력으로 설명할 수 있다. 이러한 경우, 교사는 학생들에게 간단한 방법과 규칙들을 제공해야 한다. 학생들은 먼저 이것을 중요한 능력으로 인식하고 있는지 여부를 결정한 다음 자신의 사고를 분석하여야 한다. 지적 과정을 위한 첫 번째 중요도 검토 과제는 간단한 조사를 계획하고 수행하는 과정과 연관된 중요성을 인식하는 것으로 설명할 수 있다.

### 심동적 처리과정 관련 중요도 검토

심동적 처리과정 영역에서의 중요도 검토 과제는 심동적 기술과 과정을 배우는 것이 얼마나 중요한지 결정하고 이러한 인식결과의 논리를 분석하는 것을 말한다. 예를 들어, 심동적 기술을 위한 첫 번째 중요성 탐구 과제는 간단한 음계를 악기로 연주하는 것과 관계있다. 학생들은 실제 악기로 음계를 연주하는 방법을 배우는 것이 얼마나 중요하다고 자신들이 믿고 있는지 판단하고, 그런 다음 자신들의 논리를 뒷받침하여야 한다. 심동적 과정을 위한 첫 번째 중요도 검토 과제는 미술 재료들을 안전하게 사용하는 과정이 얼마나 중요한지 인식하는 것과 관련이 있다.

## 효능감 검토

효능감 검토의 자율체계 과정은 특정 지식의 종류과 연관된 개인의 이해력과 능숙도를 어느 정도까지 향상시킬 수 있다고 믿는지에 대하여 검토하는 것과 관련이 있다. 이것은 그 이슈에 대한 자신들의 사고를 검토하는 것과도 관련 있다. 만약에 개인이 어떤 지식의 특정 부분을 배움으로써 그들의 능숙도를 변화시킬 수 있다고 믿지 못한다면, 그들은 그것이 중요한 일이라고 인지하더라도 그것을 배우려는 의욕을 갖지는 못할 것이다. [도식 8.2]는 세 가지 지식 영역에 걸쳐 효능감 검토의 목표와 과제를 열거한 것이다.

목표와 과제의 효능감 검토에서 일반적으로 사용되는 용어와 어구는 다음과 같다:

- 당신은 향상할 수 있는가
- 당신이 얼마나 잘 할 수 있다고 생각하는가
- 당신은 얼마나 잘 배울 수 있는가
- 당신을 얼마나 잘 하는가
- 당신의 사고는 얼마나 논리적인가

효능감 검토를 위해 사용되는 가장 일반적인 양식은 글이나 구술로 짧거나 길게 답하도록 구성된 응답 양식이다.

## 도식 8.2 목표와 과제의 효능감 검토

| | 과제 | 목표 | 지식 초점 | 과목/학년 | 표준 진술 |
|---|---|---|---|---|---|
| 정보: 세부사항: 용어, 사실, 시간 순서 | 우리는 이라크 전쟁에 대해서 공부해왔다. 당신은 이 전쟁에 대해 깊게 이해할 수 있는가? 왜 그렇게 생각하는가? 당신의 생각을 설명해보라. 이 질문에 대한 당신의 결론을 어떻게 잘 설명할 수 있는가? | 학생들은 이라크 전쟁에 관한 자신의 사고범위를 향상시키고 분석할 수 있다. | 특정한 국제적 갈등의 세부사항 | 사회/ 9~12 | 특정한 국제 갈등양상에 대한 세부사항을 알 수 있다. |
| | 우리는 연방 최고 재판소의 발전에 대해 공부해왔다. 당신은 새 국가(미국)의 처음 몇 십 년 동안 연방 최고 재판소를 발전시킨 중요한 사건들을 깊게 이해할 수 있는가? 이를 신뢰하기 위해서는 어떤 논리적 근거를 가지고 있어야 하는가? 당신의 생각은 타당한가? | 학생들은 연방 최고 재판소의 발전에 대한 자신의 이해의 폭을 향상시키고 분석하고 논리화시킬 수 있다. | 연방 최고 재판소의 발전에 따른 세부사항 | 역사/ 9~12 | 미국의 연방 최고 재판소가 어떻게 설립되었는지 그리고 그것이 어떠한 중요 사건들에 의해 이끌어졌는지에 대해 알 수 있다. (예, Chief Justice Marshall, Article III of the Constitution, *Judiciary Act of 1789, Marbury v. Madison*) |
| 정보: 일반화의 체계화 | 우리는 자연 지리학이 중요한 역사적 사건들에 어떠한 영향을 끼쳤는지에 대한 예시들을 공부해왔다. 이러한 일반화 과정들을 더 잘 이해할 수 있을 거라고 생각하는가? 더 잘 이해할 수 있다면 왜이며, 할 수 없다면 또 그 이유는 무엇인가? 당신의 이유들은 타당한가? | 학생들은 지리학이 역사에 어떠한 영향을 끼쳐왔는지에 대한 자신의 이해의 폭을 향상시키고 분석하고 논리화시킬 수 있다. | 지리학이 역사에 어떠한 영향을 끼쳐왔는지에 대한 일반화 | 지리/ 6~8 | 어떠한 중요 역사적 사건들 혹은 운동들이 인간과 지리적인 요소들로 인해 영향을 받아왔는지에 대해 이해할 수 있다. (예를 들어 물리적인 갈등의 과정과 결과들; 남아메리카와 북아메리카에서의 노예 매매 성립, 바람과 바다의 기류 그리고 미국에서 사용한 다양한 토지측정 시스템의 결과에 의한 삼각무역의 수익성) |

## 도식 8.2 목표와 과제의 효능감 검토 (계속)

| | 과제 | 목표 | 지식 초점 | 과목/학년 | 표준 진술 |
|---|---|---|---|---|---|
| 정보: 원리의 체계화 | 지구와 달의 움직임은 지구의 많은 현상들을 설명한다. 당신은 일식과 월식 그리고 조수의 원리들을 잘 이해할 수 있는가? 왜 그렇게 생각하는가? 당신의 생각을 설명해보라. | 학생들은 지구의 현상들이 어떻게 지구와 달의 움직임에 의해 설명될 수 있는가에 대한 자신들의 이해를 분석하고 논리적으로 설명할 수 있다. | 지구의 움직임에 관한 원리 | 과학/ 6~8 | 지구의 현상들이 어떻게 태양과 달의 움직임과 순환에 의해 영향을 받는지에 대해 이해할 수 있다. (예를 들어, 낮과 밤, 계절들, 달의 표면과 일식과 월식, 조수) |
| 지적 처리과정: 기술 | 우리는 대화에서 사용하는 두 개의 일반적인 비언어적 신호들을 어떻게 해석하는가에 대해 공부해왔다. 이러한 특정한 비언어적 신호들을 해석하는 당신의 능력을 향상시킬 수 있는가? 그렇다면 왜 그렇게 생각하는가? 이 문제에 대해 얼마나 많은 생각을 해왔는가? | 학생들은 비언어적 신호들을 해석하는 자신의 능숙도를 향상시키고 논리적으로 분석할 수 있다. | 특정한 비언어적 신호들을 해석하는 능력 | 언어 예술/ 3~5 | 대화의 과정에서 사용하는 비언어적 신호들을 이해할 수 있다. |
| | 한 해 동안 우리는 서로 다른 분모들을 더하고 빼는 것에 대해 배워왔다. 이 기술을 향상시킬 수 있는가? 왜 그렇게 생각하는가? 당신의 생각을 설명해보라. | 학생들은 서로 다른 분수들을 더하거나 빼는 능숙도를 향상시키고 논리적으로 분석할 수 있다. | 분수의 덧셈과 뺄셈 | 수학/ 6~8 | 같은 분모와 다른 분모들을 가지고 덧셈과 뺄셈을 할 수 있다. |
| 지적 처리과정: 과정 | 우리는 기본적인 자료들을 지도, 그래프, 표로 해석하는 다양한 방법들을 공부해왔다. 해석의 과정을 얼마나 잘 익혀왔는가? 당신은 이 방식을 잘 향상시킬 수 있는지 생각해보았는가? 당신의 답을 논리적으로 설명해보라. 당신의 생각은 타당한가? | 학생들은 지도, 그래프, 표를 가지고 자료들을 해석하는 자신의 능숙도를 향상시키고 논리적으로 설명할 수 있다. | 지도, 그래프, 표를 가지고 자료 해석하기 | 지리/ 9~12 | 자료들을 지도, 표, 그래프들로 해석할 수 있다. (예를 들어, 특정한 정보적인 주제 혹은 도시인구에 기초한 유럽국가들의 상대적인 크기를 묘사하는 통계 지도를 포커싱한 인구조사 자료를 바탕으로 한 표) |

### 도식 8.2 목표와 과제의 효능감 검토 (계속)

| | 과제 | 목표 | 지식 초점 | 과목/학년 | 표준 진술 |
|---|---|---|---|---|---|
| 지적 처리과정: 과정 | 우리는 개인의 건강목표를 세우기 위해 최근의 신체 단련 평가의 결과와 그것을 어떻게 해석하는지에 대해 배웠다. 이 정보들을 얼마나 잘 이해하였으며 당신이 배운 것을 토대로 건강목표를 얼마나 잘 달성시킬 수 있는지에 대해 알 수 있는가? 왜 그렇게 생각하는가? 당신의 생각을 설명하라. 이 문제에 대해 당신은 얼마나 잘 알고 있는가? | 학생들은 신체 단련평가 정보를 통해 개인의 건강목표를 발전시키는 자신의 능숙도에 대한 이해 범위를 향상시키고 분석할 수 있다. | 신체 단련 평가 정보 사용 | 체육/ 7~8 | 신체 단련평가 정보를 해석하면서 자신의 건강목표와 계획을 어떻게 만드는지 이해할 수 있다. |
| 심동적 처리과정: 기술 | 우리는 컴퓨터 키보드를 치는 바람직한 타자법을 연습해왔다. 당신의 실력이 늘 것이라는 걸 아는가? 왜 그렇게 생각하는가? | 학생들은 자신의 타자 능숙도에 대한 이해 범위를 향상시키고 분석할 수 있다. | 특정 키보드 타자법 기술 | 기술/ 3~5 | 컴퓨터를 사용하면서 필요한 특정한 타자법을 사용할 수 있다. |
| | 우리는 특정한 등산 테크닉을 연습해왔다. 당신이 어려움을 겪었던 한 테크닉을 골라보자. 당신은 이 테크닉을 향상시킬 수 있는가? 왜 그렇게 생각하는가? | 학생들은 특정한 등산 테크닉의 능숙도에 대한 이해를 향상시키고 분석할 수 있다. | 특정한 등산 테크닉 | 체육/ K-2 | 활동들에 참여함으로써 자신의 근육을 강화시킨다. (예를 들어, 역도와 등산) |
| 심동적 처리과정: 과정 | 우리는 비언어적 신호로 관중들과 매우 잘 의사소통할 수 있다는 것을 배워왔다. 당신의 눈맞춤과 제스처, 자세를 향상시킬 수 있는가? 왜 그렇게 생각하는가? 왜 자신이 정확하다고 생각하는가? | 학생들은 비언어적 테크닉들을 사용함에 있어 자신들의 능숙도에 대한 이해 범위를 향상시키고 분석할 수 있다. | 비언어적 의사 소통 테크닉을 사용하는 과정 | 언어 예술/ 3~5 | 비언어적 특성과 함께 아주 솜씨 있게 의사소통하기(예를 들어, 눈맞춤과 손동작, 얼굴 표현) |
| | 자신이 하는 스포츠 안에서의 방어적 전략과 공격적 전략을 분석하라. 당신은 이 전략들을 얼마나 잘 실행하는가? 더 잘 할 수 있는가? 왜 그렇게 생각하는지 논리적으로 설명해보라. | 학생들은 방어와 공격 전략들을 사용하는 자신의 능숙도에 대한 이해 범위를 향상시키고 분석할 수 있다. | 특정 스포츠에서의 방어 전략과 공격 전략 | 체육/ 7~8 | 개인 혹은 팀 스포츠에서 기본적인 방어 및 공격 전략법 사용하기 |

## 정보 관련 효능감 검토

정보 영역에서의 효능감 검토 과제는 개인이 세부사항 및 아이디어의 조직화를 학습할 수 있는 자신의 능력에 대한 믿음을 확인하고 그런 다음 이러한 믿음의 논리적 근거들을 검토하는 것과 관련이 있다. 예를 들어 세부사항을 위한 첫 번째 효능감 검토 과제는 특정한 국제적 갈등에 대한 구체적인 내용과 관련된 것이다. 학생들은 이러한 구체적인 내용들에 대한 이해력을 향상시킬 수 있는 자신의 능력을 얼마나 믿고 있는지 결정하여야 한다. 그들은 또한 자신의 사고를 설명하고 그 근거를 뒷받침할 수 있어야 한다. 아이디어의 조직화를 위한 첫 번째 효능감 검토 과제는 지정학적 위치가 역사에 어떻게 영향을 미쳐왔는지에 대한 일반화와 관련된 효능감을 인식하는 것과 관계 있다.

## 지적 처리과정 관련 효능감 검토

지적 처리과정 영역에서의 효능감 검토 과제는 개인이 지적 기술 및 과정에서의 역량을 향상시킬 수 있는 자신의 능력에 대한 믿음을 확인하고 이러한 인식의 배후에 있는 논리적 근거를 분석하는 능력과 관련이 있다. 예를 들어, 지적 기술을 위한 첫 번째 효능감 검토 과제는 특정한 비언어적 기술을 해석하는 능력과 관련된 것이다. 학생들은 자신들이 이 능력을 향상시킬 수 있다고 믿고 있는지 여부를 결정하고 자신들이 그렇게 믿는 이유들을 결정하여야 한다. 지적 과정을 위한 첫 번째 효능감 검토 과제는 데이터를 지도, 그래프 및 차트로 변환하는 과정과 관련된 효능감의 인지와 관련된 것이다.

## 심동적 처리과정 관련 효능감 검토

심동적 처리과정 영역에서의 효능감 검토 과제는 심동적 기술 및 과정에서의 역량을 향상시킬 수 있는 자신의 능력에 대한 믿음을 확인하고 이러한 인식의 배후에 있는 논리적 근거를 분석하는 것과 관련 있다. 예를 들어 심동적 기술을 위한 첫 번째 효능감 검토 과제는 특정한 타자 치는 기술과 연관 지어 설명할 수 있다. 학생들은 이러한 심동적 기술 관련 역량을 향상시킬 수 있다고 자신들이 믿고 있는지를 결정하고 그런 자신의 믿음의 배후에 있는 사고과정을 설명하고 그 근거를 뒷받침하여야 한다. 심동적 과정을 위한 첫 번째 효능감 검토는 비언어적 소통의 테크닉 사용을 위한 과정과 관련된 것이다.

## 정서적 반응 검토

정서적 반응 검토의 과정은 특정한 지식과 연관된 감정이 있다면 그것이 무엇인지 확인하고, 이러한 감정들이 학습에 지장을 주는지 여부를 확인하고, 그러한 연관성 뒤의 논리적 근거를 확인하는 것과 관계있다. 2장에서 서술한 바와 같이, 학생 스스로가 어떤 것에 대한 지식을 얻는 것이 중요하며 자신들이 필요한 능력과 자원을 가지고 있다고 믿고 있을지라도, 부정적 감정은 학생의 학습 동기나 향상 의욕을 꺾을 수 있다. [도식 8.3]은 정서적 반응 검토를 위한 목표와 과제들을 세 개의 지식 영역에 걸쳐 열거한 것이다.

이러한 유형의 자율체계 사고의 중요한 특징은 정서적 반응의 근저에 깔려 있는 논리적 근거를 식별하는 것이다. 이러한 연관성들을 바꾸려는 시도는 필요하지 않고, 다만 이러한 연관성들을 이해하려는 시도만 필요할 뿐이다. 이 말이 의미하는 바는, 한 개인의 정서적 연관성을 인식하는 것이 그것들을 통제하는 기회를 제공한다는 논란이 생길 수 있다는 것이다.

목표와 과제의 정서적 반응 검토에서 일반적으로 사용되는 용어와 어구는 다음과 같다.

- ~에 대한 당신의 감정은 무엇인가
- 이러한 감정들의 근저에 깔린 논리는 무엇인가
- 당신의 생각이 논리적으로 타당한가

정서적 반응 검토를 위해 사용되는 가장 일반적인 양식은 글이나 구술로 짧거나 길게 답하도록 구성된 응답 양식이다.

## 도식 8.3 목표와 과제의 정서적 반응 검토

| | 과제 | 목표 | 지식 초점 | 과목/학년 | 표준 진술 |
|---|---|---|---|---|---|
| 정보:<br>세부사항:<br>용어,<br>사실,<br>시간 순서 | 우리가 공부해왔던 특정한 정치적 갈등을 향한 당신의 감정은 어떠한가? 예를 들어 과거의 노예제도, 모든 미국인들의 향상되는 시민권리 혹은 이민문제, 이라크 전쟁과 같은 현재의 시점에 관련한 역사적 순간을 예를 들어 이야기해보자. 당신이 느끼는 감정들이 어느 부분에서 일으켜졌는지 생각해보자. 당신의 생각이 타당하다고 생각하는가? | 학생들은 특정한 정치적 이슈와 관련된 자신의 감정들에 대해 확인할 수 있고 자신이 느끼는 감정의 원인을 분석할 수 있다. | 특정한 정치적 이슈에 관련한 세부사항 | 공민학/<br>6~8 | 과거와 현재의 미국의 정치적 갈등상황을 알 수 있다.(노예제, 시민권리, 선거권, 종교의 역할 등 국가의 발전과 동서양쪽 해안의 확장을 이끌었던 사건들) |
| | 미국 안의 여러 지역들에서 일어나는 사람들에 의한 특정한 변화들 그리고 그러한 변화들에 의해 미래에 해가 될 것에 대해 당신은 무엇을 느끼는가? 특정한 한 변화를 골라 반응해보자. 어떠한 부분이 당신의 그 감정을 일으켰는지 생각해보자. 당신의 생각이 타당하다고 생각하는가? | 학생들은 미국의 여러 지역에서 일어나는 사람에 의한 특정 변화에 대한 자신의 감정을 확인할 수 있고 그 감정의 원인을 분석할 수 있다. | 미국의 여러 지역에서 일어나는 사람에 의한 변화들에 관련한 세부사항 | 지리/<br>3~5 | 미국의 여러 지역에서 일어나는 사람에 의한 변화들이 가진 잠재적인 영향들을 파악할 수 있다. (늑대 야생 보존을 재도입한 몬타나주) |
| 정보:<br>일반화의<br>체계화 | 일차적인 혹은 부차적인 원인들이 작가의 동기, 흥미, 편견들을 어떻게 반영하는가에 대한 사실들에 대해 그리고 그것들이 어떻게 모순될 수 있는가에 대해 당신은 무엇을 느끼는가? 어떠한 생각이 당신의 감정에 기여했는지 그리고 그것이 논리적인지 생각해보자. | 학생은 일차적인 원인과 부차적인 원인들의 모순점에 관한 자신의 감정을 확인할 수 있고 그 감정의 원인을 분석할 수 있다. | 일차적인 원인과 이차적인 원인에 대한 일반화 | 역사<br>이해/<br>7~8 | 서로 다른 일차적인 원인과 부차적인 원인들 속의 동기, 흥미, 편견에 대해 이해할 수 있다. (신문이나 잡지, 편지 혹은 목격자에 의한 편지, 그림, 정보들) |

### 도식 8.3 목표와 과제의 정서적 반응 검토 (계속)

| | 과제 | 목표 | 지식 초점 | 과목/학년 | 표준 진술 |
|---|---|---|---|---|---|
| 정보: 원리의 체계화 | '종말' 에 대해 생각할 때 당신은 어떠한 감정을 느끼는가? 당신은 생물학적 진화의 중요성 관점에서 '종말' 을 보는가, 아니면 다르게 보는가? 당신의 사고는 논리적인가? 왜 그렇게 생각하는가? | 학생들은 종말의 개념에 관련된 자신의 감정들을 확인할 수 있으며, 그 감정의 원인을 분석할 수 있다. | 종말에 관한 원리들 | 과학/ 6~8 | '종말' 에 대해 이해하고, 그것이 어떻게 생물학적 진화에 영향을 주는지 알 수 있다. (예를 들어, 환경이 변할 때 모든 생물들이 적응할 수는 없다는 것과 지금까지 현존해 있는 모든 생물들이 종말에 위협을 느끼고 있다는 것) |
| 지적 처리과정: 기술 | 당신은 수업 중 토론의 질을 높이기 위해 질문을 하는 것에 대해 어떻게 느끼는가? 왜 그렇게 느끼는가? 당신의 생각은 타당한가? | 학생들은 수업 중에 질문하는 것에 대한 자신의 감정들을 확인하고 그 감정들을 분석할 수 있다. | 수업 중에 질문하는 기술 | 언어 예술/ 9~12 | 질문을 함으로써 수업토론의 질을 향상시킬 수 있다. |
| | 우리는 수업과제를 잘 하지 못할 때 겪는 스트레스를 어떻게 극복할 수 있는지에 대한 테크닉을 연습해왔다. 이 전략에 대해 당신은 어떻게 느끼는가? 왜 그렇게 생각하는가? 당신의 생각은 타당한가? | 학생들은 수업시간에 과제들로 인한 스트레스를 극복하는 전략을 배움으로써 느끼는 자신의 감정들을 확인할 수 있으며 그 감정의 원인을 분석할 수 있다. | 수업시간에 과제들로 인한 스트레스를 극복하는 방법 | 보건/ 6~8 | 수업시간에 과제들로 인한 스트레스를 극복하는 방법을 알 수 있다. |
| 지적 처리과정: 과정 | 당신이 발표를 한 후에 질문 혹은 피드백에 답할 때 당신은 어떤 감정을 느끼는가? (예를 들어 당신의 생각을 명확히 하고, 방어할 때 혹은 주제를 확장시킬 때) 당신은 왜 그렇게 느끼는가? 당신의 생각은 타당한가? | 학생들은 발표를 개선하기 위해 얻으려는 피드백에 관해 어떤 감정을 느끼는지 확인할 수 있을 것이며 그 감정의 원인을 분석할 수 있다. | 언어 예술/ 9~12 | 공민학/ 6~8 | 피드백과 질문에 답함으로써 발표를 개선시킬 수 있다. (예를 들어, 주제를 정밀하게 하고 당신의 생각을 정확히 하고 방어할 수 있다. 그리고 논리 체계를 사용할 수 있으며, 전반적인 성취를 느끼고 미래 계획을 세울 수 있다.) |

## 도식 8.3 목표와 과제의 정서적 반응 검토 (계속)

| | 과제 | 목표 | 지식 초점 | 과목/학년 | 표준 진술 |
|---|---|---|---|---|---|
| 지적 처리과정: 과정 | 당신은 어떤 문제를 반드시 말로, 글로, 유형으로 혹은 다른 형태로 바꿔야 할 때 어떤 감정을 느끼는가? 왜 그렇게 느끼는가? 당신의 생각은 타당한가? | 학생들은 문제를 풀 때 어떤 형태를 다른 형태로 변환시켜야 할 때 느끼는 자신의 감정들을 확인하고 그 감정들의 원인을 분석할 수 있다. | 문제 상황을 다양한 형태로 변환시키는 과정 | 수학/ 6~8 | 말로, 글로, 유형으로, 그림으로, 혹은 그래픽 형태를 사용하여 문제 상황을 바꿀 수 있을 것이다. |
| 심동적 처리과정: 기술 | 스포츠에서 특정한 고급 기술을 배우거나 혹은 터득할 때 당신은 무엇을 느끼는가? 왜 그렇게 생각하는가? 당신의 생각은 타당한가? | 학생들은 자신이 선택한 스포츠에서 고급 기술을 배우거나 터득할 때 느끼는 감정들을 확인하고 그 감정들의 원인을 분석할 수 있다. | 특정 스포츠의 고급 기술 | 체육/ 9~12 | 자신이 고른 스포츠 혹은 활동에서의 고급 기술을 사용할 수 있다. (수영, 춤, 등산, 테니스, 라크로스 등) |
| | 운전자 교육을 하는 중에 평행 주차를 해야 할 때 당신은 무엇을 느끼는가? 왜 그렇게 생각하는가? 당신의 생각은 타당한가? | 학생들은 평행 주차를 배울 때 느끼는 자신의 감정들을 확인하고 그 감정들의 원인을 분석할 수 있다. | 평행 주차 기술 | 운전자 교육/ 9~12 | 혼잡한 지역에서 운전할 수 있는 과정과 기술을 적용할 수 있다. |
| 심동적 처리과정: 과정 | 우리가 여태까지 배워온 스포츠들 중 하나를 선택하고 그것을 배운다고 생각할 때 당신은 무엇을 느끼는가? 왜 그렇게 느끼는가? | 학생들은 새로운 스포츠를 배우려 할 때 느끼는 감정들을 확인하고 그 감정들의 원인을 분석할 수 있다. | 새로운 스포츠를 배우는 과정 | 체육/ 3~6 | 내적 정보 혹은 외적 정보 같은 정보들을 사용함으로써 신체적인 성과를 향상시킬 수 있다. (자가 평가, 동료, 코치의 리뷰) |
| | 당신의 신념들을 반영하는 예술작품들을 만들어내는 과정들 속에서 당신은 무엇을 느끼는가? 왜 그렇게 느끼는가? 당신의 생각은 타당한가? | 학생들은 예술작품을 만들어낼 때 느끼는 감정들을 확인하고 그 감정들의 원인을 분석할 수 있다. | 예술작품을 만들어내는 과정 | 시각 예술/ 9~12 | 예술작품에서 개인적인 의도를 이끌어내는 시도를 얻을 수 있다. |

## 정보 관련 정서적 반응 검토

정보 영역에서의 정서적 반응 검토 과제는 세부사항 및 아이디어의 조직화와 연관된 감정들을 확인하고 이러한 감정들 배후에 깔린 논리들을 파악하는 것과 관련된다. 예를 들어, 세부사항을 위한 정서적 반응 검토의 첫 번째 과제는 특정한 정치적 이슈와 관련된 사실을 다루는 것이다. 학생들에게 자신이 그 정치적 이슈에 대해 어떤 감정을 품고 있는지 확인하고, 그런 감정을 갖게 되는 논리적 근거들을 파악하도록 요구한다. 아이디어의 조직화를 위한 정서적 반응 검토의 첫 번째 과제는 근본적인 것과 부차적인 것들에 대한 일반화와 관련된 정서적 반응과 관련된 것이다.

## 지적 처리과정 관련 정서적 반응 검토

지적 처리과정 영역에서의 정서적 반응 검토 과제는 지적 기술 및 과정과 연관된 감정들을 확인하고 이러한 연관성 뒤의 논리들을 파악하는 것이다. 예를 들어 지적 기술을 위한 첫 번째 정서적 반응 검토 과제는 수업 중에 질문하는 특정한 기술들을 다룬다. 이때 교사는 학생들에게 몇 가지 질문법을 알려준다. 학생들에게 이러한 질문법들에 대한 자신들의 감정들을 확인하고 그런 감정을 품게 된 논리적 이유들을 파악하도록 요구한다. 지적 과정을 위한 첫 번째 정서적 반응 검토 과제는 발표 자료를 수정하는 과정과 관련된 정서적 반응을 다루고 있다.

## 심동적 처리과정 관련 정서적 반응 검토

심동적 처리과정 영역에서의 정서적 반응 검토 과제는 심동적 기술 및 과정과 연관된 감정들을 확인하고 그 연관성 뒤의 논리들을 파악하는 것이다. 예를 들어, 첫 번째 심동적 기술을 위한 첫 번째 정서적 반응 검토 과제는 특정 스포츠의 특정 고급 기술을 다룬다. 학생들은 이와 관련된 자신의 감정을 확인하고 이러한 감정을 품게 된 배후논리를 파악한다. 심동적 과정을 위한 첫 번째 정서적 반응 검토 과제는 새로운 스포츠를 배우는 과정에 관한 정서적 반응을 다룬다.

## 동기 검토

마지막 형태의 자율체계 사고는 특정 유형의 지식에 대한 자신의 이해력이나 역량을 향상시키고자 하는 전반적인 동기를 검사하는 것이다. 2장에서 서술한 바와 같이, 전반적인 동기는 자율체계 사고의 세 가지 측면, 즉 중요성 인지, 효능감 인지, 정서적 반응을 구성하는 요소이다. 동기 검토는 자율체계의 다른 세 가지 측면들을 통합하는 일종의 "옴니버스" 자율체계 과정으로 간주될 수 있다. [도식 8.4]는 세 개의 지식 영역에 걸쳐 동기 검토를 위한 목표와 과제들을 열거하고 있다.

이상적으로, 학생들이 [도식 8.4]에 제시된 것과 같이 과제에 대응할 때, 그들은 동기에 영향을 미칠 수 있는 세 가지의 모든 자율체계 요소들을 고려하게 될 것이다. 학생들은 자신들이 지식에 부여하는 중요성, 자신들이 인지하는 효능감의 수준, 자신들이 지식과 연관시키는 감정들에 대해 언급하게 된다. 그들은 또한 세 가지의 요소들 중 어떤 것이 자신들의 동기에 가장 큰 영향을 주고 있는지에 대해서도 설명하게 된다. 학생들이 보이는 반응의 정교성이 그들의 연령과 성숙도에 달려있는 것은 당연한 일이다. 연령대가 높은 학생들은 자신들의 동기에 영향을 주는 요소들을 상세히 설명할 것으로 기대될 수 있겠지만, 초등학생들은 자신들의 동기 수준과 그렇게 인지하는 기본적 이유를 간단히 진술할 것으로 기대될 것이다.

목표와 과제의 동기 검토는 여러 방법으로 표현되지만, 흔히 사용되는 어구는 다음과 같다.

- 얼마나 흥미로웠는가
- 얼마나 동기부여가 되었는가
- 당신의 흥미도를 어떻게 설명할 수 있는가
- 당신의 사고는 얼마나 논리적인가

동기 검토 과제를 위해 사용되는 가장 일반적인 양식은 글이나 구술로 짧거나 길게 답하도록 구성된 응답 양식이다. [도식 8.5]에 서술된 것과 같은 그래프 조직자는 학생들이 동기 검토 과제의 검사에 대해 대응할 때 도움을 주기 위하여 사용될 수 있는 것이다.

## 도식 8.4 목표와 과제의 동기 검토

| | 과제 | 목표 | 지식 초점 | 과목/학년 | 표준 진술 |
|---|---|---|---|---|---|
| 정보: 세부사항: 용어, 사실, 시간 순서 | 당신은 자신의 학교와 집, 나라의 위치에 대해 배우는 것을 얼마나 흥미로워하는가? 흥미롭다면 혹은 흥미롭지 않다면 그 이유는 무엇인가? 당신의 이유가 타당하다고 생각하는가? | 학생들은 자신의 학교, 집, 나라의 위치에 대한 이해를 높이기 위한 자신의 동기부여 수준을 확인할 수 있다. | 학교, 집, 나라에 대한 세부사항 | 지리/ K-2 | 학교, 집 혹은 동네와 같은 자신에게 익숙한 장소의 위치를 파악할 수 있고, 자신이 속한 커뮤니티, 도시, 나라의 지리도 파악할 수 있다. |
| | 학생들은 각자 다른 특정 간식을 선정하여 공부해본다. 자신이 고른 간식에 대해 배우는 것이 어떻게 흥미로운가? 왜 그렇게 생각하는가? 당신의 생각은 타당한가? | 학생들은 자신이 선정한 간식에 대한 이해를 높이기 위한 자신의 동기부여 수준을 확인할 수 있다. | 특정한 간식에 대한 세부사항 | 보건/ 3~5 | 건강하게 먹는 식습관을 올바르게 이해할 수 있다. (예를 들어, 감자칩보다 다양한 야채들을 골고루 섭취하는 것, 성장의 지속력과 에너지 수준에 도움이 되기 위해 주기적으로 먹어야 하는 것) |
| 정보: 일반화의 체계화 | 당신은 최근에 밝혀진 기록과 해석들에 의해 역사적인 사건들이 다르게 설명될 수 있는가에 대해 배우는 것에 흥미를 가지고 있는가? 그렇다면 이유는 무엇인가? 당신의 이유가 타당하다고 생각하는가? | 학생들은 새로운 정보에 기초하여 역사적인 사건이 재해석될 수 있다는 이해를 높일 수 있는 자신의 동기부의 수준을 확인하고, 자신의 수준에 대한 원인을 분석할 수 있다. | 역사적인 사건과 이야기에 관련된 일반화 | 역사 이해/ 7~8 | 새롭게 발견된 문서 혹은 사실들, 그리고 변화하는 정치에 의해 변화되는 역사적인 사실에 대한 해석을 이해할 수 있다. |
| 정보: 원리의 체계화 | 원소 주기율표에 원소의 순서가 어떻게 배열되었는지에 대해 이해하기 위한 당신의 의욕은 어느 정도인가? 왜 그렇게 생각하는가? 당신의 이유는 타당하다고 생각하는가? 설명해보라. | 학생들은 원소 주기율표에 나타난 원소들이 어떤 순서로 배열되었는지 이해하기 위한 동기부여 수준을 확인하고, 자신의 수준에 대한 원인을 분석할 수 있다. | 원소 주기율의 원리 | 과학/ 9~12 | 원소 주기율표에 나타난 원소들의 순서 배열에 대해 이해하고, 표에서 나타나는 패턴들, 비슷한 성질을 가진 원소들을 파악할 수 있다. (예를 들어, 양자, 중성자, 전자의 수, 원자 번호와 원자 질량의 관) |

### 도식 8.4 목표와 과제의 동기 검토 (계속)

| | 과제 | 목표 | 지식 초점 | 과목/학년 | 표준 진술 |
|---|---|---|---|---|---|
| 지적 처리과정: 기술 | 당신은 우리가 그동안 배워 왔던 대화의 규칙을 잘 따르는 것에 얼마만큼의 흥미를 가지고 있는가? (예를 들어 순서대로 발표 하거나, 고대로 대화하는 것, 발표하기 전에 손을 드는 것 등과 같은 규칙들) 당신은 왜 이것들에 흥미를 가지는가? | 학생들은 대화의 규칙을 따르는 능력을 높이기 위한 자신의 동기부여 수준을 확인할 수 있고, 자신의 논리를 분석할 수 있다. | 대화의 특정한 규칙 | 언어 예술/ K-2 | 대화의 관습을 고착시킬 수 있다. (예를 들어, 경청하고, 교대하고, 발표하기 위해 손을 들고, 주제를 벗어나지 않는) |
| | 자료를 업데이트시키거나 추가시키기 위해 표 계산 프로그램을 사용하는 것에 당신은 의욕이 있는가? 그렇다면 왜인가? 당신의 생각은 타당한가? | 학생들은 자료를 업데이트시키고 추가시킬 수 있는 실력을 증가시키기 위한 자신의 동기부여 수준을 확인하고, 자신의 논리를 분석할 수 있다. | 표 계산 프로그램을 사용하여 자료를 업데이트 하고 추가 하는 것 | 기술/ 6~8 | 표 계산 프로그램을 사용하여 자료를 변경할 수 있다. |
| 지적 처리과정: 과정 | 당신은 우리가 그동안 배워온 스페인어의 관용적 표현들을 정확하게 사용할 수 있는 자신의 흥미도를 어느 정도라고 생각하는가? 특히 일상적인 자리에서 혹은 학술적인 자리에서와 같이 전혀 다른 상황들이 놓여졌을 때 각 상황의 특성에 어울리는 언어를 올바르게 사용할 수 있는가? 왜 그런가? 당신의 생각은 논리적인가? | 학생들은 스페인어의 관용적 표현들을 이해하고 응용할 수 있는 능력을 높이기 위한 자신의 동기부여 수준을 확인하고 자신의 수준에 따른 논리를 분석할 수 있다. | 대화 중 외국어의 관용적 표현을 사용하는 과정 | 외국어/ 5~8 | 일상적, 학술적, 혹은 공식적인 자리에 따라 변화되는 언어의 기술과 관습 그리고 스타일을 사용한다. (예를 들어, 복잡한 문법 구조, 은어, 숙어, 존댓말과 반말, 존칭법, 지방 방언, 말투) |
| | 모형을 만들거나 문제를 해결하기 위해 직교 좌표를 사용하기 위한 당신의 의욕은 얼마나 높은가? 왜 그런가? 당신의 생각은 논리적인가? | 학생들은 직교 좌표를 사용하는 능력을 높이기 위한 자신의 동기부여 수준을 확인하고 자신의 수준에 따른 논리를 분석할 수 있다. | 직교 좌표를 사용하여 문제 풀기 | 수학/ 6~8 | 모형을 만들거나 문제를 풀기 위해 직교 좌표를 사용한다. |

### 도식 8.4 목표와 과제의 동기 검토 (계속)

| | 과제 | 목표 | 지식 초점 | 과목/학년 | 표준 진술 |
|---|---|---|---|---|---|
| 심동적 처리과정: 기술 | 당신은 바람직한 워밍업 운동과 쿨다운 운동을 배우고 싶은가? 이유는 무엇인가? 그 이유들은 적절한가? | 학생들은 워밍업과 쿨다운 운동 실력을 높이기 위한 자신의 동기부여 수준을 확인하고 자신의 수준에 따른 논리를 분석할 수 있다. | 워밍업과 쿨다운 운동 (준비운동, 마무리 운동) | 체육/ 3~5 | 워밍업과 쿨다운 운동을 정확하게 알고 그 중요성을 파악한다. |
| | 당신은 우리가 그동안 배워온 선긁기 조절 능력을 키우기 위한 얼마만큼의 의욕을 가지고 있는가? 그 만큼의 의욕을 가진 이유는 무엇인가? 이 이유들은 타당한가? 당신의 생각을 말해보라. | 학생들은 특정한 선긁기 조절 능력을 키우기 위한 자신의 동기부여 수준을 확인하고, 자신의 수준에 따른 논리를 분석할 수 있다. | 특정한 선긁기 조절하기 | 시각 예술/ 9~12 | 기술, 테크닉, 과정은 물론이고, 자신의 자신감과 감각을 사용하여 자신의 의도를 작품에 잘 표현할 수 있다. |
| 심동적 처리과정: 과정 | 당신은 좋은 표현으로 이야기를 얼마나 크게 잘 소리내어 읽을 수 있는가에 대해 얼마만큼의 흥미를 가지고 있는가? 왜 흥미롭다고 생각하는가? 그렇지 않다면 왜인가? | 학생들은 자신에게 익숙한 이야기들을 큰 소리로 자신 있게 읽을 수 있는 능력을 키우기 위한 자신의 동기부여 수준을 확인하고, 자신의 수준에 따른 논리를 분석할 수 있다. | 소리 내어 스토리를 읽는 과정 | 언어 예술/ K-2 | 이야기, 시, 혹은 주어진 문장을 큰 소리로, 유창하게, 표현력 있게 전달할 수 있다. (예를 들어, 리듬과 흐름, 운율, 템포, 고저, 톤, 억양을 고려하여 읽는다.) |
| | 당신은 올바른 음의 고저와, 리듬, 템포에 따라 악기를 연주하는 것에 대해 얼마나 흥미를 가지고 있는가? 왜 그렇게 생각하는가? 당신의 생각은 타당한가? | 학생들은 특정한 음악 악기를 연주하는 능력을 키우기 위한 자신의 동기부여 수준을 확인하고, 자신의 수준에 따른 논리를 분석할 수 있다. | 음악 악기 연주하기 | 음악/ 3~5 | 고저와 리듬에 주의를 기울여 연주하고, 꾸준한 템포를 유지하기 위해 적절한 강약법과 음색을 사용한다. |

[도식 8.5]에 제시된 그래프 조직자는 학생들이 중요성, 효능감 및 정서적 반응에 대해 각각 어떻게 인지하고 있는지 그 내용들을 열거할 수 있도록 칸들이 있다. 이것은 학생들에게 동기에는 세 가지 주요한 요소들이 있음을 알려주는 단서가 된다. 이 세 가지 요소들이 어떻게 상호작용하여 자신들의 동기를 강화시키거나 감소시키는지에 대해 설명할 수 있는 단서를 주는 칸도 그래프 조직자에는 있다.

**도식 8.5** 동기 검토를 위한 그래프 조직자

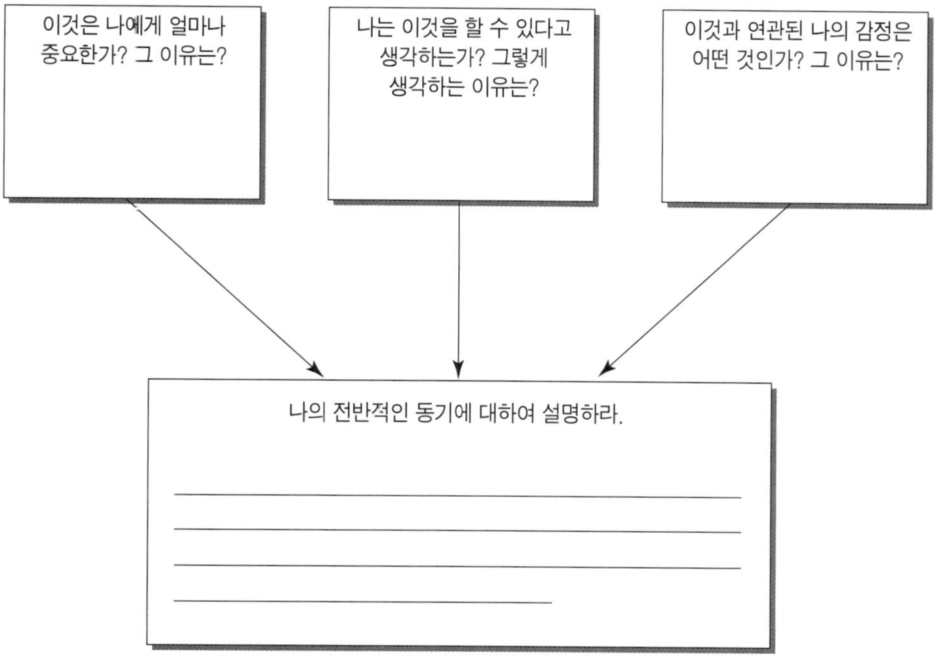


## 정보 관련 동기 검토

정보 영역에서의 동기 검토는 세부사항 및 아이디어의 조직화를 학습하려는 자신의 동기의 수준을 확인하고 그런 다음 확인된 동기 수준의 원인들을 분석하는 것과 관련 있다. 예를 들어 세부사항을 위한 첫 번째 동기 검토 과제는 학교, 집, 국가에 대한 세부사항을 다루고 있다. 학생들은 자신들이 이러한 세부사항을 배우는 데 흥미가 있는지 결정하고 또한 확인된 자신들의 동기 수준의 원인들을 결정해야 한다. 아이디어의 조직화를 위한 첫 번째 동기 검토 과제는 역사적 사건에 대한 일반화와 관련된 동기를 어떻게 인지하고 있는지를 다룬 것이다.

## 지적 처리과정 관련 동기 검토

지적 처리과정 영역에서의 동기 검토 과제는 지적 기술 및 과정을 학습하고자 하는 자신의 동기 수준을 확인하고 확인된 자신의 동기 수준의 원인을 분석하는 것과 관련 있다. 예를 들어 지적 기술을 위한 첫 번째 동기 검토 과제는 특정한 대화 규칙을 다룬 것이다. 학생들은 이러한 규칙들의 학습에 자신들이 어느 정도 흥미를 가지고 있는지 확인하고, 흥미 수준의 배후 원인을 파악하여야 한다. 지적 과정을 위한 첫 번째 동기 검토 과제는 외국어의 관용적 표현들을 사용하는 과정과 관련된 동기의 인지를 다룬 것이다.

### 심동적 처리과정 관련 동기 검토

심동적 처리과정 영역에서의 동기 검토 과제는 심동적 기술 및 과정을 학습하고자 하는 자신의 동기 수준이 어느 정도 되는지 확인하고, 그런 다음 확인된 자신의 동기 수준의 이유를 분석하는 것과 관련이 있다. 예를 들어, 심동적 기술을 위한 첫 번째 동기 검토 과제는 특정한 워밍업 운동과 쿨다운 운동들을 다룬 것이다. 학생들은 심동적 기술을 배우고자 하는 자신의 동기 수준 및 확인된 수준의 배후 원인을 파악한다. 심동적 과정을 위한 첫 번째 동기 검토 과제는 큰 소리로 이야기를 읽는 과정에 관한 동기의 인지를 다룬 것이다.

## 목표와 과제의 자율체계 요점 정리

### 목표와 과제의 중요도 검토

- 학생들에게 특정한 지식을 배우는 것이 어느 정도 중요하다고 인지하고 있는지 파악하고 그렇게 인지하는 논리가 무엇인지 분석하도록 요구한다.
- 다음의 용어와 어구를 사용한다: 이것이 얼마나 당신에게 중요한가, 그것이 앞으로 왜 중요한가, 그것이 중요한 몇 가지 이유에 대해 설명할 수 있는가, 당신의 사고가 얼마나 논리적인가.
- 글이나 구술로 짧거나 길게 답하도록 구성된 응답 양식을 사용한다.

### 목표와 과제의 효능감 검토

- 학생들에게 자신들이 특정한 지식을 배울 수 있거나 더 잘 알 수 있다고 믿

는 자기 확신의 정도를 확인하고 그렇게 믿는 논리가 무엇인지 분석하도록 요구한다.

- 다음의 용어와 어구를 사용한다: 당신은 향상될 수 있는가, 당신이 얼마나 잘 할 수 있다고 생각하는가, 얼마나 잘 배울 수 있는가, 당신은 얼마나 잘 하는가, 당신의 사고는 얼마나 논리적인가.
- 글이나 구술로 짧거나 길게 답하도록 구성된 응답 양식을 사용한다.

## 목표와 과제의 정서적 반응 검토

- 학생들에게 어떤 지식에 관한 자신들의 감정들을 파악하게 하고 그런 감정들의 배후 논리를 분석하도록 한다.
- 다음의 용어와 어구를 사용한다: 당신은 향상될 수 있는가, 당신은 어떤 것들을 느끼는가, 당신의 생각 아래 어떤 논리가 있는가, 당신의 사고는 얼마나 논리적인가.
- 글이나 구술로 짧거나 길게 답하도록 구성된 응답 양식을 사용한다.

## 목표와 과제의 동기 검토

- 학생들에게 특정한 지식의 종류를 배우기 위한 자신들의 동기부여 수준을 파악하게 하고, 확인된 동기부여 수준의 배후 논리들을 파악하도록 한다. 학생들은 더할 나위 없이 그들의 분석을 통해 자신들의 중요성, 효능감, 정서적 반응을 인지할 수 있을 것이다.
- 다음의 용어와 어구를 사용한다: 당신은 얼마나 흥미로운가, 당신은 얼마나 동기부여를 받는가, 당신의 흥미도를 어떻게 설명할 수 있는가, 당신의 사고는 얼마나 논리적인가.
- 글이나 구술로 짧거나 길게 답하도록 구성된 응답 양식을 사용한다.

제9장

# 학생을 위한 수행평가 척도로서의 신분류학

앞서 8장에서는 지식의 세 가지 영역인 정보, 지적 처리과정, 심동적 처리과정들에 걸쳐 신분류학의 여섯 가지 수준의 목표와 과제들을 다루었다. 사실상 신분류학은 학생의 수행능력을 가늠할 수 있는 암묵적인 척도임을 보여주는 것이다. 목표 및 평가 과제들은 특정 수업단위나 특정한 학년에 초점을 둔 지식 요소에 대하여 신분류학의 여섯 가지 수준에 걸쳐 설계될 수 있다.

예를 들어 어떤 지역구의 학교들에서 지도교사들이 8학년 학생들에게 '태양계'를 지도하기 위한 목적으로 그것과 관련된 학습 자료들을 가지고 있다고 가정해보자. [도식 9.1]은 태양계와 관련된 잠재적인 목표와 과제들을 신분류학의 여섯 가지 수준으로 열거한 것이다.

[도식 9.1]은 신분류학의 여섯 가지 수준들을 고려하여 특정한 학년들에게 특정 종류의 지식을 전달하기 위해 목표와 과제들이 설정될 수 있었던 가능성을 보여주고 있다. 그 지식에서 중점을 둔 것은 8학년 학생들만을 위한 태양계에 관한 정보들이다. 신분류학의 각 수준별로 특정한 목표들과 예시적 과제들이 분명히 서술되어 있다. 이러한 가이드라인을 사용하여, 교사들은 특정 주제별로 학생들이 신분류학의 여섯 가지 수준에서 어느 정도 위치에 있는지를 결정하기 위해 스스로 과제들을 설정할 수도 있고, 학교나 지역구 차원에서 설계한 과제들을 활용할 수도 있을 것이다. 그러나 이것은 권장하지 않는데 그 이유는 다음과 같다.

첫 번째로, 『신분류학』(Marzano & Kendal, 2007)에서 설명된 것처럼, 메타인지와 자율체계 과정들은 교육적인 내용을 통합하는 요소로 다루어지도록 의도된 것이다. 그러나 안타깝게도 이러한 인지는 K-12 교육에서 일반적으로 공유되고 있지 않다. 그러나 메타인지와 자율체계 능력은 교육 내용을 뒷받침하거나 보완하는 커리큘럼의 실행 형태로서 수용되고 있다. 이러한 내용은 본 장의 뒷부분에서 논의될 것이다.

학생들을 평가하기 위한 척도로서 신분류학의 여섯 가지 수준을 한꺼번에 전부 다 사용하는 것은 아니다. 두 번째 이유는, 학교 시스템 내에서 학년의 수준이 다르면 초점을 두는 지식의 유형도 달라지기 때문이다. 예를 들어 '8학년 수준의 학생들이라면 태양계라는 주제를 다루는 정보들을 분석할 수 있을 것' 이라는 기대를 신분류학의 용어로 바꾸면, 이것은 '학생들이 태양계에 대한 정보들과 관련하여 비교하고, 분류하고, 오류를 분석하고, 일반화하고, 구체화할 수 있는 능력이 있음을 보여줄 것이라고 기대한다' 는 뜻이다. '5학년 수준의 학생이라면 태양계의 중요한 특징들을 이해할 수 있을 것이라는 기대' 를 신분류학의 용어로 바꾸어 말하면, 이것은 '학생들이 태양계에 대한 정보들을 통합하고 상징화할 수 있는 능력이 있음을 보여줄 것이라고 기대한다' 는 뜻이다. '3학년 수준의 학생이라면 태양계에 대한 기본 정보들을 상기할 수 있을 것이라는 기대' 를 신분류학의 용어로 바꾸어 말하면, 이것은 '그 학생들이 태양계에 대한 기본 사실들을 인식하고 상기할 수 있을 것이라고 기대' 한다는 뜻이다. 그러므로 학년이 제각기 다른 학생들에게 모든 학년별 주제를 신분류학의 모든 수준들에 맞게 파악할 수 있는지 기대하는 것은 매우 터무니없고 현명하지 못한 방법이다. 평가의 취지를 달성하기 위해 필요한 것은 신분류학을 합리적인 기대치로서 해석할 수 있는 유연한 척도이며, 교사들이 평가를 설계하고 채점할 때 쉽게 사용될 수 있는 것이다.

**도식 9.1 태양계에 대한 정보 지식과 관련된 신분류학의 총괄적 표현**

| 신분류학 수준 | 목표 | 과제 예시 |
|---|---|---|
| 수준 6-<br>자율체계:<br>동기 검토 | 학생들은 태양계를 배우기 위하여 스스로의 동기부여를 분석할 수 있을 것이다. | 당신이 태양계를 더 공부하고자 한다면 당신의 흥미 수준을 어떻게 묘사할 수 있는가?<br>이러한 동기부여 수준에는 어떤 이유가 있는가?<br>당신의 사고는 얼마나 논리적인가? |

### 도식 9.1 태양계에 대한 정보 지식과 관련된 신분류학의 총괄적 표현 (계속)

| 신분류학 수준 | 목표 | 과제 예시 |
|---|---|---|
| 수준 5-<br>메타인지:<br>명료화 과정 | 학생들은 그들이 이해하지 못한 태양계의 양상들에 대해 파악할 수 있을 것이다. | 당신이 헷갈려 했던 태양계의 어떤 부분을 찾아본다. 당신의 헷갈려 하는 부분을 정리할 수 있는 계획을 세워라. |
| 수준 4-<br>지식 활용:<br>탐구 | 학생들은 태양계에 관한 지식의 점증적인 성장에 대해 탐구해볼 수 있을 것이다. | 수업시간에 배웠던 태양계에 관해서 최근에 발견한 점을 하나 골라보자. 그리고 그것을 어떻게 발견하였는지, 그것이 나의 사고에 어떤 변화를 주었는지 탐구하라. |
| 수준 3-<br>분석:<br>비교 | 학생들은 태양계에 있는 다양한 행성들 사이의 공통점이나 차이점을 파악할 수 있을 것이다. | 태양계 안에 있는 두 개의 행성들에 대해 알아보고 그 둘을 비교 분석하라. |
| 수준 2-<br>이해:<br>통합 | 학생들은 태양계에서 가장 중요한 특성들을 설명할 수 있을 것이다. | 당신이 생각하는 태양계에서 가장 중요한 것이 무엇인지 설명하라. |
| 수준 1-<br>상기:<br>인식과 기억 | 학생들은 태양계에 관한 중요한 요소들을 상기하고 인식할 수 있을 것이다. | 다음의 용어들을 간단히 설명하라.<br>• 행성의 고리<br>• 광년<br>• 천문 단위<br>다음의 문장들이 옳은지 그른지 판단하라.<br>1. 1600년대 초 독일 우주비행사 Johannes Kepler는 태양 주변을 돌고 있는 행성들의 길은 행성의 운동법칙을 따른다는 것을 발견했다.<br>2. 태양계에는 총 73개의 발견된 달들이 있다.<br>3. 목성은 왜소행성이다.<br>4. '천체' 에는 지구가 포함되지 않는다.<br>5. 수성은 15개의 행성의 고리를 가진다.<br>6. 달의 크기는 지구의 1/3이다.<br>7. 금성은 태양계에서 가장 춥다.<br>8. 우주비행사들은 대개 천문 단위들로 태양계 안의 거리를 측정한다. |

## 신분류학과 함께 사용할 수 있는 유연한 척도

시리즈 작업들에서, Marzano(2006; Marzano & Hay Stead, 2008)는 분류법의 네 개의 단계들에 기초한 평가들을 점수 매기고 설계할 수 있는 척도를 개발해왔다. 그 척도는 [도식 9.2]에 나와있다.

[도식 9.2]의 척도는 포괄적이다. 이것은 신분류학을 사용하여 특정한 학년의 수준 기대치에 맞게 새로 만들어져야 한다. 예를 들면, 5학년의 학생들이 태양계의 중요한 특성들을 파악해야 한다고 가정해보자. 즉 5학년의 목표는 "학생들은 태양계의 중요한 특성들을 설명할 수 있다."인데, 이러한 기대치는 척도에서 3.0점에 맞춰져야 할 것이다. 수준 2.0점을 결정하기 위해, 신분류학의 한 수준을 하나로 낮춘다. 사실상 수준 2.0점의 목표는 "학생들은 태양계에 관한 중요한 세부사항들을 상기할 수 있어야 한다"이다. 수준 4.0점을 결정짓기 위해서는 신분류학에서 한 단계를 위로 올려야 한다. 사실상 수준 4.0점의 목표는 "학생들은 태양계에 대한 정보를 분석할 수 있다"이다. 앞에서 언급한 바와 같이, 수준 4.0점 이하

**도식 9.2** 신분류학의 처음 네 개 수준과 함께 사용하기 위한 척도

**4.0점: 3.0점의 평균치 이상으로 배운 것 이상의 깊이 있는 추론과 적용이 용이함.**

3.5점: 3.0점의 평균치 이상으로 배운 것 이상의 부분적 추론과 적용이 용이함.

**3.0점: 명백히 배워온 과정들(간단한 것 혹은 복잡한 것) 혹은 정보들에 관련된 큰 실수나 생략이 없음.**

2.5점: 간단한 세부사항들과 과정들 그리고 복잡한 아이디어들과 과정들에 대한 부분적인 지식에 관련된 큰 오류나 생략이 없음.

**2.0점: 간단한 세부사항들과 과정들에 관련된 큰 실수나 생략은 없으나, 복잡한 아이디어들과 과정들에 관련된 큰 오류나 생략이 있음.**

1.5점: 간단한 세부사항들과 과정들에 대한 부분적인 지식을 갖췄으나, 복잡한 아이디어들과 과정들에 관련한 큰 오류나 생략이 있음.

**1.0점: 누군가의 도움과 함께, 간단한 세부사항들과 과정들 그리고 복잡한 아이디어들과 과정들에 대한 약간의 지식을 부분적으로 이해함.**

0.5점: 누군가의 도움과 함께, 간단한 세부사항들과 과정들에 대한 약간의 지식을 부분적으로 이해하나, 복잡한 아이디어들과 과정들에 대한 이해는 못함.

**0.0점: 누군가의 도움이 있었으나, 보여줄 수 있는 기술이나 이해력이 없음.**

의 목표들은 자연스레 더 일반적이다. 이러한 세 개의 기대치 척도를 가지고, 5학년에게 맞는 태양계라는 주제의 특정한 척도를 만들 수 있다.

[도식 9.3]은 태양계에 관한 5학년의 타깃 목표에 대해 자세하게 쓰여져 있다. 3.0점과 2.0점을 유의해야 하는데, 특정 지도사항은 지도교사들에게 평가를 내리고 점수 매길 수 있도록 주어진다. 다음 섹션에서 언급될 것이다. 수준값 4.0은 덜 특정적인데, 왜냐하면 수업 시간에 직접적으로 배운 것 이상의 추론과 적용을 포함하고 있기 때문이다. 학생들이 만들어낼 수 있는 추론과 적용의 종류가 제시된 지도사항이 지도교사들에게 주어지는데, 이 경우 그 추론과 적용은 신분류학의 분석과정을 다룬다.

이제 같은 태양계에 관한 일반적인 내용들을 사용하는 다른 학년의 수준을 고려해보자. 3학년의 타깃 목표가 "학생들이 태양계에 관한 중요한 정보를 회상할 수 있다"라고 가정해보자. 또다시 이것은 척도에서 3.0점에 맞춰질 것이다. 2.0점을 정의 내리기 위해, 신분류학의 한 단계를 낮춰야 한다. 그러나 상기는 신분류학에서 가장 낮은 수준에 속한다. 이러한 경우에는 주어진 분류학적 수준 안의 위계적인 구조를 봐야 한다. 이때 인식은 상기보다 낮은 수준에 속하는데, 상기는 예상 점수값 3.0이다; 인식은 예상 점수값이 2.0이다. 점수값 4.0을 정의하기 위해서는 신분류학에서 한 단계를 위로 올려야 한다. 다시 말하지만 특정한 척도는 쓰여질 것이다. 이것은 [도식 9.4]에서 나타난다.

이 척도는, [도식 9.3]에서 나타난 것과 같은 일반적인 주제를 다룸에도 불구하고, 인식, 상기, 통합을 각각 포함하는 점수 2.0, 3.0, 4.0의 값이 꽤 다르다. 반면에 [도식 9.3]에서 점수 2.0, 3.0, 4.0의 가치는 상기, 통합, 분석을 제각기 포함한다.

앞의 예시들에서 보여주듯, 학생 기대치의 학년 수준 상태 진술이 신분류학에 맞게 구체적일 때, 척도는 [도식 9.2]와 같이 포괄적인 척도를 사용하여 구성될 수 있다. 학년 수준 기대치는 점수값 3.0에 맞춰진다. 점수값 2.0은 신분류학에서 한 단계를 낮추어 정의하고 점수값 4.0은 신분류학에서 한 단계를 높인 값으로 정의될 수 있다. 상기가 점수값 3.0에 집중하고 있다면, 인식은 점수값 2.0이다.

### 도식 9.3 5학년의 태양계 주제에 관한 척도

| | |
|---|---|
| 4.0점 | **3.0점의 평균치 이상으로 함축된 유사점과 차이점을 파악하는 것, 분류하는 것, 오류를 분석하는 것, 일반화하는 것, 구체화시키는 것을 포함하는 깊이 있는 추론과 적용이 용이함.** |
| 3.5점 | 3.0점의 평균치 이상으로 부분적인 성공과 함께 깊이 있는 추론과 적용이 용이함. |
| 3.0점 | **태양계라는 주제에 관련된 임무를 수행할 때, 학생은 태양계의 중요한 특성을 이해했음을 표현할 수 있다. 예를 들면 다음과 같다.**<br>• 태양계에서 태양과 행성들 사이의 기본적인 상호작용<br>(예를 들어, 왜 행성들이 태양의 주변을 돌고 있는지 설명할 수 있다.)<br>• 태양계에서 태양과 행성들의 구분되는 기본적인 특성들<br>(예를 들어, 모양, 크기, 환의 특성, 달들의 특성, 태양과의 거리)<br>**학생들은 큰 오류나 생략을 범하지 않는다.** |
| 2.5점 | 2.0점의 요소들 안에서의 큰 오류나 생략이 없고, 3.0점의 요소 안에서의 부분적인 지식을 가짐. |
| 2.0점 | **간단한 세부사항들과 과정들에 대한 큰 오류나 생략이 없다.**<br>**예를 들어,**<br>• 특정한 용어를 상기하기. 예를 들어,<br>- 행성의 고리<br>- 광년<br>- 천문 단위<br>• 세부사항들을 상기하기. 예를 들어,<br>- 1600년대 초 독일 우주비행사 Johannes Kepler는 태양 주변을 돌고 있는 행성들의 길은 행성의 운동법칙을 따른다는 것을 발견했다.<br>- '천체' 에는 지구가 포함되지 않는다.<br>- 달의 크기는 지구의 1/30이다.<br>- 우주비행사들은 대개 천문 단위들로 태양계 안의 거리를 측정한다.<br>**그러나, 학생들은 3.0점의 요소들에서 큰 오류나 생략을 범한다.** |
| 1.5점 | 2.0점의 요소들에서 부분적인 지식이 있지만, 3.0점의 요소들에서 큰 오류와 생략이 있음. |
| 1.0점 | **누군가의 도움과 함께, 2.0점과 3.0점의 몇몇 요소들 안에서 부분적으로 이해함.** |
| 0.5점 | 누군가의 도움과 함께, 2.0점의 요소들 안에서 부분적으로 이해했으나, 3.0점의 요소들 안에서 이해하지 못함. |
| 0.0점 | **누군가의 도움이 있었으나, 보여줄 수 있는 기술이나 이해력이 없음.** |

## 평가 만들기와 점수 내기

학년별 수준 기대치에 맞게 척도가 만들어지면, 평가도 만들어지고 점수를 낼 수 있다. 다시 한 번 [도식 9.4]를 고려해보자. 거기에는 인식이 점수값 2.0에 맞춰져 있다. 척도를 바탕으로, 지도교사는 인식의 아이템(문제 혹은 문항)들로 다음의 것들을 설계할 수 있다.

다음의 명제가 맞는지 틀린지 결정해보라.

- 태양은 지구의 궤도를 돈다.
- 수성은 망원경으로 보면 파란색을 띤다.
- 토성은 환(고리)을 가지고 있다.
- 지구는 금성과 화성 사이에 있다.
- 우리는 태양으로부터 세 번째의 행성에서 살고 있다.

이러한 진실 혹은 거짓 문제들은 인식의 문항인데, 이는 학생들이 태양계에 관한 명제들을 제시받음으로써 반드시 이것들이 맞는지 틀린지 인식해야 하기 때문이다. 진실 혹은 거짓, 매칭, 다지선답 등 반드시 답을 선택해야 하는 문항들은 인식문제에서 일반적으로 사용되는 것들이다.(일반적인 인식 문제들에 대한 자세한 토의내용은 Marzano[2006]를 참고한다.)

점수값 2.0은 상기에 초점을 두고 있다. 지도교사는 다음의 아이템들을 설계해야 할 것이다.

다음의 질문에 간단히 답하라.

- 태양계에는 어떠한 행성들이 있는지 태양에서부터 각각의 행성들을 순서대로 나열해보라.
- 세 개의 행성들을 골라 우리가 배웠던 각각의 행성들에 대한 몇 가지 특성들을 말해보라.

상기의 아이템(문제 혹은 문항)들은 학생들에게 문제가 주어졌을 때, 간단히 인식하는 정도를 넘어 더 정확한 정보를 말하도록 요구한다. 결과적으로 상기의 아이템들은 전형적으로 짧고 구체적인 단답식 형태이다. (이와 관련된 내용은 3장을 참고한다.)

### 도식 9.4 3학년의 태양계 주제에 관한 척도

| | |
|---|---|
| 4.0점 | **3.0점의 평균치 이상으로 태양계에서 중요한 것과 중요하지 않은 것들을 구분하는 것을 포함하는 깊이 있는 추론과 적용이 용이함.** |
| 3.5점 | 3.0점의 평균치 이상으로 부분적인 성공과 함께 깊이 있는 추론과 적용이 용이함. |
| 3.0점 | **태양계라는 주제에 관련된 임무를 수행할 때, 학생은 태양계의 중요한 정보를 상기했음을 표현할 수 있다. 예를 들어,**<br>• 태양계에는 총 8개의 행성들이 있다.<br>• 지구는 태양에서 세 번째로 멀리 떨어져 있다.<br>• 지구는 생명체가 살 수 있는 유일한 행성이다.<br>• 우주에는 많은 태양계가 있다.<br>• 태양계에는 네 개의 거대 가스 행성들이 있다.<br>• 태양계에는 세 개의 왜소행성이 있다.<br>• 태양계에는 네 개의 내행성과 네 개의 외행성이 있다.<br>**학생들은 큰 오류나 생략을 범하지 않는다.** |
| 2.5점 | 2.0점의 요소들 안에서의 큰 오류나 생략이 없고, 3.0점의 요소 안에서의 부분적인 지식을 가짐. |
| 2.0점 | **간단한 세부사항들과 과정들에 대한 큰 오류나 생략이 없다.**<br>**예를 들어,**<br>• 세부사항들을 인식한다. 예를 들어<br>- 우리 행성을 지구라고 부른다.<br>- 태양은 별이다.<br>- 모든 행성들은 태양 주위를 돈다.<br>- 수성은 태양에서 가장 가까운 행성이다.<br>- 지구만이 하나의 달을 가지고 있다.<br>**그러나, 학생들은 3.0점의 요소들에서 큰 오류나 생략을 범한다.** |
| 1.5점 | 2.0점의 요소들에서 부분적인 지식이 있지만, 3.0점의 요소들에서 큰 오류와 생략이 있음. |
| 1.0점 | **누군가의 도움과 함께, 2.0점과 3.0점의 몇몇 요소들 안에서 부분적으로 이해함.** |
| 0.5점 | 누군가의 도움과 함께, 2.0점의 요소들 안에서 부분적으로 이해했으나, 3.0점의 요소들 안에서 이해하지 못함. |
| 0.0점 | **누군가의 도움이 있었으나, 보여줄 수 있는 기술이나 이해력이 없음.** |

점수값 4.0의 초점은 통합에 있다. 학생들은 반드시 주어진 주제에 관련된 중요한 요소와 그렇지 않은 요소를 구분할 수 있어야 한다. 다음의 아이템은 이러한 사고의 종류를 이끌어낸다.

> 우리는 생명을 유지할 수 있는 지구의 능력들에 대해 배워왔다. 우리가 배워온 특성들 중 세 가지를 골라 그것들이 왜 지구에서 생명을 유지하기 위해 중요한지에 대해서 설명해보라.

학생들은 그들이 배워온 간단히 정보들을 상기시키는 정도를 넘어야 한다. 그들은 왜 특정한 특성들이 생명을 유지할 수 있는 지구의 능력과 같은 특정한 현상에서 중요한지 설명할 수 있어야 한다.

지도교사에 의해 만들어진 아이템의 세 가지 종류들은 [도식 9.5]에 기술된 평가내용에 포함될 수 있도록 구성되어야 한다.

[도식 9.5]에서 평가를 점수 매기려면, 지도교사는 각각의 아이템들을 먼저 다뤄야 하고 학생의 답변이 최고 점수를 받았는지(+를 의미한다), 아무런 점수를 받지 않았는지(0을 의미한다), 혹은 부분점수(P)를 받았는지 결정짓는다. 그러고 나서 지도교사는 점수 2.0, 3.0, 4.0의 아이템들과 임무들에 맞는 응답 패턴을 조사 분석한다. 응답 패턴들이 제대로 해석되었는지 파악하기 위해 점수값 3.0부터 시작하는 것이 가장 올바르다.

### 도식 9.5 3학년의 태양계에 관한 평가

섹션 1. 각 문항에서 무엇이 옳은지 틀린지 확인해보라.

1. 태양은 지구의 궤도를 돈다.
2. 수성은 망원경으로 보면 파란색을 띤다.
3. 토성은 환(고리)을 가지고 있다.
4. 지구는 금성과 화성 사이에 있다.
5. 우리는 태양으로부터 세 번째의 행성에서 살고 있다.

섹션 2. 다음의 문제에 간단히 답하라.

1. 태양계에는 어떠한 행성들이 있는지 태양에서부터 각각의 행성들을 순서대로 나열해보라.
2. 세 개의 행성들을 골라 우리가 배웠던 각각의 행성들에 대한 몇 가지 특성들을 말해보라.

섹션 3. 우리는 생명을 유지할 수 있는 지구의 능력들에 대해 배워왔다. 우리가 배워온 특성들 중 세 가지를 골라 그것들이 왜 지구에서 생명을 유지하기 위해 중요한지에 대해서 설명해보라.

- 점수 3.0은 학생이 모든 문항들과 임무들에(2.0점의 모든 아이템과 임무들에) 간단한 세부사항들과 과정들을 포함하여 정확하게 답변했다는 것을 의미한다. 또한 그 동안 안 배운 더욱 복잡한 아이디어들과 과정들을 내포하고 있는 모든 문항들과 임무들에도 아주 명쾌하게 답변했다는 것을 뜻한다. 사실상 점수 3.0은 척도의 버팀목이라 할 수 있다. 이것은 특정한 주제에서 교육적인 목표를 나타내고 있다.
- 점수 2.0은 학생이 모든 문항들과 임무들에(2.0점의 모든 문항들과 임무들에) 간단한 세부사항들과 과정들과 함께 정확하게 답변했다는 것을 의미한다. 하지만 (3.0점의 모든 문항들과 임무들의) 더 복잡한 아이디어와 과정들은 틀렸다.
- 학생이 간단한 세부사항들과 과정들을 관련 지어 모든 아이템과 임무들에 정확하게 답하고, (3.0점의 모든 문항들과 임무들의) 더 복잡한 아이디어와 과정들을 가지고 몇 개의 문항들과 임무들만 답했을 때, 혹은 이 문항들과 임무들에서 부분점수를 받았을 때, 2.5점을 받는다.
- 점수 1.5는 학생이 2.0점의 문항들에서 부분점수를 받았을 때, 그러나 다른 종류의 문항들에서 다 틀렸을 때 받는다.
- 점수 1.0은 학생이 모든 문항들과 임무들을 틀렸는데, 지도교사의 도움을 받아서 점수 2.0과 3.0대의 문항들과 임무들에서 부분점수를 받았을 때 받는다.
- 점수 0.5는 학생이 모든 문항들과 임무들을 틀렸는데, 지도교사의 도움을 받아 2.0점의 문항들과 임무들에서 부분점수를 받았을 때 받는다. (그러나 3.0의 문항들과 임무들에서 부분점수를 받지 못함.)
- 점수 0.0은 지도교사의 도움을 받았음에도 불구하고, 학생이 모든 문항들에 답하지 못하거나 모든 임무들을 정확하게 수행하지 못했을 때 받는다.
- 척도 안에서 최고의 점수는 4.0점이며, 이는 학생이 모든 문항들과 임무들에 정확하게 답변하였을 때 받는다. (점수 4.0, 3.0, 2.0의 모든 문항들과 임무들)
- 점수 3.5는 학생이 2.0, 3.0점의 문항들과 임무들에 정확하게 답변하고, 4.0의 문항과 임무들에서 부분점수를 받았을 때 받는다.

설명하자면, 특정 학생이 [도식 9.5]에 나타난 평가의 섹션 1, 2 안에 있는 모든 문항들에는 정확하게 답변했으나, 섹션 3에 있는 문항에는 답변하지 못했다고 가정해보자. 학생은 3.0점을 받을 것이다. 학생이 섹션 3의 문항에서 부분점수를 받았을 때, 학생의 점수는 3.5일 것이다. 만약에 학생이 섹션 1에서 모든 문항들에 정확하게 답변하고, 섹션 2에서는 부분적으로 답변하거나 몇 개의 문항에서 부분점수를 받았다면, 그는 2.5점을 받을 것이다. 만약에 학생이 평가에서 모든 문항들에 답변하지 못했지만, 지도교사의 도움으로 섹션 1과 2에 나온 몇 가지의 질문에 부분적으로 대답했다면 그는 1.0점을 받게 될 것이다. 다양한 종류의 점수 패턴에 대한 자세한 내용은 Marzano(2006)를 참고하라.

이 장에서 다뤄지는 척도를 사용하여 평가를 매기는 이점들 중 한 가지는 학생들의 시간에 따른 진전을 추적할 수 있다는 것이다.

[도식 9.6]은 특정 학생이 태양계의 주제와 관련해서 시간에 따른 다섯 개의 점수를 나타내고 있다. 모든 평가들이 [도식 9.5]에 나타난 것과 같다고 가정해보자.

**도식 9.6** 학생의 진전 추적하기

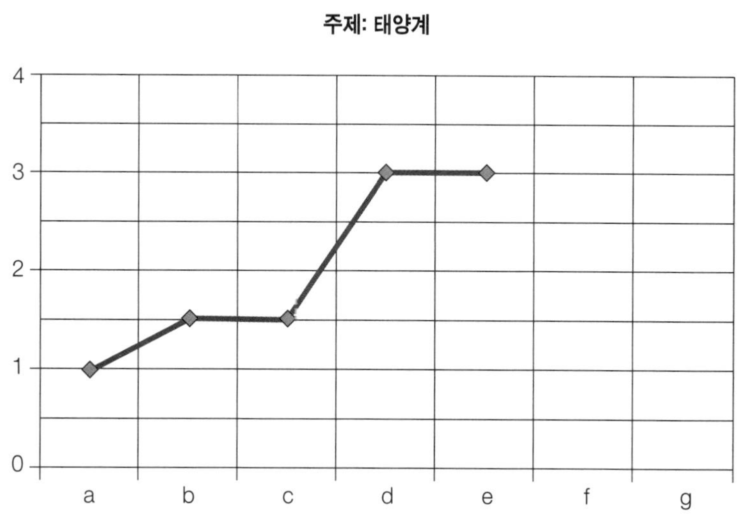


a. 10월 6일 b. 10월 12일
c. 10월 20일 d. 10월 29일
e. 11월 6일 f.
g.

학생의 점수는 지도교사와 학생에 의해 도표화된다. 이것은 지도교사와 학생이 시간에 따른 성장도를 조사 분석할 수 있도록 돕는다. 이 특정 학생은 1.0점에서 출발하는데, 학생은 아무런 도움 없이 질문에 답변하지 못했으나, 2.0점과 3.0점의 문항들에서 도움을 받아 부분점수를 받았을 때의 점수이다. 네 번째와 다섯 번째 평가에서 학생은 독립적으로 2.0점과 3.0점의 문항들에 대답하고, 두 개의 평가에서 모두 3.0점을 받는다. Marzano(2006)는 이런 종류의 학생 진전도 그래프가 발달에 중요한 평가의 특성들을 정의 내릴 수 있다는 점을 충분히 감안했음을 증명해왔다. 이것은 학생이 스스로 시간이 흐름에 따라 성장하는 것을 볼 수 있도록 해주며, 특정 시간에 자신의 특정 발달상태에 관한 평가 정보를 제공받을 수 있다.

## 메타인지 및 자율체계 과정의 특별한 역할

메타인지와 자율체계 과정들을 하나의 척도로 통합시키는 것은 [도식 9.3, 9.4]와 같이 가능한 일이다. 사실상 척도에 있는 점수 3.0은 조사와 같은 지식 활용 과정에 초점을 두었다면, 점수값 4.0은 정확성 혹은 명료성을 검사하는 것과 같은 메타인지 과정을 다루는 것이 논리적으로 당연하다. 그리고 만약에 점수값 3.0이 정확성과 명료성을 검사하는 메타인지 과정에 초점을 두고 있다면, 점수값 4.0은 동기 검토와 같은 자율체계 과정을 다룬다고 할 수 있다. 그럼에도 불구하고, K-12 교육자들은 일반적으로 커리큘럼의 가장 중요한 부분으로서 학문적인 내용들을 분리시키길 원한다. 이것은 국내 그리고 전국 학문적인 기준에 대한 최근의 강조를 통해 증명될 수 있다. (자세한 내용은 Marzano와 Hay Stead[2008]를 참고한다.)

결과적으로, 지역구와 학교들은 메타인지와 자율체계 과정들을 커리큘럼으로부터 분리된 하나의 종류로서 여겨 이를 채택할 것이다. 이것은 개인적 · 사회적 기술에 관련된 최근의 논의를 잇따르는 것이다. 현재 이러한 커리큘럼이 학문적인 커리큘럼과 결합되었을 때, 학생들은 학문적인 내용들을 배우는 것은 물론, 개인적인 기술과 사회적인 기술에 도움을 준다는 증거들이 확장되고 있다. 구체적으로 설명하자면, Durlak과 Weissberg(2007)에 의한 메타분석은 신분류학에서 메타인지와 자율체계의 구성요소들 안에서 나타나는 앞서 말한 기술들이, 학문적인 기술들과 함께 동시에 가르쳐졌을 때, 두 기술들 모두 향상된다는 것을 보여준다. 이것은 학문적인 성과와 개인적 · 사회적 발전의 연관성이 교육자와 연구자들, 정책 입안자들에게 좋을 것이라고 설명하고 있다(p.18). Durak과 Weissberg는 개인적 · 사회적 발전의 정의가 우리가 정의한 메타인지와 자율체계 사고보다 훨씬 더 폭넓은 의미라는 것을 알아야 한다; 하지만 개인적 · 사회적 발전에 관한 그들의 프레임 작업 안에서 그들이 고려했던 기술들의 분석검사는 개인적 기술과 관련된 많은 기술들이 앞에 언급된 신분류학의 두 가지 범주와 밀접하게 연관되었다는 것을 증명하고 있다.

Durlak과 Weissberg(2007)에 의하면, 메타인지와 자율체계 기술들을 가르치는 것에서 가장 중요한 점은 학생들에게 명쾌한 예시들을 제공해주고, 그러한 기술들을 학습할 기회를 준다는 것이다. 그들은 이렇게 말한다.

> 새로운 기술은 즉각적으로 습득할 수 있는 것이 아니다. 새로운 행동들을 개발하는 것은 많은 시간과 노력에 의해 가능한 것이며, 더욱 복잡하고 어려운 기술들을 터득하기 위해서는 작은 단계들로 나누어 순차적으로 학습해야 한다. 그러므로, 활동들의 체계적인 과정은 발전에 이르기 위한 단계들을 연관 지어 이해하는 것과 그러한 단계들을 만들어낼 기회를 학생들에게 제공하는 것을 포함한다. (p.10)

신분류학에서 목록화된 메타인지와 자율체계 과정들의 관점에서, 이러한 발견들은 지도교사들이 메타인지와 자율체계 기술들을 터득하기 위한 구체적인 전략을 가르쳐야 한다는 것을 암시하고 있다. 예를 들어, 구체적인 목표를 세우기 위한 메타인치 과정을 고려해보자. 이 과정을 어떤 교육 내용을 배우기 위한 뿌리로서 사용한다면, 지도교사들은 반드시 학생들에게 어떻게 이 뿌리를 땅에 단단하게 박을 수 있는지에 대한 구체적인 가이드라인을 제시해주어야 한다. 그리고 타임라인, 리소스 그리고 가장 중요한 단계를 포함한 구체적인 기획을 설계할 수 있도록 도와주어야 한다. 이것은 학생의 사고능력을 향상시키기 위한 것과 관련된 최근의 논의와 일관된 것이다. 예를 들어, Swartz, Costa, Beyer, Reagan, 그리고 Kallick(2008)은 학생들이 "메타인지의 사다리"를 어떻게 오를수 있는지 지도하는 것을 사고 지도의 중요한 방향으로 여기고 이를 논의해왔다(p.99). 그들은 또한 학생들에게 그들의 감정들과 생각과정들을 좀 더 고차원적인 생각으로 조절할 수 있는 방법을 가르치도록 권장한다. 당연히 이러한 두 개의 구성요소들은 신분류학의 메타인지와 자율체계 사고와 비슷하다.

메타인지와 자율체계 사고를 위한 전략을 배우는 것 또한 우리는 학생들이 [도식 9.2]에 나온 포괄적인 척도에 의해 패턴화된 척도를 사용하여 앞서 제시했던 기술들에 따른 자신의 발전도를 지속적으로 추적해야 한다고 믿는다. 설명하자면, [도식 9.7]을 고려해보자.

[도식 9.7]은 고등학교 수준에서 목표를 구체화시키는 메타인지 기술을 위해 구성된 것이다. 낮은 학년의 수준에 맞춘 척도들은 필연적으로 이러한 능숙도를 위한 기대치의 성숙도에서의 차이들을 반영하기 위해 달라질 것이다. 점수값 3.0과 2.0이 지도교사들에 의해 자세히 설명되었다는 것을 알고 있자. 이것은 지도와 평가를 위한 가이드를 제공한다. 즉, 척도는 고등학교 지도교사들에게 그들이 다음의 것들을 상세하게 지도해야 됨을 전달한다.

- 그들이 목표를 이루었을 때를 결정짓기 위해 구체적인 학습목표를 정할 수 있는 전략들
- 뚜렷한 주요 시점과 함께 목표를 달성하기 위한 구체적인 기획을 설계하기 위한 전략들
- 필요한 자료들을 구분할 수 있고 이것들이 어떻게 습득될 수 있는가에 대한 전략들

[도식 9.7]에 있는 척도를 사용하면서, 학생들은 그들 스스로를 체계적으로 평가할 수 있을 것이다. 지도교사 또한 평가하는 것을 제공할 것이다. 지도교사와 학생들의 평가들을 비교한다면, 이 시스템은 구체적인 목표를 세우는 기술을 강화시키면서 동시에 향상을 기념할 수 있도록 사용될 것이다.

## 도식 9.7 목적 구체화를 위한 고등학교 척도

| 목적의 구체화 | | |
|---|---|---|
| 고등학교 (9학년~12학년) | | |
| **4.0점** | **3.0점의 평균치 이상으로 배운 것 이상의 깊이 있는 추론과 적용이 용이함.** | |
| | 3.5점 | 3.0점의 평균치 이상으로 배운 것 이상의 부분적 추론과 적용이 용이함. |
| **3.0점** | **목표 구체화를 위한 메타인지 기술을 사용할 때, 학생은 다음의 행동들을 실현할 수 있다. 예를 들어,**<br>- 그들이 목표를 이루었을 대를 결정짓기 위한 구체적인 학습목표를 알 수 있다.<br>- 뚜렷한 주요 시점과 함께 목표를 달성하기 위한 구체적인 계획을 알 수 있다.<br>- 필요한 자료들과 그것들을 어떻게 습득할 수 있는지 알 수 있다.<br>학생들은 큰 오류나 생략을 범하지 않는다. | |
| | 2.5점 | 2.0점의 요소들 안에서의 큰 오류나 생략이 없고, 3.0점의 요소 안에서의 부분적인 지식을 가짐. |
| **2.0점** | **학생은 다음의 간단한 세부사항들과 행동들을 성공적으로 실행한다.**<br>- 그들이 목표를 이루었을 떠를 결정짓기 위한 구체적인 방법은 모르지만, 목표는 안다.<br>- 목표를 달성하는 구체적인 계획은 알지만, 주요 시점은 알지 못한다.<br>- 필요한 자료들은 구분하지만, 그것들이 어떻게 습득될 수 있는지는 알지 못한다.<br>**그러나, 학생들은 3.0점 요소들에서 큰 오류나 생략을 범한다.** | |
| | 1.5점 | 2.0점의 요소들에서 부분적인 지식이 있지만, 3.0점의 요소들에서 큰 오류와 생략이 있다. |
| **1.0점** | **누군가의 도움과 함께, 2.0점과 3.0점의 몇몇 요소들 안에서 부분적으로 이해함.** | |
| | 0.5점 | 누군가의 도움과 함께, 2.0점의 요소들 안에서 부분적으로 이해했으나, 3.0점의 요소들 안에서 이해하지 못함. |
| **0.0점** | **누군가의 도움이 있었으나, 보여줄 수 있는 기술이나 이해력이 없음.** | |

# 후기

이 책에서 우리는 지역구, 학교, 교실의 교육자들에게 『교육목표의 신분류학』(Marzano & Kendall, 2007)을 사용하여 교육목표를 설계하고 평가할 수 있는 실용적인 가이드를 제공했다. 탄탄한 이론적 토대 없이는 목표들과 그것들의 평가는 주관적일 수밖에 없고 실로 비효과적이다. 목표들을 설계하고 그것과 관련된 평가에 대한 이론들과 연구의 기초들을 제공하는 이 책에서는 실질적으로 목표들과 평가들을 어떻게 설계할 수 있는지 구체적으로 묘사하고 있다. 교육자들은 이 책을 통하여 다시 사고해보고 그들이 여태까지 사용해왔던 기존의 기준들, 평가들, 커리큘럼을 재구성해볼 수 있을 것이라고 생각한다. 이 책은 모든 지역구와 학교들, 교실에서 사용되는 기준들, 평가들, 커리큘럼에 관련된 모든 이슈들을 다 루지는 않지만, 이 책을 보는 모든 교육자들이 그들의 필요에 맞게 신분류학의 적절한 각색방법 혹은 대응책을 찾길 고무한다.

# 참고문헌


Airasian, P. W. (1994). The impact of the Taxonomy on testing and evaluation. In L. W. Anderson & L. A. Sosniak (Eds.), *Bloom's Taxonomy: A forty-year retrospective: Ninety-third yearbook of the National Society for the Study of Education* (pp. 82-102). Chicago: University of Chicago Press.

Anderson, L. W., Krathwohl, D. R., Airasian, P. W., Cruikshank, K. A., Mayer, R. E., Pintrich, P. R., et al. (Eds.). (2001). *A taxonomy for learning, teaching, and assessing: A revision of Bloom's taxonomy of educational objectives.* New York: Longman.

Bloom, B. S., Engelhart, M. D., Furst, E. 1., Hill, W. H., & Krathwohl, D. R. (Eds.). (1956). *Taxonomy of educational objectives: The classification of educational goals. Handbook I: Cognitive domain.* New York: David McKay.

Durlak, J. A., & Weissberg, R. P. (2007). *The impact of after-school programs promote personal and social skills.* Chicago: Collaborative for Academic, Social, and Emotional Learning.

Hyerle, D. (1996). *Visual tools for constructing knowledge.* Alexandria, VA: Association for Supervision and Curriculum Development.

Marzano, R. J. (2006). *Classroom assessment & grading that work.* Alexandria, VA: Association for Supervision and Curriculum Development.

Marzano, R. 1. (2007). *The art and science of teaching: A comprehensive framework for effective instruction.* Alexandria, VA: Association for Supervision and Curriculum Development.

Marzano, R. 1., & Haystead, M. W. (2008). *Making standards useful in the classroom.* Alexandria, VA: Association for Supervision and Curriculum Development.

Marzano, R. 1., & Kendall, J. S. (2007). *The new taxonomy of educational objectives* (2nd ed.). Thousand Oaks, CA: Corwin Press.

Marzano, R. J., & Pickering, D. J. (2005). *Building academic vocabulary: Teacher's manual.* Alexandria, VA: Association for Supervision and Curriculum Development.

Swartz, R. J., Costa, A. L., Beyer, B. K., Reagan, R., & Kallick, B. (2007). *Thinking-based learning: Activating students' potential.* Norwood, MA: Christopher-Gordon.

# 찾아보기

## ㅎ



## 기타

## 역자 소개

**박 선 희**
연세대학교 교육과학대학 교육학과(학사)
한양대학교 대학원 교육공학과(석사)
한양대학교 대학원 교육공학과(박사)
단국대학교 공학교육혁신센터 연구전임강사 역임
(현)한남대학교 사범대학 교직과 교수
psh6725@gmail.com

**노 혜 란**
한양대학교 사범대학 교육학과(학사)
한양대학교 대학원 교육공학과(석사)
한양대학교 대학원 교육공학과(박사)
한양대학교 교수학습개발센터 책임연구원 역임
(현)서원대학교 사범대학 교육학과 교수
helen@seowon.ac.kr

**변 지 현**
한남대학교 문과대학 영어영문학과(학사)
The University of Texas at Austin, Foreign Language Education(석사)
The University of Texas at Austin, Foreign Language Education(박사)
(현)한남대학교 문과대학 영어영문학과 교수
jinbyun2000@gmail.com

**강 상 희**
연세대학교 교육과학대학 교육학과(학사)
연세대학교 대학원 교육학과(석사)
연세대학교 대학원 교육학과(박사)
호서대학교 공학교육혁신센터 전임강사 역임
(현)한국공학교육인증원 연구팀 팀장/책임연구원
shkang@abeek.or.kr

## 교육목표 설계와 평가

Designing and Assessing Educational Objectives:
Applying the New Taxonomy

발행일 | 2015년 1월 5일 초판 발행
저 자 | Robert J. Marzano, John S. Kendall
역 자 | 박선희, 노혜란, 변지현, 강상희
발행인 | 홍진기
발행처 | 아카데미프레스
주 소 | 413-756 경기도 파주시 문발동 출판정보산업단지 507-9
전 화 | 031-947-7389
팩 스 | 031-947-7698
웹사이트 | www.academypress.co.kr
이메일 | info@academypress.co.kr
등록일 | 2003. 6. 18 제406-2011-000131호
ISBN | 978-89-97544-59-2 93370

값 15,000원